Urheber- und Verbrauchervertragsrecht im Konflikt

Schriften zum Medien-, Urheber- und Wirtschaftsrecht

Herausgegeben von Prof. Dr. Georgios Gounalakis

Band 32

PETER LANG

Berlin - Bruxelles - Chennai - Lausanne - New York- Oxford

Malin Fischer

Urheber- und Verbrauchervertragsrecht im Konflikt

Verträge über die Bereitstellung digitaler Inhalte, begleitende End User License Agreements und die Beurteilung durch das Urheberrecht und die Digitale-Inhalte-Richtlinie

PETER LANG

Berlin - Bruxelles - Chennai - Lausanne - New York- Oxford

Bibliografische Information der Deutschen Nationalbibliothek
Die Deutsche Nationalbibliothek verzeichnet diese Publikation
in der Deutschen Nationalbibliografie; detaillierte bibliografische
Daten sind im Internet über http://dnb.d-nb.de abrufbar.

Zugl.: Münster (Westf.), Univ., Diss. der Rechtswissenschaftlichen
Fakultät, 2023.

D 6
ISSN 1867-1012
ISBN 978-3-631-92253-8 (Print)
E-ISBN 978-3-631-92266-8 (E-Book)
E-ISBN 978-3-631-92267-5 (E-PUB)
DOI 10.3726/b22043

Verlegt durch:
Peter Lang GmbH, Berlin, Deutschland

info@peterlang.com http:www.peterlang.com

Diese Publikation wurde begutachtet.

Vorwort

Die vorliegende Arbeit wurde im Sommersemester 2023 von der Rechtswissenschaftlichen Fakultät der Universität Münster als Dissertation angenommen. Die mündliche Prüfung fand im November 2023 statt. Rechtsprechung und Literatur wurden bis zur Einreichung der Arbeit im April 2023 berücksichtigt.

Zunächst möchte ich Prof. Dr. Thomas Hoeren danken für die Anstellung am Institut für Informations-, Telekommunikations- und Medienrecht (ITM), die mir die Umsetzung des Promotionsvorhabens ermöglicht hat. Prof. Dr. Sebastian Kubis, LL.M., danke ich für die Erstellung des Zweitgutachtens. Prof. Dr. Georgios Gounalakis möchte ich meinen Dank aussprechen für die Aufnahme der Arbeit in seine Schriftenreihe „Schriften zum Medien-, Urheber- und Wirtschaftsrecht".

Mein herzlicher Dank gilt meinen Kolleg:innen am ITM. Der wissenschaftlich anregende und überaus freundschaftlich geprägte Austausch mit ihnen war stets eine große Bereicherung und hat die Zeit am Institut zu einer wertvollen Erfahrung für mich gemacht. Namentlich möchte ich Nele Klostermeyer danken für ihre fachliche, aber vor allem auch persönliche Unterstützung, die sie mir jederzeit gewährt hat.

Meinem Bruder Iven Fischer danke ich für seine umsichtige Durchsicht des Manuskripts und die klugen Anmerkungen dazu sowie für seinen anhaltenden Zuspruch.

Viel mehr als nur meinen Dank möchte ich Owen Mc Grath aussprechen. Nicht nur seine sorgfältige und wiederholte Durchsicht des Manuskripts sowie der beständige fachliche Austausch mit ihm waren außerordentlich wichtig. Insbesondere sein fortwährender, dabei stets einfühlsamer Rückhalt und seine unermüdliche Bestärkung haben mich immer wieder motiviert und das Zutrauen gestärkt.

Großer Dank gilt schließlich meinen Eltern – meiner Mutter zunächst für die aufmerksame sprachlich-stilistische Korrektur des Manuskripts und die inhaltlichen Anregungen; meinem Vater für den stets klugen und besonnenen Rat. Beiden zusammen möchte ich von Herzen danken für ihre liebevolle und verlässliche Unterstützung und Ermutigung.

Lüneburg, im Juli 2024 Malin Fischer

Literaturverzeichnis

Alber, Michael/Brandi-Dohrn, Anselm, Auswirkungen der Digitale-Inhalte-Richtlinie auf die Erschöpfung des urheberrechtlichen Verbreitungsrechts bei unkörperlichen digitalen Inhalten, ITRB 2021, 261.

Alexander, Christian/Bornkamm, Joachim/Buchner, Benedikt/Fritzsche, Jörg/Lettl, Tobias, Festschrift für Helmut Köhler zum 70. Geburtstag, München 2014 (zitiert als „*Autor* in Alexander et al.“).

Apel, Simon, Anmerkung zur Entscheidung des EuGH vom 10.11.2016 – C-174/15 – Vereniging Openbare Bibliotheken, MR-Int 2016, 104.

Apel, Simon, Keine Anwendung der »UsedSoft«-Rechtsprechung des EuGH jenseits von Computerprogrammen – Eine Bestandsaufnahme zur Erschöpfung bei »gebrauchten« digitalen Gütern, ZUM 2015, 640.

Arlt, Christian, Digital Rights Management-Systeme – Begriff, Funktion und rechtliche Rahmenbedingungen nach den jüngsten Änderungen des UrhG, GRUR 2004, 548.

Auer-Reinsdorff, Astrid/Conrad, Isabell, Handbuch IT- und Datenschutzrecht, 3. Aufl. München 2019.

Auer, Marietta, Digitale Leistungen, ZfPW 2019, 130.

Außner, Nils W., Gekaufte Binärdateien klassischer urheberrechtlicher Werke im digitalen Nachlass, ErbR 2021, 280.

Bach, Ivo, Neue Richtlinien zum Verbrauchsgüterkauf und zu Verbraucherverträgen über digitale Inhalte, NJW 2019, 1705.

Baus, Christoph A., Umgehung der Erschöpfungswirkung durch Zurückhaltung von Nutzungsrechten?, MMR 2002, 14.

Baus, Christoph A., Verwendungsbeschränkungen in Software-Überlassungsverträgen, Köln 2004.

Becker, Maximilian, Zur Berechnung der zulässigen Zahl digitaler Privatkopien, ZUM 2012, 643.

Becker, Stefanie, Anwendung des ermäßigten Steuersatzes auf E-Books, DStR 2014, 462.

Berger, Christian/Wündisch, Sebastian, Urhebervertragsrecht, 3. Aufl. Baden-Baden 2022.

Bernzen, Anna K./Grisse, Karina/Kaesling, Katharina, Immaterialgüter und Medien im Binnenmarkt, Baden-Baden 2022.

Blocher, Walter, Urheberrecht und Verbraucherschutz, VuR 2016, 161.

Borges, Georg, Verträge im elektronischen Geschäftsverkehr, München 2003.

Bräutigam, Peter/Rücker, Daniel, E-Commerce, München 2017.

Bröckers, Stefan, Software-Gebrauchthandel: Der Teufel steckt im Detail, MMR 2011, 18.

Brönneke, Tobias/Föhlisch, Carsten/Tonner, Klaus, Das neue Schuldrecht, Baden-Baden 2022.

Bullinger, Winfried/Czychowski, Christian, Digitale Inhalte: Werk und/oder Software? – Ein Gedankenspiel am Beispiel von Computerspielen, GRUR 2011, 19.

Bullinger, Winfried/von Rauch, Benedicta, Rechtsfragen zum Second-Hand-Markt für E-Books, NJW 2020, 816.

Busch, Thomas, Zur urheberrechtlichen Einordnung der Nutzung von Streamingangeboten, GRUR 2011, 496.

Büscher, Mareile/Müller, Judith, Urheberrechtliche Fragestellungen des Audio-Video-Streamings, GRUR 2009, 558.

Cichon, Caroline, Weitergabe digital vertriebener Werkexemplare wie E-Books im Spannungsfeld zwischen Urheber- und Vertragsrecht, GRUR-Prax 2010, 381.

Clement, Reiner/Schreiber, Dirk, Internet-Ökonomie, 4 Aufl. Berlin 2019.

Cohen, Julie E., The Place of the User in Copyright Law, Fordham Law Review, Vol. 74 No. 2 (2005), 347.

Czychowski, Christian, Der BGH und Computerspiele: Es verbleiben noch offene Fragen, GRUR 2017, 362.

Dauner-Lieb, Barbara, Verbraucherschutz durch Ausbildung eines Sonderprivatrechts für Verbraucher, Berlin 1983.

Dauses, Manfred A. (Begr.)/*Ludwigs, Markus*, Handbuch des EU-Wirtschaftsrechts, 57. EL München 2022 (zitiert als „*Autor* in Dauses/Ludwigs").

De Werra, Jacques, Moving Beyond the Conflict between Freedom of Contract and Copyright Policies: In Search of a New Global Policy for Information Licesing Transactions, Columbia Journal of Law & Arts Vol. 25 No. 4 (2003), 239.

Di Fabio, Udo, Urheberrecht und Kunstfreiheit unter digitalen Verwertungsbedingungen. Verfassungsrechtliche Studie, München 2018.

Dickie, John, Producers and Consumers in EU E-Commerce Law, New York 2005.

Diedrich, Kay, Eine Auslegung des Begriffs der Sicherungskopie in § 69d Abs. 2 UrhG, CR 2012, 69.

Dreier, Thomas/Schulze, Gernot, Urheberrechtsgesetz, 7. Aufl. München 2022.

Dreier, Thomas/Hilty, Reto M., Vom Magnettonband zu Social Media – Festschrift 50 Jahre Urheberrechtsgesetz, München 2015.

Dreier, Thomas/Leistner, Matthias, Urheberrecht im Internet: die Forschungsherausforderung, GRUR 2013, 881.

Drexl, Josef, Die wirtschaftliche Selbstbestimmung des Verbrauchers, Tübingen 1998.

Dreyer, Gunda/Kotthoff, Jost/Meckel, Astrid/Hentsch, Christian-Henner, Urheberrecht, 4. Aufl. Heidelberg 2018.

Dreyfuss, Rochelle/Zimmermann, Danielle L./First, Harry, Expanding the Boundaries of Intellectual Property, Oxford 2001.

Druschel, Johannes/Engert, Philipp, Vertragsrecht und Urheberrecht im Konflikt? – Eine Bestandsaufnahme, ZUM 2018, 97.

Druschel, Johannes/Oehmichen, Mike, Digitaler Wandel 3.0.? – Anregungen aus Verbrauchersicht Teil I – Aktueller Stand der Rechtsordnung für digitale Güter auf nationaler und europarechtlicher Ebene, CR 2015, 173.

Ehle, Kristina/Kreß, Stephan, Neues IT-Vertragsrecht für digitale Inhalte und Dienste gegenüber Verbrauchern, CR 2019, 723.

Eichelberger, Jan/Wirth, Thomas/Seifert, Fedor, Urheberrechtsgesetz, 4. Aufl. Baden-Baden 2022.

Engel, Martin/Stark, Johanna, Verbraucherrecht ohne Verbraucher?, ZEuP 2015, 32.

Fischer, Veronika/Nolte, Georg/Senftleben, Martin/Specht-Riemenschneider, Louisa, Gestaltung der Informationsrechtsordnung – Festschrift für Thomas Dreier, München 2022 (zitiert als „*Autor* in Fischer et al.“).

Förster, Lutz/Fast, Dennis Chr., Digitaler Nachlass – Update 2022, ZAP 2022, 227.

Fromm, Friedrich Karl (Begr.)/*Nordemann, Wilhelm* (Begr.)/*Nordemann, Axel/Nordemann, Jan Bernd/Czychowski, Christian*, Urheberrecht, 12. Aufl. Stuttgart 2018 (zitiert als „*Autor* in Fromm/Nordemann“).

Ganzhorn, Marco, Das E-Book als recht(lich) unergründetes Wesen – Rechtsfragen rund um das elektronische Buch, InTeR 2014, 31.

Ganzhorn, Marco, Ist ein E-Book ein Buch?, CR 2014, 492.

Ganzhorn, Marco, Rechtliche Betrachtung des Vertriebs und der Weiterveräußerung digitaler Güter, Frankfurt a.M. 2016.

Geiger, Christophe, Der urheberrechtliche Interessenausgleich in der Informationsgesellschaft – Zur Rechtsnatur der Beschränkungen des Urheberrechts, GRUR Int 2004, 815.

Götting, Horst-Peter/Lauber-Rönsberg, Anne/Rauer, Nils, Beck'scher Online-Kommentar Urheberrecht, 37. Ed. München 2023 (zitiert als „*Autor* in BeckOK UrhR").

Götting, Horst-Peter/Meyer, Justus/Vormbrock, Ulf, Praxishandbuch Gewerblicher Rechtsschutz und Wettbewerbsrecht, 2. Aufl. Baden-Baden 2020.

Gräbig, Johannes, Abdingbarkeit urheberrechtlicher Schranken, GRUR 2012, 331.

Grabitz, Eberhard/Hilf, Meinhard/Nettesheim, Martin, Das Recht der Europäischen Union, 78. EL. München 2023.

Graef, Ralph Oliver, Recht der E-Books und des Electronic Publishing, München 2016.

Grigoleit, Hans Christoph/Petersen, Jens et al., Privatrechtsdogmatik im 21. Jahrhundert – Festschrift für Claus-Wilhelm Canaris zum 80. Geburtstag, Berlin 2017 (zitiert als „*Autor* in Grigoleit/Petersen et al.").

Grünberger, Michael, Die Entwicklung des Urheberrechts im Jahr 2019, ZUM 2020, 175.

Grünberger, Michael, Verträge über digitale Güter, AcP 2018, 213.

Grünberger, Michael, Verträge über digitale Inhalte – Überblick und Auswirkungen auf das Urheberrecht, ZUM 2018, 73.

Grundmann, Stefan, Privatautonomie im Binnenmarkt, JZ 2000, 1133.

Grundmann, Stefan/Kerber, Wolfgang/Weatherill, Stephen, Party Autonomy and the Role of Information in the Internal Market, Berlin 2001.

Grützmacher, Malte, Eine Besprechung der EuGH-Entscheidung „Tom Kabinet", Urt. v. 19.12.2019 – C-263/18, CR 2020, 154.

Grützmacher, Malte, Endlich angekommen im digitalen Zeitalter!?, ZGE 2013, 46.

Gsell, Beate, Der europäische Richtlinienvorschlag zu bestimmten vertragsrechtlichen Aspekten der Bereitstellung digitaler Inhalte, ZUM 2018, 75.

Gsell, Beate/Krüger, Wolfgang/Lorenz, Stephan/Reymann, Christoph (Gesamthrsg.), beck-online.GROSSKOMMENTAR Zivilrecht/*Lorenz, Stephan* (Hrsg.), BGB, Buch 2, Abschnitt 3: Schuldverhältnisse aus Verträgen, Stand 2023 München 2023 (zitiert als „*Autor* in BeckOGK BGB").

Gsell, Beate/Krüger, Wolfgang/Lorenz, Stephan/Reymann, Christoph (Gesamthrsg.), beck-online.GROSSKOMMENTAR Zivilrecht/*Budzikiewicz, Christine/Weller, Marc-Philippe/Wurmnest, Wolfgang* (Hrsg.), Rom I-VO, Stand 2021 München 2021 (zitiert als „*Autor* in BeckOGK Rom I-VO").

Guibault, Lucie, Copyright Limitations and Contracts: An Analysis of the Contractual Overridability of Limitations on Copyright, Alphen aan den Rijn 2002.

Gülker, Marvin, Umsetzung der DSM-Richtlinie: Umgehungsschutz für Kopierschutz bei Computerprogrammen?, CR 2021, 66.

Hanau, Hans, Der Grundsatz der Verhältnismäßigkeit als Schranke privater Gestaltungsmacht, Tübingen 2004.

Hänel, Frederike, Die Umsetzung des Art. 6 Info-RL (technische Schutzmaßnahmen) ins deutsche Recht, Frankfurt a.M. 2005.

Hansen, Hauke/Wolff-Rojczyk, Oliver, Anmerkung zu der Entscheidung des EuGHs vom 3.7.2012 - C-128/11 - UsedSoft, GRUR 2012, 908.

Hartmann, Thomas, Weiterverkauf und „Verleih" online vertriebener Inhalte - Zugleich Anmerkung zu EuGH, Urteil vom 3.7.2012, RS. C-128/11 - UsedSoft. /. Oracle, GRUR Int 2012, 980.

Hasselmann, Gordian N., Münchener Anwaltshandbuch Gewerblicher Rechtsschutz, 6. Aufl. München 2022.

Hauck Ronny, Digitale Inhalte - Verkehrsfähigkeit oder Lizenzketten?, ZGE 2017, 47.

Hauck, Ronny, Der Erschöpfungsgrundsatz im Patent- und Urheberrecht - Aktuelle Rechtsprechung des U.S. Supreme Court im Kontext europäischer Entwicklungen, EuZW 2017, 645.

Hauck, Ronny/Hofmann, Franz/Zech, Herbert, Verkehrsfähigkeit digitaler Güter, ZGE 2016, 141.

Heiderhoff, Bettina, Europäisches Privatrecht, 5. Aufl. Heidelberg 2020.

Helberger, Natalie, Standardizing Consumers' Expectations in Digital Content, info Vol. 13 No. 6 (2011), 69.

Helberger, Natalie/Guibault, Lucie, Clash of Cultures - Integrating Copyright and Consumer Law, info Vol. 14 No. 6 (2012), 23.

Helberger, Natalie/Hugenholtz, P. Bernt, No Place like Home for Making a Copy: Private Copying in European Copyright Law and Consumer Law, Berkeley Technology Law Review Vol. 22 No. 3 (2007), 1061.

Helm, Sabrina V./Ligon, Victoria/Stovall, Tony/Van Riper, Silvia, Consumer interpretations of digital ownership in the book market, Electronic Markets Vol. 28 No. 2 (2018), 177.

Henke, Hannes, E-Books im Urheberrecht, Göttingen 2018.

Hilty, Reto M., Die Rechtsnatur des Softwarevertrages, CR 2012, 625.

Hilty, Reto M., Kontrolle der digitalen Werknutzung zwischen Vertrag und Erschöpfung, GRUR 2018, 865.

Hilty, Reto M., Urheberrecht in der Informationsgesellschaft: „Wer will was von wem woraus?“ – Ein Auftakt zum Zweiten Korb, ZUM 2003, 983.

Hilty, Reto M./Peukert, Alexander, Interessenausgleich im Urheberrecht, Baden-Baden 2004.

Hoeren, Thomas, Der Erschöpfungsgrundsatz bei Software – Körperliche Übertragung und Folgeprobleme, GRUR 2010, 665.

Hoeren, Thomas, Der urheberrechtliche Erschöpfungsgrundsatz bei der Online-Übertragung von Computerprogrammen, CR 2006, 573.

Hoeren, Thomas, Die Online-Erschöpfung im Softwarebereich – Fallgruppen und Beweislast, MMR 2010, 447.

Hoeren, Thomas, Information als Gegenstand des Rechtsverkehrs – Prolegomena zu einer Theorie des Informationsrechts, MMR-Beil. 1998, 6.

Hoeren, Thomas, Internetrecht, 4. Aufl. Berlin 2021.

Hoeren, Thomas, Softwareüberlassung als Sachkauf. Ausgewählte Rechtsprobleme des Erwerbs von Standardsoftware, München 1989.

Hoeren, Thomas, Softwareüberlassung an der Schnittstelle von Urheber- und Vertragsrecht, GRUR 1987, 779.

Hoeren, Thomas/Jakopp, Sebastian, Der Erschöpfungsgrundsatz im digitalen Umfeld – Notwendigkeit eines binnenmarktkonformen Verständnisses, MMR 2014, 646.

Hoeren, Thomas/Schuhmacher, Dirk, Verwendungsbeschränkungen im Softwarevertrag – Überlegungen zum Umfang des Benutzungsrechts für Standardsoftware, CR 2000, 137.

Hoeren, Thomas/Sieber, Ulrich/Holznagel, Bernd, Handbuch Multimedia-Recht, 58. EL. München 2022.

Hofmann, Franz, Grundsatz der Technikneutralität im Urheberrecht?, ZGE 2016, 482.

Hofmann, Franz, Recht der digitalen Güter: Keine digitale Erschöpfung bei der Weitergabe von E-Books – Anmerkung zu EuGH, Urteil vom 19.12.2019 – C-263/18 – NUV u.a./Tom Kabinet Internet u.a., ZUM 2020, 136.

Hohagen, Gisbert, Die Freiheit der Vervielfältigung zum eigenen Gebrauch, München 2004.

Hugenholtz, P. Bernt, Copyright and Electronic Commerce, Alphen aan den Rijn 2000.

Isensee, Josef/Kirchhof, Paul, Handbuch des Staatsrechts, Band XI, 3. Aufl. Heidelberg 2013.

Kähler, Lorenz, Begriff und Rechtfertigung abdingbaren Rechts, Tübingen 2012.

Kerber, Wolfgang, Exhaustion of Digital Goods: An Economic Perspective, ZGE 2016, 149.

Kindl, Johann/Vendrell, Tatiana Arroyo/Gsell, Beate, Verträge über digitale Inhalte und digitale Dienstleistungen, Baden-Baden 2018.

Kipker, Dennis-Kenji, Stärkung des digitalen Verbraucherschutzes durch zwei neue EU-Richtlinien, MMR 2020, 71.

Kitz, Volker, Anwendbarkeit urheberrechtlicher Schranken auf das eBook, MMR 2001, 727.

Klickermann, Paul H., Urheberschutz bei zentralen Datenspeichern, MMR 2007, 7.

Koch, Frank A., Auswirkungen des EuGH-Urteils zum Gebrauchtsoftwarehandel auf das Urheberrecht – Teil 2, ITRB 2013, 38.

Koukal, Pavel, Digital Content Portability and its Relation to Conformity with the Contract, Masaryk University Journal of Law and Technology Vol. 15 No. 1 (2021), 53.

Kreutzer, Till, Computerspiele im System des deutschen Urheberrechts, CR 2007, 1.

Kreutzer, Till, Schutz technischer Maßnahmen und Durchsetzung von Schrankenbestimmungen bei Computerprogrammen?, CR 2006, 804.

Krüger, Stefan/Biehler, Manuel/Apel, Simon, Keine „Used Games" aus dem Netz – Unanwendbarkeit der „UsedSoft"-Entscheidung des EuGH auf Videospiele, MMR 2013, 760.

Kumkar, Lea Katharina, Herausforderungen eines Gewährleistungsrechts im digitalen Zeitalter, ZfPW 2020, 306.

Kuschel, Linda, Der Erwerb digitaler Werkexemplare zur privaten Nutzung, Tübingen 2019.

Kuschel, Linda, Zur urheberrechtlichen Einordnung des Weiterverkaufs digitaler Werkexemplare, Anmerkung zu EuGH, Urteil vom 19.12.2019 – C-263/18 – NUV u.a./Tom Kabinet Internet u.a., ZUM 2020, 138.

Kuschel, Linda/Rostam, Darius, Urheberrechtliche Aspekte der Richtlinie 2019/770, CR 2020, 393.

Kuß, Christian, Gutenberg 2.0 – der Rechtsrahmen für E-Books in Deutschland, K&R 2012, 76.

Lauber-Rönsberg, Anna, Urheberrecht und Privatgebrauch, Baden-Baden 2011.

Lauber, Anne/Schwipps, Karsten, Das Gesetz zur Regelung des Urheberrechts in der Informationsgesellschaft, GRUR 2004, 293.

Lehmann, Michael, Das neue Software-Vertragsrecht – Verkauf und Lizenzierung von Computerprogrammen, NJW 1993, 1822.

Lehmann, Michael, Rechtsschutz und Verwertung von Computerprogrammen, 2. Aufl. Köln 1993.

Leible, Stefan/Ohly, Ansgar/Zech, Herbert, Wissen – Märkte – Geistiges Eigentum, Tübingen 2010.

Lejeune, Matthias, Softwarevertrieb über Distributoren, ITRB 2014, 234.

Lessig, Lawrence, Code – Version 2.0., New York 2006.

Leupold, Andreas/Wiebe, Andreas/Glossner, Silke, Münchener Anwaltshandbuch IT-Recht, München 2021.

Liu, Joseph P., Copyright Law's Theory of the Consumer, Boston College Law Review Vol. 44 No. 2 (2003), 397.

Liu, Joseph P., Owning Digital Copies: Copyright Law and the Incidents of Copy Ownership, William & Mary Law Review, Vol. 42 No. 4 (2000), 1245.

Loewenheim, Ulrich, Handbuch des Urheberrechts, 3. Aufl. München 2021.

Lomfeld, Bertram, Digitaler Schrott – Widerruf von digitalen Inhalten, ZRP 2016, 174.

Loos, Marco B.M./Helberger, Natali/Guibault, Lucie et al., Analysis of the Applicable Legal Frameworks and Suggestions for the Contours of a Model System of Consumer Protection in Relation to Digital Content Contracts (Final Report), University of Amsterdam, 2012 (zitiert als „*Loos et al.*").

Loren, Lydia P., Redefining the Market Failure Approach to Fair Use in an Era of Copyright Permission Systems, Journal of Intellectual Property Law, Vol. 5 No. 1 (1997), 1.

Lutz, Holger, Softwarelizenzen und die Natur der Sache, München 2008.

Marly, Jochen, Bildschirmkopien, Cache-Kopien und Streaming als urheberrechtliche Herausforderungen, EuZW 2014, 616.

Marly, Jochen, Urheberrechtschutz für Computersoftware in der Europäischen Union, München 1995.

Marly, Jochen/Wirz, Anna-Lena, Die Weiterverbreitung digitaler Güter, EuZW 2017, 16.

Martinek, Michael/Semler, Franz-Jörg/Flohr, Eckhard, Handbuch des Vertriebsrechts, 4. Aufl. München 2016.

Mayer-Wegelin, Clemens, Käuferrechte bei Computerspielen – Technische Maßnahmen und End User License Agreements, JurPC Web-Dokument 28/2009.

Metzger, Axel, Verträge über digitale Inhalte und digitale Dienstleistungen: Neuer BGB-Vertragstypus oder punktuelle Reform?, JZ 2019, 577.

Metzger, Axel, Zur Zulässigkeit von CPU-Klauseln in Softwarelizenzverträgen, NJW 2003, 1994.

Netanel, Neil, Copyright and a Democratic Civil Society, The Yale Law Journal, Vol. 106 No. 2 (1996), 283.

Neuner, Jörg, Allgemeiner Teil des Bürgerlichen Rechts, 13. Aufl. München 2023.

Nielen, Michael, Interessenausgleich in der Informationsgesellschaft, Frankfurt a.M. 2009.

Ohly, Ansgar, Anmerkung zur Entscheidung des EuGHs vom 19.12.2019 – C-263/18 – NUV u.a./Tom Kabinet, GRUR 2020, 184.

Ohrtmann, Jan-Peter/Kuß, Christian, Der digitale Flohmarkt – das EuGH-Urteil zum Handel mit Gebrauchtsoftware und dessen Auswirkungen, BB 2012, 2262.

Oprysk, Lilia, Digital Consumer Contract Law without Prejudice to Copyright: EU Digital Content Directive, Reasonable Consumer Expectations and Competition, GRUR Int 2021, 943.

Oprysk, Lilia/Sein, Karin, Limitation in End-User Licensing Agreements: Is There a Lack of Conformity Under the New Digital Content Directive?, IIC 2020, 594.

Orgelmann, Lutz, Die rechtlichen Grenzen der Nutzung von E-Books, Berlin 2017.

Pech, Sebastian, Verträge über digitale Inhalte und digitale Dienstleistungen – Ein Überblick zu den Neuregelungen im BGB (Teil I), GRUR-Prax 2021, 509.

Perzanowski, Aaron/Hoofnagle, Chris Jay, What We Buy When We Buy Now, University of Pennsylvania Law Review Vol. 165 No. 2 (2017), 315.

Perzanowski, Aaron/Schultz, Jason, The End of Ownership – Personal Property in the Digital Economy, Cambridge, MA. 2016.

Peter, Christof, Urheberrechtliche Erschöpfung bei digitalen Gütern, ZUM 2019, 490.

Poeppel, Jan, Die Neuordnung der urheberrechtlichen Schranken im digitalen Umfeld, Göttingen 2005.

Pohle, Jan/Ammann, Thorsten, Über den Wolken… – Chancen und Risiken des Cloud Computings, CR 2009, 273.

Pres, Andreas, Gestaltungsformen urheberrechtlicher Softwarelizenzverträge, Köln 1993.

Ramalho, Ana, The Competence of the European Union in Copyright Lawmaking, Basel 2016.

Ramalho, Ana/Angelopoulos, Christina, Crossroads of Intellectual Property Law, New York 2012.

Raubenheimer, Andreas, Vernichtungsanspruch gemäß § 69f UrhG, CR 1994, 129.

Rauer, Nils/Bibi, Alexander, Erschöpfung auch bei anderen unkörperlichen Werken als Software?, GRUR-Prax 2020, 55.

Redeker, Helmut, Information als eigenständiges Rechtsgut, CR 2011, 634.

Rehbinder, Manfred/Peukert, Alexander, Urheberrecht und verwandte Schutzrechte, 19. Aufl. München 2023.

Reimer, Dietrich, Der Erschöpfungsgrundsatz im Urheberrecht und gewerblichen Rechtsschutz unter Berücksichtigung der Rechtsprechung des Europäischen Gerichtshofs, GRUR Int 1972, 221.

Reinbothe, Jörg, Die EG-Richtlinie zum Urheberrecht in der Informationsgesellschaft, GRUR Int 2001, 733.

Rieg, Robert, Brennpunkt Digitalisierung: Kalkulation und Erfolgsrechnung für digitale Güter, BC 2018, 132.

Rieländer, Frederick, Leistungsstörungen im Digitalvertragsrecht – Teil I, GPR 2021, 257.

Rosenkranz, Frank, Spezifische Vorschriften zu Verträgen über die Bereitstellung digitaler Produkte im BGB, ZUM 2021, 195.

Rott, Peter, Download of Copyright-Protected Internet Content and the Role of (Consumer) Contract Law, Journal of Consumer Policy Vol. 31 No. 4 (2008), 441.

Sack, Rolf, Die Erschöpfung von gewerblichen Schutzrechten und Urheberrechten nach deutschem Recht, WRP 1999, 1088.

Säcker, Franz Jürgen/Rixecker, Roland/Oetker, Harmut/Limperg, Bettina, Münchener Kommentar zum Bürgerlichen Gesetzbuch, Band 3: Schuldrecht – Allgemeiner Teil II, 9. Aufl. 2022 München; Band 4: Schuldrecht – Besonderer Teil I, 8. Aufl. 2019 München (zitiert als „*Autor* in MüKo BGB").

Sattler, Andreas, Die Richtlinie (EU) 2019/770 als Herausforderung für das Schuld-, Urheber- und Datenschutzrecht, CR 2020, 145.

Sattler, Andreas, Urheber- und datenschutzrechtliche Konflikte im neuen Vertragsrecht für digitale Produkte, NJW 2020, 3623.

Schack, Haimo, Schutz digitaler Werke vor privater Vervielfältigung – zu den Auswirkungen der Digitalisierung auf § 53 UrhG, ZUM 2002, 497.

Schack, Haimo, Urheber- und Urhebervertragsrecht, 10. Aufl. Tübingen 2021.

Schippel, Robert, E-Books im Spiegel des Immaterialgüterrechts – Übertragbarkeit der UsedSoft-Rechtsprechung auf andere digitale Güter, MMR 2016, 802.

Schmidt-Bleibtreu (Begr.)/Hoffmann, Hans/Henneke, Hans-Günter, Grundgesetz, 15. Aufl. Köln 2022.

Schmidt-Kessel, Martin, Verträge über digitale Inhalte – Einordnung und Verbraucherschutz, K&R 2014, 475.

Schmidt-Kessel, Martin/Erler, Katharina/Grimm, Anna/Kramme, Malte, Die Richtlinienvorschläge der Kommission zu Digitalen Inhalten und Online-Handel Teil 2, GPR 2016, 54 (zitiert als „*Schmidt-Kessel et al.*, GPR 2016, 54“).

Schneider, Jochen, Perspektiven der Software-Lizenz – nach EuGH zu E-Books – Ende der Online-Erschöpfung?, WRP 2021, 293.

Schneider, Jochen/Spindler, Gerald, Der Erschöpfungsgrundsatz bei „gebrauchter“ Software im Praxistest, CR 2014, 213.

Schovsbo, Jens, Integrating Consumer Rights into Copyright Law: From a European Perspective, Journal of Consumer Policy Vol. 31 No. 4 (2008), 393.

Schrape, Jan-Felix, Der Wandel des Buchhandels durch Digitalisierung und Internet, SOI Discussion Paper 2011-01.

Schricker, Gerhard/Katzenberger, Paul, Die urheberrechtliche Leerkassettenvergütung – eine Erwiderung, GRUR 1985, 87.

Schricker, Gerhard (Begr.)/*Loewenheim, Ulrich/Leistner, Matthias/Ohly, Ansgar*, Urheberrecht, 6. Aufl. München 2020 (zitiert als „*Autor* in Schricker/Loewenheim“).

Schroeder, Catherine, Owning a Piece of the Cloud: Intellectual Property and Consumer Protection, George Washington Law Review Vol. 83 No. 1 (2014), 240.

Schulz, Daniela, Der Bedeutungswandel des Urheberrechts durch Digital Rights Management – Paradigmenwechsel im deutschen Urheberrecht?, GRUR 2006, 470.

Schulze, Gernot, Wann beginnt eine urheberrechtlich relevante Nutzung?, ZUM 2000, 126.

Schulze, Julia/Ayar, Zuhal, Rechtliche Fragestellungen und Probleme rund um das E-Book – Betrachtung der rechtlichen Beziehung zwischen Autor und Verleger, MMR 2012, 652.

Schulze, Reiner, Bürgerliches Gesetzbuch, 11. Aufl. München 2021.

Schulze, Reiner, Die Digitale-Inhalte-Richtlinie – Innovation und Kontinuität im europäischen Vertragsrecht, ZEuP 2019, 695.

Schulze, Reiner/Janssen, André/Kadelbach, Stefan, Europarecht, 4. Aufl. Baden-Baden 2020.

Schulze, Reiner/Staudenmayer, Dirk, EU Digital Law, Baden-Baden 2020.

Schulze, Reiner/Staudenmayer, Dirk/Lohsse, Sebastian, Contracts for the Supply of Digital Content: Regulatory Challenges and Gaps, Baden-Baden 2017.

Sesing, Andreas, Verbreitung digitaler Inhalte, Tübingen 2021.

Spindler, Gerald, Digital Content Directive and Copyright-related Aspects, JIPITEC Vol. 12 No. 3 (2021), 111.

Spindler, Gerald, Umsetzung der Richtlinie über digitale Inhalte in das BGB – Schwerpunkt 1: Anwendungsbereich und Mangelbegriff, MMR 2021, 451.

Spindler, Gerald/Schuster, Fabian, Recht der elektronischen Medien, 4. Aufl. München 2019.

Spindler, Gerald/Sein, Karin, Die Richtlinie über Verträge über digitale Inhalte – Gewährleistung, Haftung und Änderungen, MMR 2019, 488.

Spindler, Gerald/Sein, Karin, Die Richtlinie über Verträge über digitale Inhalte – Anwendungsbereich und grundsätzliche Ansätze, MMR 2019, 415.

Stabentheiner, Johannes/Wendehorst, Christiane/Zöchling-Jud, Brigitta, Das neue europäische Gewährleistungsrecht, Wien 2019.

Stamm, Jürgen, Festschrift für Helmut Rüßmann, Saarbrücken 2013.

Staudenmayer, Dirk, Auf dem Weg zum digitalen Privatrecht – Verträge über digitalen Inhalt, NJW 2019, 2497.

Staudenmayer, Dirk, Die Richtlinien zu den digitalen Verträgen, ZEuP 2019, 663.

Staudenmayer, Dirk, Verträge über digitalen Inhalt – Der Richtlinienvorschlag der Europäischen Kommission, NJW 2016, 2719.

Stickelbrock, Barbara, Die Zukunft der Privatkopie im digitalen Zeitalter, GRUR 2004, 736.

Stieper, Malte, Anmerkung zu EuGH, Urteil vom 3.7.2012 – C-128/11 – UsedSoft, ZUM 2012, 668.

Stieper, Malte, Big Brother is watching you – zum ferngesteuerten Löschen urheberrechtswidrig vertriebener E-Books, AfP 2010, 217.

Stieper, Malte, Ein angemessener Interessenausgleich im Verhältnis von Kreativen zu Rechteinhabern und Verwertungsgesellschaften?, ZUM 2019, 393.

Stieper, Malte, Rechtfertigung, Rechtsnatur und Disponibilität der Schranken des Urheberrechts, Tübingen 2009.

Stieper, Malte, Urheberrechtliche Herausforderungen für das neue Vertragsrecht über die Bereitstellung digitaler Inhalte in §§ 327 ff. BGB, CR 2022, 325.

Stieper, Malte, Verbraucherschutz im Urheberrecht, VuR 2014, 261.

Stürner, Michael, Europäisches Vertragsrecht, Berlin 2021.

Stürner, Michael, Grundstrukturen des Verbrauchervertrags im BGB, Jura 2015, 30.

Taeger, Jürgen/Pohle, Jan, Computerrechts-Handbuch, 35. EL. München 2020.

Tamm, Marina/Tonner, Klaus/Brönneke, Tobias, Verbraucherrecht, 3. Aufl. Baden-Baden 2019.

Teerhag, Michael/Telle, Sebastian, Immaterielle Erschöpfung – Gibt es den virtuellen Flohmarkt für gebrauchte Multimediadateien?, K&R 2013, 549.

Trayer, Martin, Technische Schutzmaßnahmen und elektronische Rechtewahrnehmungssysteme, Baden-Baden 2003.

Ulmer-Eilfort, Constanze/Obergfell, Eva Inés, Verlagsrecht, 2. Aufl. München 2021.

Ulrici, Bernhard, Verbotsgesetz und zwingendes Gesetz, JuS 2005, 1073.

Valant, Jana, Consumer protection in the EU, Brüssel 2015.

Vianello, Mirko, Abruf und Aufzeichnung von Video- und Audiostreams zum privaten Gebrauch, CR 2010, 728.

Von Diemar, Undine, Die digitale Kopie zum privaten Gebrauch, Münster 2002.

Von Diemar, Undine, Kein Recht auf Privatkopien – Zur Rechtsnatur der gesetzlichen Lizenz zu Gunsten der Privatvervielfältigung, GRUR 2002, 587.

Von Staudinger, Julius (Begr.)/*Looschelders, Dirk/Olzen, Dirk/Schiemann, Gottfried*, J. von Staudingers Kommentar BGB – Buch 2: Recht der Schuldverhältnisse, §§ 241–243 (Treu und Glauben), 15. Aufl. Berlin 2019 (zitiert als „*Autor* in Staudinger").

Von Ungern-Sternberg, Joachim, Erschöpfung des Verbreitungsrechts und Vermietung von Videokassetten, GRUR 1984, 262.

Von Vogel, Alexander, Verbrauchervertragsrecht und allgemeines Vertragsrecht, Berlin 2006.

Wandtke, Artur-Axel, Urheberrecht in der Reform oder wohin steuert das Urheberrecht? – Widersprüche in den Reformen des Urheberrechts, MMR 2017, 367.

Wandtke, Artur-Axel/Bullinger, Winfried, Praxiskommentar Urheberrecht, 6. Aufl. München 2022.

Weber, Franziska, Das Verbraucherleitbild des Verbrauchervertragsrechts – im Wandel?, VuR 2020, 9.

Weisser, Ralf/Färber, Claus, Weiterverkauf gebrauchter Software – UsedSoft-Rechtsprechung und ihre Folgen, MMR 2014, 364.

Wendehorst, Christiane/Zöchling-Jud, Brigitta, Ein neues Vertragsrecht für den digitalen Binnenmarkt?, München 2016.

Wendland, Matthias, Ein neues europäisches Vertragsrecht für den Online-Handel? Die Richtlinienvorschläge der Kommission zu vertragsrechtlichen Aspekten bei der Bereitstellung digitaler Inhalte und des Online-Warenhandels, EuZW 2016, 126.

Wendland, Matthias, Sonderprivatrecht für digitale Güter, ZVglRWiss 2019, 191.

Wieduwilt, Hendrik, Cheatbots in Onlinespielen – eine Urheberrechtsverletzung?, MMR 2008, 715.

Wilhelmsson, Thomas/Tuominen, Salla/Tuomala, Heli, Consumer Law in the Information Society, Alphen aan den Rijn 2000.

Witte, Andreas, IT und Software: Bekommt die Erschöpfung durch die BGB-Reform Eselsohren?, CR 2022, 209.

Witzel, Michaela, Der neue Mangelbegriff für digitale Produkte, ITRB 2021, 289.

Zech, Herbert, Information als Schutzgegenstand, Tübingen 2012.

Zech, Herbert, Lizenzen für die Benutzung von Musik, Film und E-Books in der Cloud, ZUM 2014, 3.

Zech, Herbert, Vom Buch zur Cloud – Die Verkehrsfähigkeit digitaler Güter, ZGE 2013, 368.

Zurth, Patrick, Rechtsgeschäftliche und gesetzliche Nutzungsrechte im Urheberrecht, Tübingen 2016.

Sämtliche in der Arbeit enthaltenen Abkürzungen sind – soweit nicht gesondert gekennzeichnet – entnommen:

Kirchner, Hildebert, Abkürzungsverzeichnis der Rechtssprache, 10. Aufl. Berlin 2021.

Inhaltsverzeichnis

Einleitung

A. Problemaufriss

Digitale Inhalte sind aus dem modernen Alltag nicht mehr wegzudenken.[1] Ob Bücher, Musik, Filme oder Spiele – sie alle werden heutzutage digitalisiert oder digital erstellt, digital vertrieben und digital konsumiert.[2]

Auch im europäischen und – in dessen Umsetzung – im nationalen Privatrecht sind digitale Inhalte schon lange ein feststehender Begriff.[3]

Bereits die Richtlinie über die Rechte der Verbraucher (Verbraucherrechte-RL)[4] aus 2011 beinhaltete den Begriff des „digitalen Inhaltes“ (Art. 2 Nr. 11 Verbraucherrechte-RL) sowie den „Vertrag über die Bereitstellung von digitalen Inhalten“ (Erwägungsgrund (EG) 19 Verbraucherrechte-RL).[5] Die Richtlinie setzte sich jedoch mit dem Recht der Verträge über digitale Inhalte nicht tiefergehend auseinander,[6] sondern etablierte im Wesentlichen vorvertragliche Informationspflichten sowie ein Widerrufsrecht für Verbraucher:innen in Bezug auf Verträge über digitale Inhalte.[7] Dementsprechend fehlte es bspw. an expliziten EU-Regelungen zum Schutz von Verbraucher:innen für den Fall, dass die digitalen Inhalte hinsichtlich der Zugänglichkeit, Funktionalität oder Interoperabilität Mängel aufwiesen.[8] Um diesen Missstand zu beheben und auf die in der digitalen Wirtschaft im Bereich des Privatrechts bestehenden Bedürfnisse zu reagieren, erließ die EU die am 11. Juni 2019 in Kraft getretene Richtlinie über

---

1 *Oprysk*, GRUR Int 2021, 943, 943.

2 Ebd.; *Kuschel*, S. 1.

3 S. schon *Schmidt-Kessel*, K&R 2014, 475, 475.

4 Richtlinie 2011/83/EU des Europäischen Parlaments und des Rates v. 25.10.2011 über die Rechte der Verbraucher, zur Abänderung der Richtlinie 93/13/EWG des Rates und der Richtlinie 1999/44/EG des Europäischen Parlaments und des Rates sowie zur Aufhebung der Richtlinie 85/577/EWG des Rates und der Richtlinie 97/7/EG des Europäischen Parlaments und des Rates, Abl. L 304/64.

5 *Grünberger*, AcP 2018, 213, 217.

6 Vgl. *Schmidt-Kessel* et al., GPR 2016, 54, 54.

7 *Koukal*, Masaryk University Journal of Law and Technology Vol. 15 No. 1 (2021), 53, 60.

8 Ebd.

bestimmte vertragsrechtliche Aspekte der Bereitstellung digitaler Inhalte und digitaler Dienstleistungen (DI-RL)[9].[10]

I. Ein einheitliches Verbrauchervertragsrecht für Verträge über digitale Inhalte: Die Digitale-Inhalte-Richtlinie

Die DI-RL enthält Regelungen „über die Vertragsmäßigkeit digitaler Inhalte und digitaler Dienstleistungen, Abhilfen im Falle ihrer Vertragswidrigkeit oder nicht erfolgten Bereitstellung, und die Art und Weise der Inanspruchnahme dieser Abhilfen, sowie die Änderung digitaler Inhalte oder digitaler Dienstleistungen".[11] Damit verfolgt die DI-RL insbesondere das Ziel eines vereinheitlichten Gewährleistungsrechtes für digitale Verträge.[12]

Die Richtlinie ist dabei eng angelehnt an die Regelungen des Vorschlages der Kommission für eine Verordnung über ein gemeinsames Europäisches Kaufrecht (GEKR-E),[13] die als nichtbindendes, optionales Instrument ein neben dem nationalen Vertragsrecht geltendes vertragsrechtliches Regelwerk schaffen sollte.[14] Dieser Entwurf wurde durch die Kommission Ende 2014 aufgrund des absehbaren Widerstands des Europäischen Rates wieder zurückgezogen.[15] Im Dezember 2015 unterbreitete die Kommission dann den Vorschlag zur DI-RL, die nicht mehr nur ein optionales Instrument, sondern eine vollharmonisierende Richtlinie darstellen sollte.[16] Anstatt eines umfassenden vertragsrechtlichen Regelwerks wurde mit der DI-RL eine zielgerichtete, auf Verträge über digitale Inhalte begrenzte Gesetzgebung mit zwingenden Vorschriften verfolgt.[17]

---

9 Richtlinie (EU) 2019/770 des Europäischen Parlaments und des Rates v. 20.5.2019 über bestimmte vertragsrechtliche Aspekte der Bereitstellung digitaler Inhalte und digitaler Dienstleistungen, Abl. L 136/1.

10 *Koukal*, Masaryk University Journal of Law and Technology Vol. 15 No. 1 (2021), 53, 56.

11 EG 11 DI-RL.

12 *Wendland*, ZVglRWiss 2019, 191, 196.

13 Vorschlag COM(2011), 635 v. 11.10.2011 für eine Verordnung des Europäischen Parlaments und des Rates über ein Gemeinsames Europäisches Kaufrecht.

14 *Koukal*, Masaryk University Journal of Law and Technology Vol. 15 No. 1 (2021), 53, 56 f.

15 *Wendland* in BeckOGK, Rom I-VO, Art. 3 Rn. 91.

16 *Koukal*, Masaryk University Journal of Law and Technology Vol. 15 No. 1 (2021), 53, 60.

17 Ebd.

Um das erwähnte Ziel eines vereinheitlichen Gewährleistungsrechtes für digitale Inhalte zu erreichen, sieht die DI-RL in Art. 4 eine Vollharmonisierung vor, sodass die Mitgliedsstaaten in der Umsetzung grundsätzlich nicht von den Vorgaben der DI-RL abweichen konnten. In Deutschland wurde das Gesetz zur Umsetzung der Richtlinie über bestimmte vertragsrechtliche Aspekte der Bereitstellung digitaler Inhalte und digitaler Dienstleistungen am 30. Juni 2021 veröffentlicht.[18] Das Gesetz sieht eine Umsetzung der DI-RL im Wesentlichen in einem neuen Titel 2a „Verträge über digitale Produkte" in den §§ 327–327u Bürgerliches Gesetzbuch (BGB) im Allgemeinen Teil des Schuldrechts vor.[19] Andere Ansätze, bspw. die Schaffung eigener (Grund-)Vertragstypen im Besonderen Teil des Schuldrechts[20] oder die Umsetzung in einem eigenständigen Gesetz,[21] blieben damit unberücksichtigt.[22] Durch die in der Richtlinie vorgesehene Vollharmonisierung und die in der Richtlinie enthaltenen umfangreichen und detaillierten Regelungen übernimmt das Umsetzungsgesetz die Vorgaben größtenteils unverändert.[23] Darüber hinaus enthält es ergänzende Vorschriften wie bspw. Schadens- und Aufwendungsersatzansprüche gem. § 327i Nr. 3 BGB.

II. Berührungspunkte mit dem Urheberrecht auf dem Gebiet der Verträge über digitale Inhalte

Das Verbrauchervertragsrecht ist auf dem Gebiet der Verträge über digitale Inhalte durch Überschneidungen mit dem Urheberrecht geprägt.[24] Digitale Inhalte – ob E-Book, Film, Musik oder Computerprogramm – sind regelmäßig urheberrechtlich geschützt.[25] Erwerben und nutzen Verbraucher:innen diese urheberrechtlich geschützten Inhalte, berühren sie damit zwangsläufig urheberrechtliche Ausschließlichkeitsrechte der Rechteinhaber:innen.[26] Bei dem Erwerb, der Wiedergabe oder der Weiterveräußerung kommt es stets zu einer

---

18 Gesetz zur Umsetzung der Richtlinie über bestimmte vertragsrechtliche Aspekte der Bereitstellung digitaler Inhalte und digitaler Dienstleistungen v. 25.6.2021, BGBl. 2021 Teil I Nr. 37, 2123.

19 *Sattler*, NJW 2020, 3623, 3623; *Spindler*, MMR 2021, 451, 451.

20 So z.B. *Metzger*, JZ 2019, 577, 585 f.; *Wendland*, ZVglRWiss 2019, 191, 226 f.

21 So *Sattler*, CR 2020, 145, 153.

22 *Spindler*, MMR 2021, 451, 451.

23 *Rosenkranz*, ZUM 2021, 195, 197; vgl. auch BT-Drs. 19/27653, S. 24.

24 *Stieper*, CR 2022, 325, 325.

25 *Oprysk/Sein*, IIC 2020, 594, 594.

26 *Kuschel/Rostam*, CR 2020, 393, 394.

Kopie und damit auch zu einer urheberrechtlich relevanten Vervielfältigung des digitalen Inhalts.[27]

Daher gehen Verträge über die Bereitstellung digitaler Inhalte häufig mit der Einräumung urheberrechtlicher Nutzungsrechte einher.[28] Die Rechteinhaber:in und die Unternehmer:in, die den digitalen Inhalt bereitstellt, sind dabei regelmäßig personenverschieden.[29] Die Einräumung von Nutzungsrechten erfolgt dementsprechend in der Praxis meist mittels eines sog. End User License Agreements (EULA), zu Deutsch Endnutzer-Lizenzvertrag, der unmittelbar zwischen Rechteinhaber:in und Verbraucher:in abgeschlossen wird und häufig weitreichende Beschränkungen der Nutzung digitaler Inhalte enthält.[30]

Trotz bestehender Überschneidungen wurde das Verhältnis von Urheber- und Verbrauchervertragsrecht auf dem Gebiet der Verträge über digitale Inhalte bisher – insbesondere bis zum Erlass der DI-RL – vergleichsweise wenig behandelt.[31] Dabei weisen das Urheberrecht, das zuvörderst dem Schutz der Schöpfer:in in der persönlichen und wirtschaftlichen Beziehung zu ihrem Werk dient, und das Verbrauchervertragsrecht, das die wirtschaftlichen Interessen von Verbraucher:innen schützen und deren Rechtsposition in der wirtschaftlichen Beziehung zu einer Unternehmer:in stärken möchte, unterschiedliche Zielrichtungen auf. Diese unterschiedlichen Zielrichtungen bieten im digitalen Umfeld erhebliches Konfliktpotenzial, bedingt insbesondere durch den Umstand, dass Verbraucher:innen sowohl bei dem Erwerb als auch bei der Nutzung digitaler Inhalte, wie erwähnt, stets in Kontakt mit urheberrechtlichen Ausschließlichkeitsrechten geraten.

Auch die DI-RL vermeidet eine Auseinandersetzung mit dem Verhältnis zum Urheberrecht.[32] Im Gegenteil besagt sie in Art. 3 Abs. 9, EG 20 und 36, dass

---

27 Ebd.

28 *Metzger*, JZ 2019, 577, 578; *Spindler*, JIPITEC Vol. 12 No. 3 (2021), 111, Rn. 2; *Spindler* in Fischer et al., S. 217 f.

29 *Beale* in Schulze/Staudenmayer/Lohsse, S. 37; *European Law Institute*, Statement on the European Commission's Proposed Directive on the Supply of Digital Content to Consumers, S. 25 ff., abrufbar unter https://www.europeanlawinstitute.eu/fileadmin/user_upload/p_eli/Publications/ELI_Statement_on_DCD.pdf (zuletzt abgerufen am 23.4.2023); *Gsell*, ZUM 2018, 75, 81; *Metzger*, JZ 2019, 577, 578.

30 *Metzger*, JZ 2019, 577, 578; *Spindler*, JIPITEC Vol. 12 No. 3 (2021), 111, Rn. 2; *Spindler* in Fischer et al., S. 218.

31 Ausnahmen vor Erlass der DI-RL bspw. *Helberger/Guibault*, info Vol. 14 No. 6 (2012), 23; *Helberger/Hugenholtz*, Berkeley Technology Law Review Vol. 22 No. 3 (2007), 1061; *Schovsbo*, Journal of Consumer Policy Vol. 31 No. 4 (2008), 393.

32 Vgl. *Sattler*, CR 2020, 145, 150.

sie das Urheberrecht unberührt lässt, und schließt es damit explizit aus ihrem Anwendungsbereich aus.[33] Damit scheint das Verhältnis von Urheberrecht und der DI-RL auf den ersten Blick geklärt zu sein.[34] Auf den zweiten Blick ergeben sich in diesem Verhältnis allerdings Unklarheiten, bspw. in Bezug auf das Verhältnis von DI-RL zur Verordnung zur grenzüberschreitenden Portabilität von Online-Inhaltediensten im Binnenmarkt (sog. Portabilitäts-VO)[35] und bezüglich des Overblockings rechtmäßig hochgeladener Inhalte auf Grundlage von Art. 17 der Richtlinie über das Urheberrecht im digitalen Binnenmarkt (kurz DSM-RL)[36] durch Internet-Plattformen, die gleichzeitig als Anbieter digitaler Dienstleistungen i.S.d. DI-RL zu qualifizieren sind.[37]

Als besonders drängend erweist sich zudem die Frage, wie die DI-RL Nutzungsbeschränkungen in EULAs beurteilt. Denn EULAs und darin enthaltene Nutzungsbeschränkungen werden von der DI-RL gem. Art. 10 DI-RL jedenfalls mittelbar erfasst.[38] Danach ist eine Vertragswidrigkeit im Vertragsverhältnis von Unternehmer:in und Verbraucher:in auch dann gegeben, wenn eine „Beschränkung, die sich aus der Verletzung von Rechten Dritter – insbesondere von Rechten des geistigen Eigentums – ergibt, die Nutzung der digitalen Inhalte oder digitalen Dienstleistungen i.S.d. Art. 7 und 8 verhindert oder einschränkt". Vor allem steht infrage, inwieweit die Beurteilung von Nutzungsbeschränkungen in EULAs durch die DI-RL von der urheberrechtlichen Bewertung dieser Beschränkungen abweicht und welche Auswirkungen sich ggf. aus einer solchen abweichenden Beurteilung ergeben.

---

33 *Spindler,* JIPITEC Vol. 12 No. 3 (2021), 111, Rn. 1, 20; *Spindler* in Fischer et al., S. 217, 220.

34 *Sattler*, NJW 2020, 3623, 3624.

35 Verordnung (EU) 2017/1128 des Europäischen Parlaments und des Rates vom 14.6.2017 zur grenzüberschreitenden Portabilität von Online-Inhaltediensten im Binnenmarkt, Abl. L 168/1; s. hierzu bspw. *Stieper*, CR 2022, 325, 329 f.; *Koukal*, Masaryk University Journal of Law and Technology Vol. 15 No. 1 (2021), 53, 53.

36 Richtlinie (EU) 2019/790 des Europäischen Parlaments und des Rates vom 17.4.2019 über das Urheberrecht und die verwandten Schutzrechte im digitalen Binnenmarkt und zur Änderung der Richtlinien 96/9/EG und 2001/29/EG, Abl. L 130/92.

37 S. hierzu *Kuschel/Rostam*, CR 2020, 393, 397 ff.; *Stieper*, CR 2022, 325, 330 ff.

38 *Spindler,* JIPITEC Vol. 12 No. 3 (2021), 111, Rn. 20; *Spindler* in Fischer et al., S. 220.

B. Gang der Untersuchung

Die vorliegende Arbeit wird sich mit dem Verhältnis von Verbrauchervertrags- und Urheberrecht auf dem Gebiet der Verträge über digitale Inhalte im Rahmen einer rechtsdogmatischen Analyse befassen. Dabei wird zunächst das generelle Konfliktpotenzial der beiden Rechtsgebiete im digitalen Umfeld untersucht. Hierzu ist es erforderlich, die Zielrichtungen beider Rechtsgebiete zu analysieren und herauszuarbeiten, warum die jeweils verfolgten Schutzziele im digitalen Umfeld miteinander in einen Konflikt geraten. Dabei wird sich zeigen, dass das Urheberrecht den Rechteinhaber:innen weitreichende Möglichkeiten der Kontrolle über den Zugang zu und die Nutzung von digitalen Inhalten insbesondere mittels restriktiver Lizenzbedingungen in EULAs einräumt und gleichzeitig die Interessen von Verbraucher:innen, die bei dem Erwerb und der Nutzung digitaler Inhalte in Berührung mit dem Urheberrecht kommen, nur unzureichend berücksichtigt.

Auf den im Rahmen dieser Untersuchung gewonnenen Erkenntnissen aufbauend soll das konkrete Verhältnis des Verbrauchervertragsrechts für Verträge über digitale Inhalte, also der DI-RL, und des Urheberrechts bei der Beurteilung von Nutzungsbeschränkungen in EULAs analysiert werden. Im Wesentlichen gilt es dabei die Fragen zu beantworten, inwiefern die hinsichtlich dieser Nutzungsbeschränkungen zu untersuchende vernünftige Verbrauchererwartung als ein objektives Vertragsmäßigkeitskriterium der DI-RL im Widerspruch zur urheberrechtlichen Beurteilung der Nutzungsbeschränkungen steht und welche Auswirkungen sich aus einem möglichen Widerspruch ergeben. Bei der Untersuchung dieser Auswirkungen ist insbesondere zu klären, ob die Aussage der DI-RL, sie lasse das Urheberrecht unberührt, zutrifft oder ob sich – jedenfalls mittelbare – Implikationen für das Urheberrecht ergeben.

Teil 1: Grundlagen – Begriff der digitalen Inhalte und maßgebliche Akteur:innen

Im ersten Teil werden als Grundlage der weiteren Untersuchung digitale Inhalte als Untersuchungsobjekt dieser Arbeit definiert, wesentliche Merkmale digitaler Inhalte identifiziert und zudem die für die Untersuchung des Verhältnisses von Urheber- und Verbrauchervertragsrecht maßgeblichen Akteur:innen auf dem Gebiet der Verträge über digitale Inhalte dargestellt.

A. Definition und Merkmale digitaler Inhalte

Um das Verhältnis von Verbrauchervertragsrecht und Urheberrecht auf dem Gebiet der Verträge über digitale Inhalte untersuchen zu können, ist zunächst das Verständnis des Begriffs der digitalen Inhalte, das dieser Arbeit zugrunde liegt, darzulegen.[39] Dazu werden die existierenden gesetzlichen Definitionen zu dem Begriff in den Blick genommen.

Zudem werden wesentliche Merkmale digitaler Inhalte herausgearbeitet. So wird aufgezeigt, dass sich digitale Inhalte nicht als Rechtsobjekte neben Sachen und Immaterialgütern einordnen lassen, sondern strukturell aus unterschiedlichen Ebenen bestehen, die unterschiedlichen Regelungsregimen unterliegen, welche mitunter in einen Konflikt zueinander geraten können. Des Weiteren werden die für die nachfolgende Untersuchung relevanten ökonomischen Besonderheiten digitaler Inhalte aufgezeigt und der urheberrechtliche Schutz digitaler Inhalte dargestellt.[40]

I. Definition digitaler Inhalte nach dem Verbrauchervertragsrecht

Um zu veranschaulichen, was unter dem Begriff der digitalen Inhalte im Folgenden zu verstehen ist, werden zunächst die hierzu existierenden gesetzlichen Definitionen aufgezeigt.

---

39 Vgl. auch *Sesing*, S. 38.

40 Vgl. auch *Sattler*, CR 2020, 145, 146 ff.

1. *Gesetzliche Definitionen*

Die DI-RL definiert den Begriff der digitalen Inhalte in Art. 2 Nr. 1 als „Daten, die in digitaler Form erstellt und bereitgestellt werden". Damit übernimmt die DI-RL die Definition beinah wortgetreu aus dem bereits erwähnten Art. 2 Nr. 11 Verbraucherrechte-RL, mit welchem der Begriff erstmals in das europäische Vertragsrecht aufgenommen wurde,[41] und aus Art. 2 Buchst. j des ebenfalls bereits erwähnten GEKR-E.[42] In den Vorschriften werden digitale Inhalte definiert als „Daten, die in digitaler Form hergestellt und bereitgestellt werden".

Was konkret von der Bezeichnung „digitale Inhalte" umfasst sein soll, wird durch die Definition allein allerdings kaum ersichtlich. Eine nähere Konkretisierung ergibt sich erst aus EG 19 S. 2 DI-RL.[43] Danach stellen u.a. „Computerprogramme, Anwendungen, Videodateien, Audiodateien, Musikdateien, digitale Spiele, elektronische Bücher und andere elektronische Publikationen" solche digitalen Inhalte dar. Auch hier greift die DI-RL auf Formulierungen aus EG 19 Verbraucherrechte-RL und – teilweise – aus Art. 2 Buchst. j GEKR-E zurück.[44]

Im deutschen Recht war der Begriff der digitalen Inhalte bislang, in Umsetzung der Verbraucherrechte-RL, in § 312f Abs. 3 BGB geregelt.[45] Seit Inkrafttreten des Gesetzes zur Umsetzung der DI-RL[46] im Juni 2021 wird der Begriff der digitalen Inhalte in § 327 Abs. 2 S. 1 BGB den Vorgaben der DI-RL entsprechend legaldefiniert.

2. *Kritik an den Definitionen*

Die genannten Definitionen der digitalen Inhalte weisen einige Ungenauigkeiten auf. So wird darin das Wort „digital" nicht näher umschrieben, sondern schlichtweg redundant als digital bzw. digitale Form bezeichnet.[47] Der Begriff „Inhalt" wird definiert als Daten, die ihrerseits – zwar simplifiziert, dennoch prägnant – als maschinenlesbar codierte Information beschrieben werden können.[48] Dementsprechend beinhaltet bereits der Begriff der Daten die in der Definition der

41 *Grünberger*, AcP 2018, 213, 223; *Schmidt-Kessel*, K&R 2014, 475, 475.
42 *Sattler*, CR 2020, 145, 146.
43 *Kuschel/Rostam*, CR 2020, 393, 393 f.
44 *Sattler*, CR 2020, 145, 146.
45 *Grünberger*, AcP 2018, 213, 223.
46 S. zu dem Umsetzungsgesetz bereits o. Einleitung. A. I.
47 *Sattler*, CR 2020, 145, 146.
48 *Grünberger*, AcP 2018, 213, 223; *Zech*, S. 32.

digitalen Inhalte aufgegriffene „digitale Form", da Daten aus technischer Perspektive stets binär codiert und damit digital sind.[49] Auch die Bezugnahme auf die Handlungen des Erstellens und Bereitstellens der Daten in der Definition der DI-RL weist Unzulänglichkeiten auf.[50] So bleibt hinsichtlich des Begriffes des „Erstellens", der mehrmals in der DI-RL verwendet, aber nicht näher konkretisiert wird, unklar, welche Bedeutung er für Verträge über digitale Inhalte überhaupt hat.[51] Das Bereitstellen ist nach der DI-RL außerdem gleichzeitig zentrale Leistungshandlung, die selbst erst in Art. 5 DI-RL definiert wird.[52] Da diese Unstimmigkeiten der Definitionen eine eindeutige Subsumtion jedenfalls erschweren dürften, ist hierfür letztlich die Orientierung an der Aufzählung von Beispielen digitaler Inhalte in EG 19 DI-RL sowie EG 19 Verbraucherrechte-RL besser geeignet.[53]

3. *Aus den Definitionen abzuleitende Merkmale digitaler Inhalte*

Trotz der genannten Ungenauigkeiten lassen sich aus den zum Begriff der digitalen Inhalte bestehenden Definitionen wesentliche Merkmale digitaler Inhalte herausarbeiten.[54]

Digitale Inhalte umfassen, wie sich auch aus dem soeben Beschriebenen ergibt, Information oder setzen sich daraus zusammen.[55] Sie sind zudem stets in einem Speichermedium als körperlichem Träger manifestiert.[56] Ihre zentrale Eigenschaft ist dabei aber, dass ihre Bereitstellung nicht die dauerhafte Festlegung auf ein- und demselben Datenträger erfordert.[57]

Aus den Definitionen ergibt sich außerdem, dass der Begriff der digitalen Inhalte nur solche Inhalte miteinbezieht, die nicht nur digital hergestellt, sondern auch (ausschließlich) digital zugänglich gemacht werden. Dementsprechend werden u.a. Bilder und Texte in gedruckter Form nicht vom Begriff der digitalen Inhalte mitumfasst, da der Zugang hierzu nicht digital erfolgt.[58]

---

49 *Sattler*, CR 2020, 145, 146, Fn. 17.
50 *Sattler*, CR 2020, 145, 146.
51 *Sattler*, CR 2020, 145, 146, Fn. 18.
52 *Sattler*, CR 2020, 145, 146.
53 Vgl. ebd.
54 *Sesing*, S. 39.
55 *Zech*, ZGE 2013, 368, 369.
56 *Kuschel*, S. 5; vgl. auch *Borges*, S. 412.
57 *Sesing*, S. 39.
58 *Grünberger*, AcP 2018, 213, 225.

II. Informationsebenen digitaler Inhalte

Für die rechtliche Einordnung bietet es sich zwar auf den ersten Blick an, digitale Inhalte als ein drittes Rechtsobjekt, vergleichbar mit körperlichen Sachen und Immaterialgütern, zu beurteilen.[59] Dabei wird aber übersehen, dass sich digitale Inhalte aus Perspektive der Informatik als ein Objekt auf drei verschiedenen Ebenen abgrenzen lassen, die wiederum unterschiedlichen Regelungsregimen unterliegen.[60] Einem von *Zech* entwickelten Abgrenzungsmodell folgend lässt sich in digitalen Inhalten enthaltene Information als Objekt auf der Zeichenebene bzw. syntaktischen Ebene, auf der Strukturebene und auf der Bedeutungsebene bzw. semantischen Ebene unterteilen.[61]

1. Syntaktische bzw. Code-Ebene

Die syntaktische Ebene bzw. Code-Ebene wird beschrieben als „durch eine Menge von Zeichen und deren Beziehung zueinander bestehende Information".[62] Als Information auf syntaktischer Ebene ist bspw. der in einem Buch enthaltene Text in Form von „sprachlich codierte[r] Information unabhängig vom konkreten Schriftstück oder Buch" einzuordnen.[63] Syntaktische Information kann also unabhängig von einem konkreten Informationsträger existieren und lässt sich beliebig oft vervielfältigen, worin auch, wie sich sogleich zeigen wird, der wesentliche Unterschied zur strukturellen Ebene besteht.[64]

2. Semantische Ebene

Die semantische Ebene grenzt Information mittels ihrer Bedeutung ab.[65] Als Synonym für semantische Information kann auch der Begriff der Aussage verwendet werden, denn semantische Information rekurriert stets auf einen Sachverhalt.[66] So können bspw. Texte semantische Information i.S.e. Aussage

---

59 Diese Einordnung vornehmend *Schmidt-Kessel*, K&R 2014, 475, 478; kritisch hierzu *Grünberger*, AcP 2018, 213, 228; *Wendland*, ZVglRWiss 2019, 191, 204.

60 *Grünberger*, AcP 2018, 213, 226 f.; *Sattler*, CR 2020, 145, 148; *Wendland*, ZVglRWiss 2019, 191, 204.

61 *Zech*, S. 35.

62 *Zech*, S. 38.

63 *Zech*, S. 39.

64 *Zech*, S. 40, 261.

65 *Zech*, S. 37.

66 Ebd.

beinhalten, sind selbst aber keine semantische Information.[67] Die semantische bzw. Bedeutungsebene spricht daher in Bezug auf digitale Inhalte deren digitalen *Inhalt* im eigentlichen Sinne des Begriffes „Inhalt" an.[68]

3. *Strukturelle Ebene*

Information auf struktureller Ebene ist die „in einem bestimmten physikalischen System enthaltene Information".[69] Als ein solches physikalisches System kommen im Alltag insbesondere körperliche Gegenstände in Betracht, sodass strukturelle Information im Ergebnis „die Information in einem bestimmten (körperlichen) Träger" ist.[70] Bleibt man bei dem Beispiel des Textes, so beschreibt die strukturelle Ebene den in einem Buch verkörperten Text. Die Strukturebene beschreibt also die Verkörperung von Information in einem bestimmten Träger, auf welchem sie abgespeichert wird.[71] Für Daten stellt ein Datenträger diesen Informationsträger dar.[72] Dabei ist eine Trennung von körperlichem Gegenstand und der Struktur nicht möglich.[73]

Information auf struktureller Ebene ist also untrennbar mit ihrem körperlichen Träger verknüpft.[74] Syntaktische Information hingegen ist in ihrer Existenz nicht von einer Verkörperung abhängig.[75] Für die Nutzung muss allerdings zumindest *eine* Verkörperung syntaktischer Information als strukturelle Information vorhanden sein, da die syntaktische Information andernfalls nicht existiert.[76]

4. *An den Informationsebenen beteiligte Regelungsregime*

An die verschiedenen Informationsebenen knüpfen jeweils unterschiedliche Regelungsregime an.[77]

---

67 Ebd.
68 *Auer*, ZfPW 2019, 130, 137.
69 *Zech*, S. 41.
70 Ebd.
71 *Grünberger*, AcP 2018, 213, 227; *Hoeren*, MMR-Beil. 1998, 6, 7; *Sattler*, CR 2020, 145, 148; *Zech*, S. 41, 259.
72 *Grünberger*, AcP 2018, 213, 227.
73 *Zech*, S. 135; vgl. auch *Hoeren*, Softwareüberlassung als Sachkauf, S. 32.
74 *Zech*, S. 261.
75 Ebd.
76 *Kuschel*, S. 126; *Zech*, S. 40.
77 *Wendland*, ZVglRWiss 2019, 191, 204; vgl. auch *Grünberger*, AcP 2018, 213, 226; *Sattler*, CR 2020, 145, 148.

So können bspw. an Information auf struktureller Ebene Eigentumsrechte zugewiesen werden.[78] Denn strukturelle Information ist, wie erwähnt, in einem bestimmten Träger, für Daten in einem Datenträger, verkörpert. Dieses Speichermedium kann als körperlicher Gegenstand i.S.d. § 90 BGB Gegenstand von Eigentumsrechten sein.[79] Dementsprechend findet auf diesen Gegenstand herkömmliches Sachenrecht Anwendung.[80] Da eine Trennung von körperlichem Gegenstand und der Struktur nicht möglich ist, wird von der (eigentums-)rechtlichen Zuweisung an dem Gegenstand zwangsläufig auch die Struktur mitumfasst.[81] Die Strukturebene unterliegt folglich dem Schutz des Sacheigentums.[82]

Im Unterschied zu Information auf struktureller Ebene ist Information auf syntaktischer Ebene nicht verkörpert und unterfällt damit auch nicht dem Sachenrecht.[83] Das gilt insbesondere deshalb, weil die syntaktische Ebene als unkörperliches Gut anders als die strukturelle Ebene nicht untrennbar mit einem körperlichen Träger verbunden ist.[84] Die Unkörperlichkeit von syntaktischer Information verhindert daher die Einordnung als Sache, dennoch können jedenfalls auf schuldrechtlicher Ebene – sofern einschlägig – die kaufrechtlichen Regelungen über § 453 Abs. 1 BGB entsprechend angewendet werden.[85] Syntaktische Information kann dementsprechend auch als sonstiger Gegenstand i.S.d. § 453 Abs. 1 S. 1 BGB eingeordnet werden.[86]

Auch die DI-RL nimmt auf schuldrechtlicher Ebene die syntaktische Ebene digitaler Inhalte in den Blick.[87] Denn digitale Inhalte können – wie schon die Definition der DI-RL und der Verbraucherrechte-RL sowie die Kritik daran zeigt – letztlich auf Daten reduziert werden, die wiederum als maschinenlesbar codierte Information beschrieben werden können.[88] Mit dieser Beschreibung wird an die zeichenhafte oder auch syntaktische Ebene angeknüpft.[89] An diese

---

78 *Wendland*, ZVglRWiss 2019, 191, 205.
79 *Auer*, ZfPW 2019, 130, 137; *Grünberger*, AcP 2018, 213, 227; *Zech*, S. 257 ff.
80 *Auer*, ZfPW 2019, 130, 138.
81 *Zech*, S. 135.
82 Ebd.
83 *Grünberger*, AcP 2018, 213, 227; *Zech*, S. 326 ff.
84 *Zech*, S. 335.
85 *Zech*, S. 338.
86 *Zech*, S. 341 f.
87 *Sattler*, CR 2020, 145, 148.
88 Ebd.
89 *Sattler*, CR 2020, 145, 148; *Zech*, S. 38 ff.

digitale Natur und damit an die syntaktische Ebene knüpft die DI-RL in ihrem sachlichen Anwendungsbereich an.[90]

Die strukturelle Ebene dient zum einen im Rahmen des sachlichen Anwendungsbereichs der Abgrenzung zu der zeitgleich mit der DI-RL in Kraft getretenen Richtlinie über bestimmte vertragsrechtliche Aspekte des Online-Warenhandels und anderer Formen des Fernabsatzes von Waren (kurz Warenkauf-RL)[91].[92] Die Warenkauf-RL findet grundsätzlich auf die körperlichen Datenträger wie bspw. DVDs oder USB-Sticks Anwendung, in denen digitale Inhalte enthalten sind. Die strukturelle Ebene fällt gem. Art. 3 Abs. 3 DI-RL nur ausnahmsweise in den Anwendungsbereich der DI-RL, wenn körperliche Datenträger einzig und allein als Träger digitaler Inhalte fungieren.[93]

Die strukturelle Ebene digitaler Inhalte wird zum anderen im Rahmen der Leistungshandlung des Bereitstellens relevant.[94] Die Pflicht zur Bereitstellung ist gem. Art. 5 Abs. 2 Buchst. a DI-RL dann erfüllt, wenn der digitale Inhalt der Verbraucher:in zur Verfügung gestellt bzw. zugänglich gemacht worden ist. Das Zurverfügungstellen bzw. Zugänglichmachen eines digitalen Inhaltes erfordert stets dessen Verkörperung als strukturelle Information.[95]

Die semantische Ebene, welche auf die Bedeutung von Information Bezug nimmt, kann Gegenstand von Immaterialgüterrechten sein.[96] Demzufolge kann die semantische Ebene digitaler Inhalte u.a. als persönlich geistige Schöpfung i.S.d. § 2 Abs. 2 Urheberrechtsgesetz (UrhG) urheberrechtlichen Schutz genießen.[97]

---

90 *Sattler*, CR 2020, 145, 148.

91 Richtlinie (EU) 2019/771 des Europäischen Parlaments und des Rates vom 20.5.2019 über bestimmte vertragsrechtliche Aspekte des Warenkaufs, zur Änderung der Verordnung (EU) 2017/2394 und der Richtlinie 2009/22/EG sowie zur Aufhebung der Richtlinie 1999/44/EG, Abl. L 136/28.

92 *Sattler*, CR 2020, 145, 148.

93 Ebd.

94 Vgl. *Wendland*, ZVglRWiss 2019, 191, 205.

95 Selbst beim Cloud Computing findet eine Verkörperung der Information auf einem Server statt, s. *Sattler*, CR 2020, 145, 148.

96 So *Auer*, ZfPW 2019, 130, 137; *Grünberger*, AcP 2018, 213, 227; *Sattler*, CR 2020, 145, 148; *Wendland*, ZVglRWiss 2019, 191, 205.

97 *Auer*, ZfPW 2019, 130, 137; *Grünberger*, AcP 2018, 213, 227; *Sattler*, CR 2020, 145, 148.

5. *Zwischenfazit*

Im Ergebnis zeigt sich, dass digitale Inhalte nicht ohne Weiteres als ein drittes Rechtsobjekt neben Sachen und Immaterialgütern eingeordnet werden können. Vielmehr bestehen digitale Inhalte aus Information mit unterschiedlichen Ebenen, an die wiederum unterschiedliche Regelungsregime anknüpfen.

Die DI-RL knüpft auf schuldrechtlicher Ebene in ihrem Anwendungsbereich an die syntaktische Ebene der in digitalen Inhalten enthaltenen Information an. Die strukturelle Ebene wird im Rahmen der Leistungspflicht des Bereitstellens des digitalen Inhaltes relevant, da hierfür eine Verkörperung der syntaktischen Information erforderlich ist. Die semantische Ebene digitaler Inhalte unterfällt dem Schutz des Urheberrechts. Auf dieser Ebene setzen auch die potenziellen Konflikte zwischen Urheberrecht und der DI-RL an.[98] Denn aufgrund des urheberrechtlichen Schutzes der semantischen Ebene erfordern Verträge über die Bereitstellung digitaler Inhalte regelmäßig neben der tatsächlichen Ermöglichung des Zugangs zu den digitalen Inhalten auch die Einräumung urheberrechtlicher Nutzungsrechte.[99] Die Pflicht zur Bereitstellung beinhaltet daher nicht nur die Zugänglichmachung des digitalen Inhaltes, sondern auch die Einräumung bzw. Übertragung eines urheberrechtlichen Nutzungsrechtes.[100] Diese Einräumung von Nutzungsrechten erfolgt, wie noch genauer aufzuzeigen ist, regelmäßig durch die Rechteinhaber:in und geht mit vertraglichen Beschränkungen des zulässigen Umfangs der Nutzung von digitalen Inhalten einher.[101] Werden diese lizenzvertraglichen Beschränkungen durch das Urheberrecht für zulässig erklärt, stehen aber gleichzeitig im Gegensatz zu verbrauchervertragsrechtlichen Vorgaben, konfligieren die beiden Rechtsgebiete.

III. Ökonomische Besonderheiten digitaler Inhalte

Nicht nur aus Perspektive der Informatik weisen digitale Inhalte Besonderheiten auf, die sich auf deren rechtliche Behandlung auswirken. Auch in wirtschaftlicher Hinsicht ergeben sich Eigenheiten. In der Rechtswissenschaft wird der Begriff der digitalen Inhalte oftmals synonym mit dem Begriff der digitalen Güter

---

98 *Sattler*, CR 2020, 145, 148; vgl. *Grünberger*, AcP 2018, 213, 228 ff.

99 *Sattler*, CR 2020, 145, 150.

100 *Wendland*, ZVglRWiss 2019, 191, 205 m.V.a. *Grünberger*, AcP 2018, 213, 231; s. hierzu auch Teil 2. B. III. 2. b) aa).

101 S. zur vertraglichen Beschränkung des zulässigen Nutzungsumfangs noch Teil 2. A. I. 2. c).

verwendet.[102] Der Begriff der digitalen Güter wiederum hat seinen Ursprung in der Wirtschaftswissenschaft.[103] Dort werden digitale Güter definiert als „immaterielle Mittel zur Bedürfnisbefriedigung, die aus Binärdaten bestehen und sich mit Hilfe von IKT [Informations- und Kommunikationstechnologien][104] entwickeln, vertreiben oder anwenden lassen".[105] Aus ökonomischer Perspektive weisen digitale Inhalte bestimmte Eigenschaften auf, die sie von körperlichen Gütern unterscheiden und die sich nicht nur auf den wirtschaftlichen, sondern auch auf den rechtlichen, insbesondere den urheberrechtlichen Umgang mit ihnen auswirken.[106]

1. *Keine Rivalität in der Nutzung*

Im Hinblick auf die Nutzung digitaler Güter besteht keine Rivalität.[107] Anders als ein körperliches kann ein digitales Gut also zeitgleich durch mehrere Nutzer:innen genutzt werden.[108] Im Gegensatz bspw. zum Erwerb einer Waschmaschine kann ein Musikstück oder eine Software von einer unbestimmten Anzahl an Personen parallel gehört bzw. genutzt werden, ohne dass dabei die individuelle Nutzung beeinträchtigt ist.[109]

2. *Fehlende Abnutzung*

Ganz grundsätzlich handelt es sich bei digitalen wie auch bei körperlichen Gütern um handelbare Güter.[110] Allerdings verschleißen digitale Handelsgüter im Gegensatz zu körperlichen nicht.[111] Zwar können sie irgendwann inhaltlich oder technologisch überholt sein. So kann bspw. eine Software ein Dateiformat gar nicht oder nicht mehr im vollen Umfang unterstützen, sodass von einer Überalterung auf syntaktischer Ebene gesprochen werden kann.[112] Die

102 *Marly/Wirz*, EuZW 2017, 16, 16.
103 *Sattler*, CR 2020, 145, 148.
104 Einfügung durch Verfasserin.
105 *Clement/Schreiber*, S. 34.
106 Vgl. *Sattler*, CR 2020, 145, 148 f.
107 *Lomfeld*, ZRP 2016, 174, 175; *Marly/Wirz*, EuZW 2017, 16, 16; *Rieg*, BC 2018, 132, 133; *Sattler*, CR 2020, 145, 148 f.
108 *Marly/Wirz*, EuZW 2017, 16, 16; *Sattler*, CR 2020, 145, 148 f.
109 *Rieg*, BC 2018, 132, 133; *Sattler*, CR 2020, 145, 148 f.
110 *Marly*/Wirz, EuZW 2017, 16, 16.
111 *Apel*, ZUM 2015, 640, 642, 645; *Marly/Wirz*, EuZW 2017, 16, 16; *Sattler*, CR 2020, 145, 149.
112 *Sattler*, CR 2020, 145, 149.

semantische Ebene der Daten kann daneben an inhaltlicher Aktualität verlieren und dadurch veralten, sodass sich auch der wirtschaftliche Wert des Gutes verringert.[113] Anders als körperliche Güter verschlechtern sich digitale Güter aber eben nicht durch den Gebrauch.[114] Dementsprechend – und dies wird an späterer Stelle hinsichtlich der Frage der Weiterveräußerbarkeit digitaler Inhalte relevant – unterscheidet sich der Primär- und Sekundär- bzw. Gebrauchtmarkt bezüglich digitaler Güter faktisch nicht mehr.[115]

3. Kostengünstige Reproduktion

Hinzu kommt, dass die Produktion eines digitalen Inhaltes regelmäßig sehr kostspielig ist, während die Reproduktion einfach und kostengünstig möglich ist.[116] Das führt dazu, dass Vervielfältigungen von digitalen Inhalten praktisch beliebig oft ohne qualitative Verschlechterung und zudem mit geringem Kostenaufwand vorgenommen und an Dritte weitergegeben werden können.[117]

4. Auswirkungen auf die rechtliche Behandlung

Diese soeben dargestellten ökonomischen Eigenschaften stellen insbesondere das Urheberrecht vor Herausforderungen.[118] Denn die fehlende Nutzungsrivalität und Abnutzung sowie die kostengünstige Reproduktion bedrohen das Interesse der Urheber:in an der wirtschaftlichen Verwertung ihres (digitalen) Werkes. Die wirtschaftlichen Gesichtspunkte spielen daher insbesondere bei der Debatte um die Reichweite des urheberrechtlichen Erschöpfungsgrundsatzes, der grundsätzlich die Verkehrsfähigkeit von Werkexemplaren, die mit der Zustimmung der Rechteinhaber:in in Verkehr gebracht wurden, gewährleisten soll, im digitalen Umfeld eine Rolle.[119] Gleichzeitig stellt sich die Frage, ob die ökonomischen Besonderheiten auch bei der verbrauchervertragsrechtlichen Beurteilung der Verkehrsfähigkeit digitaler Inhalte zu berücksichtigen sind.[120] Kommen das

---

113 Ebd.

114 *EuGH*, Urt. v. 19.12.2019 – C-263/18, GRUR 2020, 179, 182 – NUV u.a./Tom Kabinet; *Sattler*, CR 2020, 145, 149.

115 *Hauck/Hofmann/Zech*, ZGE 2016, 141, 143.

116 *EuGH*, Urt. v. 19.12.2019 – C-263/18, GRUR 2020, 179, 182 – NUV u.a./Tom Kabinet; *Grünberger*, AcP 2018, 231, 231; *Marly/Wirz*, EuZW 2017, 16, 16.

117 *EuGH*, Urt. v. 19.12.2019 – C-263/18, GRUR 2020, 179, 182 – NUV u.a./Tom Kabinet; *Marly/Wirz*, EuZW 2017, 16, 16; *Schmidt-Kessel*, K&R 2014, 475, 475.

118 Vgl. *Sattler*, CR 2020, 145, 149.

119 *Sattler*, CR 2020, 145, 149; s. hierzu noch Teil 2. B. V. 1. a) bb).

120 S. hierzu noch Teil 2. B. V. 1. b).

Urheber- und das Verbrauchervertragsrecht bei der Beurteilung der Verkehrsfähigkeit, was zu untersuchen ist, aufgrund des divergierenden Umgangs mit den wirtschaftlichen Besonderheiten digitaler Inhalte zu unterschiedlichen Ergebnissen, so haben diese jedenfalls indirekte Auswirkungen auf das Verhältnis der beiden Rechtsgebiete.[121]

IV. Urheberrechtlicher Schutz digitaler Inhalte

An digitalen Inhalten, die dem Anwendungsbereich der DI-RL unterfallen, können Urheberrechte bestehen. Die oben genannte beispielhafte Aufzählung von Computerprogrammen, Anwendungen, Videodateien, Audiodateien, Musikdateien, digitalen Spielen, elektronischen Büchern und anderen elektronischen Publikationen in EG 19 S. 1 DI-RL veranschaulicht bereits, dass es sich bei digitalen Inhalten regelmäßig um nach dem Urheberrechtsgesetz geschützte Werke, bspw. in Form von Film-, oder Sprachwerken, Werken der Musik oder Computerprogrammen, handelt.[122]

Grundlegend richtet sich der durch das Urheberrecht gewährte Schutz nach § 2 UrhG.[123] Gem. § 2 Abs. 2 UrhG muss ein Arbeitsergebnis eine persönlich geistige Schöpfung sein, um den Schutz des Urheberrechts zu erlangen. § 2 Abs. 1 UrhG enthält zugleich einen nicht abschließenden Katalog an urheberrechtlich geschützten Werken aus Literatur, Kunst und Wissenschaft.[124]

Zwar findet sich in § 2 Abs. 1 UrhG keine eigene Kategorie eines „digitalen Werkes".[125] Digitale Inhalte können aber entweder einer einzelnen oder gleich mehreren der bestehenden Werkkategorien in § 2 Abs. 1 UrhG zugeordnet werden.[126]

Für die in dieser Arbeit vorzunehmende Untersuchung der Beurteilung von Nutzungsbeschränkungen in EULAs ist es erforderlich, zwischen verschiedenen Arten digitaler Werke zu differenzieren. Denn diese unterfallen unterschiedlichen urheberrechtlichen Regelungsregimen. Aufgrund der Anwendung dieser unterschiedlichen Regelungsregime auf die verschiedenen Arten

---

121 S. zu der Beurteilung der Verkehrsfähigkeit durch das Urheber- und das Verbrauchervertragsrecht noch Teil B. V. 1.

122 Vgl. *Grünberger*, ZUM 2018, 73, 74; *Kuschel/Rostam*, CR 2020, 393, 394; *Obergfell* in Kindl/Vendrell/Gsell, S. 193 f.; *Sattler*, NJW 2020, 3623, 3624.

123 *Witte/Auer-Reinsdorff* in Auer-Reinsdorff/Conrad, Teil B § 5 Rn. 7.

124 Ebd.

125 *Hoeren* in Loewenheim, 1. Teil, § 9 Rn. 337 f.

126 Ebd.; *Witte/Auer-Reinsdorff* in Auer-Reinsdorff/Conrad, Teil B § 5 Rn. 7.

urheberrechtlich geschützter digitaler Werke kann es mitunter, wie aufzuzeigen ist, zu voneinander abweichenden Beurteilungen der urheberrechtlichen Zulässigkeit einzelner Nutzungsbeschränkungen kommen.

1. Schutz von Software

Vom Begriff der digitalen Inhalte umfasst ist insbesondere Software. Software ist regelmäßig ein Computerprogramm i.S.d. § 2 Abs. 1 Nr. 1 UrhG und damit als Unterfall des Sprachwerkes geschützt.[127] Eine Definition des Begriffs des Computerprogramms findet sich im Gesetz allerdings nicht.[128] Insbesondere in der (Kommentar-)Literatur wird für eine Definition des Begriffs oft auf § 1 Abs. 1 der Mustervorschriften für den Schutz von Computersoftware der World Intellectual Property Organization (WIPO) zurückgegriffen, wonach ein Computerprogramm „eine Folge von Befehlen [ist], die nach Aufnahme in einen maschinenlesbaren Träger fähig sind zu bewirken, dass eine Maschine mit informationsverarbeitenden Fähigkeiten eine bestimmte Funktion oder Aufgabe oder ein bestimmtes Ergebnis anzeigt, ausführt oder erzielt“[129].[130] Es wird demzufolge nur solche Software unter den Begriff des Computerprogrammes subsumiert, für die Steuerbefehle erforderlich sind.[131] Unerheblich ist hingegen, ob die Software in Quell- oder Objektcode vorliegt.[132] Digitale Werke wie Texte, Musikdateien oder Bilder, die begrifflich auch als Software eingeordnet werden können, unterfallen dem Begriff des Computerprogrammes i.S.d. UrhG hingegen nicht, können aber als Schrift-, Musik- oder Sprachwerke urheberrechtlich geschützt sein.[133]

---

127 *Hoeren* in Loewenheim, 1. Teil, § 9 Rn. 338.

128 *Sesing*, S. 46.

129 § 1 Abs. 1 der WIPO-Mustervorschriften für den Schutz von Computersoftware, abgedruckt in GRUR Int 1978, 286, 290.

130 S. z.B. *Dreier* in Dreier/Schulze, UrhG § 69a Rn. 12; *Grützmacher* in Wandtke/Bullinger, UrhG, § 69a Rn. 3; *Kaboth/Spies* in BeckOK UrhR, UrhG § 69a Rn. 2; *Wiebe* in Spindler/Schuster, UrhG § 69a Rn. 3.

131 *BAG*, Urt. v. 24.3.2011 - 2 AZR 282/10, NZA 2011, 1029, 1031; *OLG Rostock*, Beschl. v. 27.6.2007 - 2 W 12/07, MMR 2008, 116, 116; *OLG Hamburg*, Urt. v. 12.3.1998 - 3 U 226/97, MMR 1999, 230, 231 – Computerspielergänzung; *Grützmacher* in Wandtke/Bullinger, UrhG, § 69a Rn. 3.

132 *Wiebe* in Spindler/Schuster, UrhG, § 69a Rn. 4; *Witte/Auer-Reinsdorff* in Auer-Reinsdorff/Conrad, Teil B, § 5 Rn. 65; a.A. *Schippel*, MMR 2016, 802, 804.

133 *Ammann* in Taeger/Pohle, Teil 3.32.2. Rn. 5; *Grützmacher* in Wandtke/Bullinger, UrhG, § 69a Rn. 2; dazu sogleich.

Software, die dem Begriff des Computerprogrammes unterfällt, genießt den gesonderten Schutz nach §§ 69a–g UrhG.[134] Die Vorschriften der §§ 69a ff. UrhG setzen die EU-Computerprogramm-Richtlinie (Computerprogramm-RL)[135] um, durch die bereits 1991 ein primärer Schutz von Software durch das Urheberrecht festgelegt[136] sowie eine Harmonisierung dieses urheberrechtlichen Schutzes herbeigeführt wurde.[137] Die Richtlinie wurde nach knapp 20 Jahren mit nur wenigen Änderungen erneut als Richtlinie 2009/24/EG[138] kodifiziert.[139] Die Vorschriften über Computerprogramme haben Vorrang vor den allgemeinen urheberrechtlichen Regelungen, stimmen systematisch aber mit dem generellen urheberrechtlichen Prüfungsaufbau überein.[140] In § 69a UrhG ist dementsprechend zunächst der Schutzgegenstand definiert, in § 69c UrhG finden sich die Verwertungsrechte inklusive des Verbreitungsrechts und des darauf bezogenen Erschöpfungsgrundsatzes,[141] in §§ 69d, e UrhG die Schranken, in § 69f UrhG Regelungen bezüglich Rechtsverletzungen und in § 69g UrhG das Verhältnis zu übrigen Rechtsvorschriften.[142]

2. *Schutz sonstiger digitaler Inhalte am Beispiel von E-Books*

Auch sonstige digitale Inhalte, die nicht als Computerprogramme i.S.d. § 2 Abs. 1 Nr. 1 UrhG eingeordnet werden, sind regelmäßig urheberrechtlich geschützt. Als Beispiel hierfür lassen sich E-Books nennen, die in dieser Arbeit repräsentativ für sämtliche sonstige digitale Inhalte herangezogen werden. Der Begriff des E-Books stellt ein Kurzwort aus „electronic books", zu Deutsch elektronische Bücher, dar.[143] Als Definition für den Begriff des E-Books wird in der

---

134 *Bullinger/Czychowski*, GRUR 2011, 19, 19; *Druschel/Oehmichen*, CR 2015, 173, 176.

135 Richtlinie 91/250/EWG des Rates vom 14.5.1991 über den Rechtsschutz von Computerprogrammen, Abl. L 122/42.

136 *Chrocziel* in Martinek/Semler/Flohr, § 48 Rn. 6.

137 *Wiebe* in MAH IT-Recht, Teil 2.1. Rn. 1.

138 Richtlinie 2009/24/EG des Europäischen Parlaments und des Rates vom 23.4.2009 über den Rechtsschutz von Computerprogrammen (kodifizierte Fassung), Abl. L 111/16.

139 *Grützmacher* in Wandtke/Bullinger, UrhG, Vor. §§ 69a ff. Rn. 5.

140 *Wiebe* in Spindler/Schuster, UrhG, § 69a Rn. 2.

141 Zum Erschöpfungsgrundsatz bei Software s. Teil 2. B. V. 1. a) bb) (1).

142 *Vogel* in Götting/Meyer/Vormbrock, 10 Teil: Urheberrecht, § 48 Rn. 1; *Wiebe* in Spindler/Schuster, UrhG, § 69a Rn. 2.

143 Duden – Online-Wörterbuch, Stichwort „E-Book", abrufbar unter https://www.duden.de/rechtschreibung/E_Book (zuletzt abgerufen am 23.4.2023); *Ganzhorn*, CR 2014, 429, 429; *Sesing*, S. 40.

Literatur mitunter auf diejenige des § 2 des zwischen der VG Wort und dem Börsenverein des deutschen Buchhandels e.V. abgeschlossenen Tarifvertrages zur Regelung der Vergütung von Ansprüchen nach § 137l Abs. 5 S. 1 UrhG für in zuvor gedruckter Form verlegte Sprachwerke[144] zurückgegriffen.[145] Danach ist ein E-Book eine „von einem Verlag angebotene, unveränderte oder im Wesentlichen unveränderte unkörperliche elektronische Ausgabe eines verlegten Sprachwerks, dessen Charakter nicht wesentlich von Illustrationen bestimmt wird und das auf einem E-Book-Reader, einem PC und/oder einem sonstigen digitalem *(sic)* Lesegerät visuell wahrgenommen werden kann ohne Rücksicht auf das Dateiformat [...].“ Der Definition zufolge geht dem E-Book also stets ein gedrucktes Original voraus.[146] Mehrheitlich wird als E-Book allerdings auch ein elektronisches Buch ohne eine solche gedruckte Vorlage anerkannt.[147]

E-Books genießen urheberrechtlichen Schutz als Sprachwerke i.S.d. § 2 Abs. 1 Nr. 1 UrhG.[148] Dies gilt auch für sog. angereicherte E-Books, auch Enhanced E-Books genannt,[149] die durch die Eingliederung von zusätzlichen Inhalten wie bspw. Sounddateien, Grafiken oder Videos in das digitale Buch gekennzeichnet sind,[150] gleichzeitig aber auch andere schutzfähige Werke i.S.d. § 2 UrhG darstellen können.[151] E-Books und andere digitale Inhalte, die keine Computerprogramme im urheberrechtlichen Sinne sind, unterfallen der 2001 erlassenen EU-Informationsgesellschafts-Richtlinie (InfoSoc-RL)[152], die eine Anpassung des Urheberrechts insbesondere an die Entwicklungen der Informationsgesellschaft bezweckte.[153] Die Richtlinie, die in Deutschland durch das

---

144 Tarifvertrag zur Regelung der Vergütung von Ansprüchen nach § 137l Abs. 5 S. 1 UrhG für zuvor in gedruckter Form verlegte Sprachwerke, abrufbar unter https://www.vgwort.de/fileadmin/vg-wort/pdf/dokumente/Tarif-Uebersicht/141210_Tarif_137l_print_2014_.pdf (zuletzt abgerufen am 23.4.2023).

145 *Schapiro* in Bräutigam/Rücker, 6. Teil B. Rn. 3; *Ganzhorn*, InTeR 2014, 31, 34; *Orgelmann*, S. 32; *Schulz/Ayar*, MMR 2012, 652, Fn. 1.

146 So oder ähnlich auch *Teerhag/Telle*, K&R 2013, 549, 549.

147 *Becker*, DStR 2014, 462; *Ganzhorn*, InTeR 2014, 31, 34; *Orgelmann*, S. 32 f.

148 *Ganzhorn*, CR 2014, 492, 496; *Schippel*, MMR 2016, 802, 804.

149 *Schippel*, MMR 2016, 802, 802.

150 *Graef*, Rn. 247.

151 *Schippel*, MMR 2016, 802, 802.

152 Richtlinie 2001/29/EG des Europäischen Parlaments und des Rates v. 22.5.2001 zur Harmonisierung bestimmter Aspekte des Urheberrechts und der verwandten Schutzrechte in der Informationsgesellschaft, Abl. L 167/10.

153 *Druschel/Oehmichen*, CR 2015, 173, 174.

Gesetz zur Regelung des Urheberrechts in der Informationsgesellschaft[154] in nationales Recht umgesetzt wurde,[155] harmonisierte erstmals die urheberrechtlichen Verwertungsrechte, genauer das Vervielfältigungsrecht, das Recht der öffentlichen Wiedergabe und der öffentlichen Zugänglichmachung sowie das Verbreitungsrecht und enthielt einen Katalog an entsprechenden Ausnahmen und Schranken.[156]

Ein (zusätzlicher) Schutz von E-Books als Software über die Computerprogramm-RL bzw. über die §§ 69a ff. UrhG kommt nach Ansicht des *EuGHs* nicht in Betracht.[157] Das Gericht urteilte dazu, dass „selbst wenn ein E-Book als ein komplexer Gegenstand betrachtet werden sollte, der sowohl ein geschütztes Werk als auch ein Computerprogramm umfasst, [...] davon auszugehen [ist], dass ein solches Programm gegenüber dem in einem solchen Buch enthaltenen Werk nur akzessorischen Charakter hat".[158] Als Begründung führte der Gerichtshof aus, dass der Inhalt des E-Books als wesentlicher urheberrechtlich schützenswerter Teil zu betrachten sei und das Vorhandensein eines Computerprogramms, welches lediglich das Lesen dieses Buches ermöglichen soll, nicht die Anwendung der speziellen Regelungen über Computerprogramme begründen würde.[159]

3. *Schutz komplexer digitaler Inhalte am Beispiel von Computerspielen*

Es gibt allerdings auch digitale Inhalte, die sowohl unter den urheberrechtlichen Schutz nach der InfoSoc-RL bzw. deren Umsetzung als auch unter den spezifischen Schutz für Computerprogramme fallen, sog. komplexe digitale Inhalte.[160] Ein treffendes Beispiel hierfür ist der in der Rechtsprechung bereits mehrfach behandelte urheberrechtliche Schutz von Computerspielen,[161] die nachfolgend

---

154 Gesetz zur Regelung des Urheberrechts in der Informationsgesellschaft v. 10.9.2003, BGBl. Teil I Nr. 46, 1774.

155 Dazu *Lauber/Schwipps*, GRUR 2004, 293.

156 Hierzu im Detail *Reinbothe*, GRUR Int 2001, 733; s. hierzu noch Teil 2. A. I. 2. a).

157 *EuGH*, Urt. v. 19.12.19 – C-263/18, GRUR 2020, 179, 182 f. – NUV u.a./Tom Kabinet.

158 Ebd.

159 Ebd.

160 Vgl. *EuGH*, Urt. v. 19.12.19 – C-263/18, GRUR 2020, 179, 182 – NUV u.a./Tom Kabinet; *EuGH*, Urt. v. 23.1.2014 – C-335/12, ZUM 2014, 219, 221 – Nintendo/PC Box und 9Net, der von „komplexen Gegenständen" spricht.

161 *EuGH*, Urt. v. 23.1.2014 – C-335/12, ZUM 2014, 219 – Nintendo/PC Box und 9Net; *BGH*, Urt. v. 6.10.2016 – I ZR 25/15, ZUM 2017, 236 – World of Warcraft I; *BGH*,

stellvertretend für sämtliche komplexe digitale Inhalte herangezogen werden. Die Software solcher Spiele beinhaltet regelmäßig einerseits ein Computerprogramm, welches den Schutz der §§ 69a ff. UrhG genießt, und andererseits „audiovisuelle Spieldaten, also Grafiken, Musik, Filmsequenzen, Texte und Modelle".[162] Diese audiovisuellen Komponenten können ebenfalls urheberrechtlichen Schutz genießen, sofern sie selbst eine schöpferische Leistung darstellen und ihr schöpferischer Wert „nicht auf die Kodierung in einer Computersprache beschränkt ist".[163] So können sie beispielsweise als Sprachwerk, Musikwerk, Lichtbild- oder Filmwerk gem. § 2 Abs. 1 Nr. 1, 4–6 UrhG oder leistungsschutzrechtlich als Licht- oder Laufbild gem. § 72 UrhG bzw. § 95 UrhG geschützt sein oder aber sie partizipieren „an der Originalität des Gesamtwerkes und unterliegen gemeinsam mit diesem dem urheberrechtlichen Schutz".[164] Dementsprechend besteht für komplexe digitale Inhalte wie Computerspiele entweder ein Einzelschutz der jeweiligen Bestandteile oder ein Schutz als Gesamtwerk.[165] Das Computerspiel als Gesamtwerk wird dabei auf nationaler Ebene überwiegend als Film- bzw. filmähnliches Werk gem. § 2 Abs. 1 Nr. 6 UrhG eingeordnet,[166] während der *EuGH* sich zu einer Zuordnung des Gesamtwerkes zu einer konkreten Werkkategorie bisher nicht geäußert hat.[167]

Anders als herkömmliche E-Books unterfallen nach überwiegender Ansicht der Literatur auch (interaktive) Enhanced E-Books, welche über zusätzliche eingegliederte, interaktive Inhalte verfügen, dem parallelen Schutz von InfoSoc- und Computerprogramm-RL, da sie zwar nicht in ihrer Gesamtheit, aber

---

Urt. v. 27.11.2014 – I ZR 124/11, ZUM 2015, 558 – Videospiel-Konsolen II; s. hierzu auch *Bullinger/Czychowski*, GRUR 2011, 19; *Grünberger*, AcP 2018, 213, 228 f.

162 *BGH*, Urt. v. 6.10.2016 – I ZR 25/15, ZUM 2017, 236, 240 – World of Warcraft I; *Bullinger/Czychowski*, GRUR 2011, 19, 21; *Grünberger*, AcP 2018, 213, 228.

163 *BGH*, Urt. v. 6.10.2016 – I ZR 25/15, ZUM 2017, 236, 240 – World of Warcraft I.

164 *EuGH*, Urt. v. 23.1.2014 – C-335/12, ZUM 2014, 219, 221 – Nintendo/PC Box und 9Net; *BGH*, Urt. v. 6.10.2016 – I ZR 25/15, ZUM 2017, 236, 240 – World of Warcraft I; *BGH*, Urt. v. 27.11.2014 – I ZR 124/11, ZUM 2015, 558, 563 – Videospiel-Konsolen II.

165 *Loewenheim/Leistner* in Schricker/Loewenheim, UrhG, § 2 Rn. 96.

166 U.a. *BGH*, Urt. v. 12.7.2012 – I ZR 18/11, GRUR 2013, 370, 370; *Bullinger* in Wandtke/Bullinger, UrhG, § 2 Rn. 129; *Loewenheim/Leistner* in Schricker/Loewenheim, UrhG, § 2 Rn. 97; *Nordemann* in Loewenheim, UrhG; 1. Teil, § 9 Rn. 253; *Bullinger/Czychowski*, GRUR 2011, 19, 21; ablehnend u.a. *OLG Frankfurt a.M.*, Urt. v. 13.6.1983 – 6 W 34/83, GRUR 1983, 753, 756; *Wieduwilt*, MMR 2008, 715, 716.

167 S. zur urheberrechtlichen Beurteilung des Schutzes eines komplexen digitalen Inhaltes als Gesamtwerk durch den *EuGH* noch Teil 3. A. III.

aufgrund der integrierten Inhalte jedenfalls teilweise aus einem Computerprogramm bestehen.[168]

Der *EuGH* geht also grundsätzlich von einer parallelen Anwendbarkeit der Vorschriften über Computerprogramme und über „klassische" urheberrechtlich geschützte Werke auf komplexe digitale Inhalte aus, ohne auf den Schwerpunkt des Gesamtwerkes abzustellen.[169] Ebendiese Beurteilung der Anwendbarkeit urheberrechtlicher Vorschriften nach dem Schwerpunkt des Werkes hat der *EuGH* allerdings in Bezug auf E-Books vorgenommen. Insoweit widerspricht sich der *EuGH* in seiner Rechtsprechung.[170] Dieser Widerspruch führt insbesondere hinsichtlich der Frage der Geltung des Erschöpfungsgrundsatzes für komplexe digitale Inhalte zu Unklarheiten.[171]

4. *Zwischenfazit*

Digitale Inhalte sind i.d.R. urheberrechtlich geschützt. Anders als im Verbrauchervertragsrecht, das eine einheitliche Definition für sämtliche digitale Inhalte enthält,[172] lassen sich im Urheberrecht dabei im Wesentlichen drei Kategorien von urheberrechtlich geschützten digitalen Inhalten festmachen: Computerprogramme, sonstige digitale Inhalte wie E-Books und komplexe digitale Inhalte wie Computerspiele.

Computerprogramme stellen einen Unterfall des Sprachwerkes gem. § 2 Abs. 1 Nr. 1 UrhG dar und unterliegen den gesonderten Vorgaben der Computerprogramm-RL, die in Deutschland in den §§ 69a ff. UrhG umgesetzt sind. Als Beispiel für sonstige digitale Inhalte lassen sich E-Books heranziehen, die ebenfalls als Sprachwerk urheberrechtlich geschützt sind, jedoch den Regelungen der InfoSoc-RL unterfallen. Komplexe digitale Inhalte, zu denen insbesondere Computerspiele gezählt werden können, unterliegen grundsätzlich sowohl der Computerprogramm-RL als auch der InfoSoc-RL, sodass die Vorgaben beider Richtlinien Anwendung finden.

Die Anwendung verschiedener urheberrechtlicher Vorschriften auf die dargestellten Arten digitaler Werke hat, wie bereits erwähnt, zur Folge, dass

---

168 *Ganzhorn*, CR 2014, 492, 496; *Graef*, Rn. 247; *Schippel*, MMR 2016, 802, 805.

169 S. zur urheberrechtlichen Beurteilung des Schutzes eines komplexen digitalen Inhaltes als Gesamtwerk durch den *EuGH* noch Teil 3. A. III.

170 *Grützmacher*, CR 2020, 154, 157.

171 S. hierzu noch Teil 2. B. V. 1. a) bb) (3) (c).

172 Vgl. *Druschel/Engert*, ZUM 2018, 99, 102.

Beschränkungen von Nutzungshandlungen in EULAs durch das Urheberrecht mitunter unterschiedlich beurteilt werden.

B. Maßgebliche Akteur:innen

In die Bereitstellung digitaler Inhalte sind verschiedene Personengruppen involviert.[173] Das gilt allem voran für die Herstellung und den Vertrieb.[174]

Für diese Arbeit sind jedoch im Wesentlichen drei Akteur:innen maßgeblich, die in Vertragsverhältnissen zueinander stehen, welche wiederum unterschiedlichen rechtlichen Regelungsregimen unterfallen. Relevant ist zum einen die Verbraucher:in, die einen urheberrechtlich geschützten digitalen Inhalt zum privaten Gebrauch erwirbt. Zum anderen ist die Unternehmer:in von Bedeutung, welche den digitalen Inhalt bereitstellt. Zuletzt spielt die urheberrechtliche Rechteinhaber:in eine wichtige Rolle, der an dem digitalen Inhalt urheberrechtliche Ausschließlichkeitsrechte zustehen bzw. Nutzungsrechte eingeräumt wurden.[175]

I. Verbraucher:in/(Werk- bzw. End-)Nutzer:in

Unter einer Verbraucher:in wird in dieser Arbeit eine natürliche Person verstanden, die einen digitalen Inhalt zum privaten Gebrauch erwirbt. Dem hier verwendeten Verbraucherbegriff liegt dementsprechend die im EU-Verbraucherrecht geltende Definition zugrunde, wonach eine Verbraucher:in eine natürliche Person ist, deren Handeln beim Vertragsschluss auf einen privaten und damit einen außerhalb ihrer beruflichen oder gewerblichen Tätigkeit liegenden Zweck gerichtet ist.[176] Für den Erwerb eines digitalen Inhalts zum privaten Gebrauch schließt die Verbraucher:in einen Vertrag mit der Unternehmer:in ab, die den Inhalt bereitstellt. Dieser Vertrag unterfällt dem Anwendungsbereich der DI-RL.

Da digitale Inhalte regelmäßig urheberrechtlichen Schutz genießen und der Erwerb und die Nutzung der Inhalte dementsprechend urheberrechtlich relevant sind, kommt die Verbraucher:in auch mit dem Urheberrecht in Berührung.[177] In diesem Zusammenhang wird die Verbraucher:in auch als (Werk- oder End-)

---

173 Vgl. *Beale* in Schulze/Staudenmayer/Lohsse, S. 37.

174 *Kuschel*, S. 10.

175 So auch *Kuschel*, S. 10.

176 *Pfeiffer* in Grabitz/Hilf/Nettesheim, AEUV, Art. 169 Rn. 24.

177 S. hierzu noch Teil 2. A. I. 2. b) aa).

Nutzer:in bezeichnet, insbesondere da, wie noch erörtert wird, der Begriff der Verbraucher:in dem Urheberrecht weitestgehend fremd ist.[178]

II. Unternehmer:in/Anbieter:in digitaler Inhalte

Als Unternehmer:in oder Anbieter:in digitaler Inhalte wird in dieser Arbeit diejenige Beteiligte bezeichnet, die mit der Verbraucher:in einen Vertrag über die Bereitstellung eines digitalen Inhaltes abschließt, sodass in diesem Verhältnis die Vorschriften der DI-RL Anwendung finden. Da die Anbieter:in des digitalen Inhaltes durch den Vertrieb in urheberrechtliche Verwertungsrechte eingreift, muss sie außerdem auch einen Vertrag über die Einräumung von Nutzungsrechten mit der Rechteinhaber:in abschließen.[179] Das gilt natürlich nur, sofern die Unternehmer:in, die den digitalen Inhalt bereitstellt, und die Rechteinhaber:in auseinanderfallen. Die vorliegende Arbeit untersucht genau diese Konstellation und lässt diejenige, in der Rechteinhaber:in und Anbieter:in digitaler Inhalte zusammenfallen, unberücksichtigt.

Das Vertragsverhältnis zwischen Rechteinhaber:in und Unternehmer:in wird in dieser Arbeit nur punktuell untersucht. Maßgeblich, um potenzielle Wertungswidersprüche zwischen Urheber- und Verbrauchervertragsrecht aufzudecken und sich daraus ergebene Auswirkungen zu identifizieren, ist das Vertragsverhältnis von Verbraucher:in und Unternehmer:in, das in den Anwendungsbereich der DI-RL fällt, sowie das (lizenzvertragliche) Verhältnis von Verbraucher:in und urheberrechtlicher Rechteinhaber:in, innerhalb dessen urheberrechtliche Wertungen von Relevanz sind.

III. Urheberrechtliche Rechteinhaber:in

Dass digitale Inhalte regelmäßig urheberrechtlich geschützt sind, wurde bereits aufgezeigt. Den Schöpfer:innen dieser digitalen Werke steht nach § 7 bzw. § 8 UrhG der Schutz als (Mit-)Urheber:innen zu.[180] Erfüllt ein digitaler Inhalt nicht die Anforderungen an die Schöpfungshöhe gem. § 2 Abs. 2 UrhG, kommt jedenfalls ein Leistungsschutzrecht in Betracht, z.B. für die Fotograf:in eines Lichtbildes gem. § 72 UrhG, für die Produzent:in eines Musikstückes gem. § 85 UrhG oder für die Produzent:in eines Filmes gem. § 94 UrhG,[181] wobei auf diese Leistungsschutzrechte in dieser Arbeit nicht weiter eingegangen wird.

---

178 S. hierzu noch Teil 2. A. I. 3.

179 *Cichon*, GRUR-Prax 2010, 381, 382; *Ganzhorn*, S. 71 f.

180 *Kuschel*, S. 10.

181 Ebd.

Zudem können Dritten urheberrechtliche Nutzungsrechte an den digitalen Werken eingeräumt worden sein (vgl. § 31 UrhG). Für den Fall, dass eine Urheber:in das Werk im Rahmen eines Arbeitsverhältnisses geschaffen hat, wird von der Rechtsprechung und Literatur aufgrund der Regelung des § 43 UrhG sogar vermutet, dass der Arbeitgeber:in weitreichende Nutzungsrechte an dem geschaffenen Werk zustehen, „sofern sich aus dem Inhalt oder Wesen des Arbeits- oder Dienstverhältnisses nichts anderes ergibt".[182] Für Softwareurheber:innen in Arbeitsverhältnissen ist nach der h.M. eine solche Vermutung gar nicht mehr erforderlich, da die Nutzungsrechte an der Software der Arbeitgeber:in gem. § 69b Abs. 1 UrhG mittels einer gesetzlichen Lizenz und damit kraft Gesetzes eingeräumt werden.[183]

Es zeigt sich also, dass einer ganzen Reihe von Personen (Nutzungs-)Rechte an urheberrechtlichen geschützten digitalen Inhalten zustehen können.[184] Zur besseren Verständlichkeit wird im Weiteren weitestgehend nicht zwischen Urheber:innen und Rechteinhaber:innen wie bspw. Arbeitgeber:innen unterschieden. Sie werden vielmehr einheitlich als (urheberrechtliche) Rechteinhaber:innen bezeichnet.[185]

---

182 *Lindhorst* in BeckOK UrhR, UrhG, § 43 Rn. 2.

183 *Grützmacher* in Wandtke/Bullinger, UrhG, § 69b Rn. 1.

184 *Kuschel*, S. 10.

185 Vgl. ebd.

Teil 2: Verhältnis von Urheber- und Verbrauchervertragsrecht auf dem Gebiet der Verträge über digitale Inhalte

Im zweiten Teil dieser Arbeit wird das Verhältnis von Urheber- und Verbrauchervertragsrecht auf dem Gebiet der Verträge über digitale Inhalte untersucht.

Beide Rechtsgebiete sind auf dem Markt für digitale Inhalte von erheblicher Relevanz. Wie aufgezeigt, sind digitale Inhalte regelmäßig urheberrechtlich geschützt. Deren Vertrieb tangiert daher auch urheberrechtliche Ausschließlichkeitsrechte, die es der Rechteinhaber:in bspw. ermöglichen, die Rahmenbedingungen dieses Vertriebs festzulegen und die Nutzung der digitalen Inhalte durch Endnutzer:innen bestimmten Beschränkungen zu unterziehen.[186]

Gleichzeitig vertreiben Rechteinhaber:innen regelmäßig die urheberrechtlich geschützten Werke nicht selbst, sondern beauftragen Intermediäre, die z.B. Vertriebslösungen, Werbemöglichkeiten und Zugriff auf Nutzergruppen bieten.[187] Diese Intermediäre und ihre Beziehung zu den Erwerber:innen bzw. Endnutzer:innen digitaler Inhalte werden durch das Verbrauchervertragsrecht, konkret durch die 2019 erlassene DI-RL in den Blick genommen.[188]

Möchten Intermediäre urheberrechtlich geschützte digitale Inhalte vertreiben, so muss ihnen die urheberrechtliche Rechteinhaber:in eine Erlaubnis hierfür erteilen bzw. entsprechende Nutzungsrechte einräumen. Treffen Rechteinhaber:innen und Intermediäre entsprechende Vereinbarungen, werden diese häufig von der Verwendung von EULAs begleitet, die zwischen Rechteinhaber:in und den Erwerber:innen bzw. Endnutzer:innen abgeschlossen werden und den erlaubten Umfang der Nutzung durch die Endnutzer:innen festlegen.[189]

Beide Rechtsgebiete spielen auf dem Gebiet der Verträge über digitale Inhalte also eine bedeutende Rolle und weisen Berührungspunkte auf. Das Urheber- und das Verbrauchervertragsrecht dabei in Einklang zu bringen, stellt besonders aufgrund der im Folgenden aufzuzeigenden unterschiedlichen Zielrichtungen der beiden Rechtsgebiete eine Herausforderung dar. Dieser Herausforderung geht auch die DI-RL aus dem Weg und behilft sich diesbezüglich damit, das

---

186 *Oprysk*, GRUR Int 2021, 943, 943.
187 Ebd.
188 Vgl. ebd.
189 Ebd.; s. hierzu noch Teil 2. A. I. 2. c).

Urheberrecht aus ihrem Anwendungsbereich auszunehmen. Ob das Urheberrecht tatsächlich unberührt bleibt, ist anhand der Untersuchung eines potenziellen Wertungswiderspruchs zwischen dem Urheberrecht und der DI-RL bei der Bewertung von Nutzungsbeschränkungen in EULAs sowie der Darstellung der damit verbundenen Auswirkungen zu ermitteln.

A. Zielrichtungen des Urheber- und Verbrauchervertragsrechts und daraus resultierendes Spannungsverhältnis im digitalen Umfeld

Ausgehend von den soeben aufgeführten Berührungspunkten, die Verbrauchervertrags- und Urheberrecht auf dem Gebiet der Verträge über digitale Inhalte aufweisen, wird im Folgenden zunächst untersucht, inwiefern im digitalen Umfeld ein generelles Spannungsverhältnis zwischen den beiden Rechtsgebieten auftritt. Darauf aufbauend wird im darauffolgenden Abschnitt das konkrete Verhältnis zwischen Urheberrecht und der DI-RL bei der Beurteilung einzelner Nutzungsbeschränkungen in EULAs behandelt.[190]

Erforderlich ist es zunächst, die unterschiedlichen Zielrichtungen der Rechtsgebiete herauszuarbeiten, um in einem nächsten Schritt zu untersuchen, inwiefern diese Zielrichtungen im digitalen Umfeld zu einem Konflikt von Urheber- und Verbrauchervertragsrecht führen. Dabei ist insbesondere ein Vergleich zur analogen Situation zu ziehen, in der sich, wie aufgezeigt wird, die beiden Rechtsgebiete gegenseitig nicht beeinträchtigen.

I. Schutz der Urheber:in als Aufgabe des Urheberrechts

Das Urheberrecht stellt die Urheber:in in den Mittelpunkt.[191] Im nationalen Urheberrecht wird dies bereits durch § 1 UrhG deutlich, wonach „die Urheber von Werken der Literatur, Wissenschaft und Kunst“ durch das Gesetz geschützt werden.[192] Dem Urheberrecht werden unterschiedliche Schutzzwecke zugeschrieben.[193] So sollen einer Theorie nach bspw. Anreize gesetzt werden, kreativ tätig zu werden. Anderen Theorien zufolge sollen der Urheber:in – entweder als eine Art Belohnung oder als Erweiterung der Persönlichkeit – (geistiges) Eigentum an dem Werk zugeschrieben und dadurch ermöglicht werden, ihr

---

190 S. hierzu Teil 2. B.

191 *Helberger/Guibault*, info Vol. 14 No. 6 (2012), 23, 27.

192 Vgl. *Schulze* in Dreier/Schulze, UrhG, § 1 Rn. 1, 2.

193 Für einen Überblick über die Begründungsansätze des Urheberrechts *Ramalho*, S. 3 ff.

Werk wirtschaftlich zu verwerten oder die Kontrolle über die Nutzung ihres Werkes auszuüben.[194] Dazu werden der Urheber:in (im europäischen Urheberrecht) Urheberpersönlichkeitsrechte sowie eine ganze Reihe an ausschließlichen Verwertungsrechten zugesprochen.[195] Die Verwertungsrechte sollen, wie aus § 11 S. 2 UrhG deutlich hervorgeht, die Urheber:in insbesondere auch vor Ausbeutung des von ihr geschaffenen Werkes durch andere zu deren eigenem Gewinn schützen.[196] Das Urheberrecht geht dementsprechend davon aus, dass die Urheber:in gegenüber den Verwerter:innen und Nutzer:innen ihres Werkes, zu denen im Ergebnis auch Verbraucher:innen zählen, die schwächere Partei und daher schutzbedürftig ist.[197]

Zunächst sind im Folgenden die grundlegend mit den Verwertungsrechten bezweckten Verwertungs- und Kontrollmöglichkeiten aufzuzeigen. Anschließend wird erörtert, inwiefern sich diese Verwertungs- und Kontrollmöglichkeiten im digitalen Umfeld ausgeweitet haben.

1. *Grundsätzliche Verwertungs- und Kontrollmöglichkeiten der Urheber:in mittels ausschließlicher Verwertungsrechte*

Die Verwertungsrechte, die der Urheber:in eingeräumt werden,[198] sind als Komponente des ausschließlichen Urheberrechts gleichermaßen ausschließlich und sollen sicherstellen, dass die Urheber:in die Verwertung ihres Werkes kontrollieren kann.[199] Diese Kontrolle kann sie auf zweierlei Arten ausüben: Zum einen kann ausschließlich sie über das Ob und das Wie der Verwertung ihres Werkes entscheiden (sog. positives Benutzungsrecht). Zum anderen kann die Urheber:in Dritte von der Nutzung ihres Werkes ausschließen bzw. ein Verbot der Nutzung aussprechen (sog. negatives Benutzungsrecht).[200]

Grundsätzlich soll durch die Verwertungsrechte ein lückenloser Schutz gewährleistet werden, der sämtliche, sowohl bekannte als auch unbekannte, Nutzungen des Werkes umfasst.[201] Zu den Verwertungsrechten zählt bspw. das

---

194 Vgl. *Helberger/Guibault*, info Vol. 14 No. 6 (2012), 23, 27; *Oprysk/Sein*, IIC 2020, 594, 597; im Detail s. *Ramalho*, S. 3 ff.

195 *Helberger/Guibault*, info Vol. 14 No. 6 (2012), 23, 27; vgl. *Oprysk/Sein*, IIC 2020, 594, 597.

196 *Stieper*, VuR 2014, 261, 261.

197 Ebd.

198 Im nationalen UrhG in §§ 15 ff. geregelt.

199 *V. Diemar*, GRUR 2002, 587, 587.

200 *Dustmann* in Fromm/Nordemann, UrhG, § 15 Rn. 1.

201 *Schulze* in Dreier/Schulze, UrhG, § 15 Rn. 9.

Recht, Vervielfältigungen des Werkes[202] oder aber die Offline-[203] wie auch die Online-Verbreitung[204] zu kontrollieren.

Von dem Begriff der Rechteinhaber:in werden in dieser Arbeit neben der Urheber:in auch urheberrechtliche Werkverwerter:innen wie bspw. Arbeitgeber:innen erfasst, die das urheberrechtliche Werk wirtschaftlich verwerten.[205] Auch sie profitieren im Ergebnis von den Verwertungsrechten,[206] obwohl diese ausdrücklich dem Schutz der Urheber:in dienen sollen. Den Verwerter:innen werden an dem urheberrechtlich geschützten Werk ausschließliche Nutzungsrechte, die sich aus den Verwertungsrechten bilden,[207] entweder vertraglich oder – wie im Fall des § 69b UrhG – kraft Gesetzes eingeräumt. Dadurch nehmen sie am Schutz durch das Urheberrecht teil.[208] Aufgrund eines ausschließlichen Nutzungsrechts sind die Verwerter:innen gem. § 31 Abs. 3 UrhG dazu berechtigt, das Werk unter Ausschluss aller anderen Personen – i.d.R. einschließlich der Urheber:in – zu nutzen und selbst Nutzungsrechte einzuräumen.[209] Ihnen steht daher ein positives Recht zu, das Werk auf die vereinbarte Art zu nutzen, sowie ein negatives Verbotsrecht, sodass sie unberechtigte Nutzungshandlungen durch Dritte unterbinden können.[210]

Die folgenden Ausführungen gelten daher nicht bloß für Urheber:innen, denen der Schutz durch die ihnen eingeräumten Verwertungsrechte an sich ausschließlich zustehen soll, sondern auch für die Werkverwerter:innen. Dabei ist die Verwerter:in, welche der Verbraucher:in die urheberrechtlichen Nutzungsrechte an einem digitalen Inhalt (mittels eines EULAs) einräumt, allerdings von der Unternehmer:in zu unterscheiden, die den digitalen Inhalt als solchen bereitstellt.[211]

---

202 Im nationalen UrhG in § 16 UrhG geregelt.

203 Im nationalen UrhG in § 17 Abs. 1 UrhG geregelt.

204 Im nationalen UrhG in § 19a UrhG geregelt.

205 S.o. Teil 1. B. III.

206 Vgl. *Hofmann* in Götting/Meyer/Vormbrock, 10. Teil § 43 Rn. 1; *Loewenheim* in Loewenheim, 1. Teil, § 1 Rn. 2; *Schulze* in Dreier/Schulze, UrhG, § 1 Rn. 3.

207 *Paul* in Hoeren/Sieber/Holznagel, Teil 7.4 Rn. 8.

208 Vgl. *Schulze* in Dreier/Schulze, UrhG, § 1 Rn. 3.

209 *Loewenheim/Nordemann/Ohly* in Loewenheim, 1. Teil, § 25 Rn. 3.

210 *Schulze* in Dreier/Schulze, UrhG, § 31 Rn. 56; *Wandtke* in Wandtke/Bullinger, UrhG, § 31 Rn. 31.

211 Zum Begriff der Unternehmer:in s. o. Teil 1. B. II.

2. *Ausweitung der Verwertungs- und Kontrollmöglichkeiten im digitalen Umfeld*

Im digitalen Umfeld haben sich die Kontroll- und Verwertungsmöglichkeiten von Rechteinhaber:innen deutlich ausgeweitet. Ausgangspunkt dieser Entwicklung war – als eine Reaktion auf die Zunahme von Online-Piraterie und anderen unerlaubten Nutzungen urheberrechtlich geschützter Werke – eine Erweiterung der ausschließlichen Verwertungsrechte, welche digitale Nutzungshandlungen in der Folge umfassend abdecken.[212]

Aufgrund dieser Erweiterung der ausschließlichen Nutzungsrechte gehen der Erwerb und die Nutzung digitaler Inhalte durch Werknutzer:innen stets mit Eingriffen in ebendiese Ausschließlichkeitsrechte einher.[213] Zwar werden die Eingriffe mitunter über urheberrechtliche Schranken legitimiert.[214] Dennoch hat sich in der Praxis aufgrund der Ausweitung der Verbreitungsrechte der Einsatz restriktiver Lizenzbedingungen etabliert.[215] Die Durchsetzung dieser Lizenzbedingungen wird dabei durch begleitende technische Schutzmaßnahmen abgesichert, deren Einsatz durch das Urheberrecht – ebenfalls als eine Reaktion auf die Zunahme der unerlaubten (Online-)Nutzung digitaler Werke[216] – umfassend geschützt wird.[217]

a) *Erweiterung der Verwertungsrechte*

Zwar gingen und gehen mit der Digitalisierung neue Möglichkeiten für Rechteinhaber:innen einher, ihre Werke zu vertreiben, bspw. auf einem Datenträger wie einer CD oder DVD oder aber – wie heutzutage gängig – mittels Downloads oder Streaming.[218] Auf der anderen Seite hat die Digitalisierung jedoch zur Folge, dass urheberrechtlich geschützte Werke besser und einfacher kopiert und günstiger (weiter-)vertrieben werden können.[219] Rechteinhaber:innen waren und sind

---

212 Vgl. *Helberger/Guibault*, info Vol. 14 No. 6 (2012), 23, 24 f.; s. hierzu sogleich unter Teil 2. A. I. 2. a).

213 Vgl. *Spindler* in Schulze/Staudenmayer/Lohsse, S. 220; s. hierzu sogleich unter Teil 2. A. I. 2. b) aa).

214 Vgl. *Spindler*, JIPITEC Vol. 12 No. 3 (2021), 111, Rn. 6; s. hierzu sogleich unter Teil 2. A. I. 2. b) bb).

215 Vgl. *Helberger/Guibault*, info Vol. 14 No. 6 (2012), 23, 25; *Spindler*, JIPITEC Vol. 12 No. 3 (2021), 111, Rn. 7; s. hierzu sogleich unter Teil 2. A. I. 2. c).

216 Vgl. *Helberger/Guibault*, info Vol. 14 No. 6 (2012), 23, 25.

217 S. hierzu noch Teil 2. A. I. 2. d).

218 *Helberger/Guibault*, info Vol. 14 No. 6 (2012), 23, 24.

219 Ebd.; s. schon o. Teil 1. A. III. 3.

dementsprechend auch einem höheren Risiko der Piraterie oder anderer unerlaubter Nutzung ihrer Werke ausgesetzt.[220] Um auf diese Risiken zu reagieren, aber auch Anpassungen an den Markt für digitale Inhalte vorzunehmen, wurden einige Erweiterungen im europäischen Urheberrecht vorgenommen.[221]

So wurden insbesondere die ausschließlichen Verwertungsrechte der Urheber:in erweitert.[222] Demnach sollten mit der Einführung der InfoSoc-RL, welche die Vollharmonisierung der Verwertungsrechte in ihren Art. 2–4 bezweckt,[223] auch die technische Entwicklung und die damit u.a. einhergehenden „neuen Formen der Verwertung" berücksichtigt werden.[224]

Das in Art. 2 InfoSoc-RL geregelte Vervielfältigungsrecht erfasst dementsprechend auch technische und nur vorübergehende Vervielfältigungen, die im Zusammenhang mit Zwischenspeicherungen in elektronischen Systemen, z.B. im Cache oder Arbeitsspeicher, erfolgen.[225] Zudem wurde durch Art. 3 Abs. 1 InfoSoc-RL das in Deutschland in § 19a UrhG umgesetzte Recht der öffentlichen Zugänglichmachung, das insbesondere die Zugänglichmachung im Internet erfasst, etabliert.[226]

Die Erweiterung dieser Verwertungsrechte führte dazu, dass, wie im Folgenden noch aufzuzeigen ist, beinahe jede Nutzungshandlung im digitalen Bereich urheberrechtlich erfasst wird und damit auch letztlich die Freiheit und Autonomie von Endnutzer:innen beeinträchtigt werden.[227] Zwar wurden, um dieser Beeinträchtigung entgegenzuwirken, Gegenmaßnahmen im Urheberrecht ergriffen, indem insbesondere die noch darzustellenden urheberrechtlichen Schranken für Privatkopien, für vorübergehende Vervielfältigungen sowie für die bestimmungsgemäße Nutzung von Computerprogrammen gesetzlich festgelegt wurden. Damit sollte den technisch notwendigen Handlungen, die mit dem Erwerb und der Nutzung digitaler Inhalte einhergehen, Rechnung getragen werden.[228] Wie sich im Folgenden zeigen wird, hat sich in der Praxis trotz dieser Schranken aufgrund der Ausweitung der

---

220 *Helberger/Guibault*, info Vol. 14 No. 6 (2012), 23, 24.

221 *Helberger/Guibault*, info Vol. 14 No. 6 (2012), 23, 24. f.; *Schovsbo,* Journal of Consumer Policy Vol. 31 No. 4 (2008), 393, 396 ff.

222 *Helberger/Guibault*, info Vol. 14 No. 6 (2012), 23, 25.

223 V. *Ungern-Sternberg* in Schricker/Loewenheim, UrhG, § 15 Rn. 143 m.w.N.

224 EG 5 InfoSoc-RL.

225 *Leenen* in Wandtke/Bullinger, InfoSoc-RL, Art. 2 Rn. 5; vgl. auch *Schovsbo,* Journal of Consumer Policy Vol. 31 No. 4 (2008), 393, 396.

226 Vgl. *Schovsbo,* Journal of Consumer Policy Vol. 31 No. 4 (2008), 393, 396; zu § 19a UrhG *Bullinger* in Wandtke/Bullinger, UrhG, § 19a Rn. 2.

227 *Stazi/Mula* in Ramalho/Angelopoulos, S. 15; kritisch hierzu auch *Dickie*, S. 102 ff.

228 *Stazi/Mula* in Ramalho/Angelopoulos, S. 15.

urheberrechtlichen Verwertungsrechte sowie der Möglichkeit des Einsatzes technischer Schutzmaßnahmen wie bspw. Kopierverboten, die durch das Urheberrecht vor einer Umgehung durch Nutzer:innen geschützt werden, der Einsatz restriktiver Lizenzbedingungen etabliert.

Profiteur:innen dieser Entwicklung waren dabei im Wesentlichen die Werkverwerter:innen, denen aufgrund der Ausweitung der Verwertungsrechte auch weitreichendere ausschließliche Nutzungsrechte eingeräumt wurden.[229]

b) Umfassende urheberrechtliche Relevanz der digitalen Werknutzung

Die urheberrechtlich geschützten digitalen Inhalte sind Gegenstand der ausschließlichen Verwertungsrechte der Urheber:in bzw. der Nutzungsrechte von Werkverwerter:innen, sodass eine Nutzung, die diese Rechte berührt, eine gesonderte Erlaubnis durch die Rechteinhaber:in erfordert.[230] Im Rahmen eines Erwerbsvorgangs und der anschließenden Nutzung digitaler Inhalte werden solche Nutzungshandlungen, die einen Eingriff in Ausschließlichkeitsrechte darstellen, ebenfalls vorgenommen. Dabei ergeben sich deutliche Unterschiede zu der urheberrechtlichen Bewertung in der „analogen Welt", da, wie ebenfalls bereits erwähnt, nahezu jegliche Nutzung digitaler Inhalte, bspw. deren Kopieren, Übertragen oder Zugänglichmachen, eine urheberrechtlich relevante Handlung darstellt.[231] Diese umfassende urheberrechtliche Relevanz des Zugangs zu und der Nutzung von digitalen Inhalten wird im Folgenden dargestellt.

aa) Relevanz der unterschiedlichen Phasen der digitalen Werknutzung

Beim Erwerb und der – privaten – Nutzung digitaler Inhalte finden Eingriffe in Ausschließlichkeitsrechte statt.

Ausganspunkt ist aber zunächst der im Urheberrecht geltende Grundsatz, dass der reine Werkgenuss urheberrechtlich nicht relevant ist.[232] So sah es schon die Gesetzesbegründung zum Entwurf eines Urheberrechtsgesetzes von 1962 vor, wonach „der rezeptive Genuß des Werkes durch Lesen, Hören oder Anschauen [...]

229 Vgl. *Stieper*, ZUM 2019, 393, 394.

230 *BGH*, Urt. v. 15.11.2006 – XII ZR 120/04, NJW 2007, 2394, 2395; *Grünberger*, AcP 2018, 213, 229.

231 *Spindler* in Schulze/Staudenmayer/Lohsse, S. 220.

232 *BGH*, Urt. v. 4.10.1990 – I ZR 139/89, GRUR 1991, 449, 453 – Betriebssystem; vgl. auch *BGH*, Urt. v. 20.1.1994 – I ZR 267/91, GRUR 1994, 363, 364 f. – Holzhandelsprogramm; *Heerma* in Wandtke/Bullinger, UrhG, § 15 Rn. 10; *Schulze* in Dreier/Schulze, UrhG, § 15 Rn. 20; *Redeker*, CR 2011, 634, 637; *Schulze*, ZUM 2000, 126, 130.

dem Recht des Urhebers nicht unterworfen" ist und auch niemals dessen Erlaubnis erfordert.[233] Ergänzend hierzu führte der *BGH* in einer Entscheidung aus, dass der Grundsatz des freien Werkgenusses „für das Benutzen eines Computerprogrammes ebenso wie für das Lesen eines Buches, das Anhören einer Schallplatte, das Betrachten eines Kunstwerkes oder eines Videofilmes" gilt.[234] Urheberrechtlich relevante Handlungen stellen daher grundsätzlich nur solche Nutzungshandlungen dar, die dem Werkgenuss vorausgehen und ihn ermöglichen.[235] Diese vorgelagerten Nutzungshandlungen werden regelmäßig von Verwerter:innen vorgenommen, die dafür den Urheber:innen eine entsprechende Vergütung zu zahlen haben, welche dann nach dem sog. Stufensystem zur mittelbaren Erfassung des Endverbrauchers allerdings auf die Endverbraucher:innen umgelegt wird.[236]

Bei digitalen Werkexemplaren stößt der Grundsatz des freien Werkgenusses aber deshalb an seine Grenzen, weil diese sich nicht unmittelbar, sondern nur mittels einer urheberrechtlich relevanten technisch bedingten Vervielfältigungshandlung rezipieren lassen.[237] Gem. § 16 Abs. 1 UrhG steht das Recht, „Vervielfältigungen des Werkes herzustellen, gleichviel ob vorübergehend oder dauerhaft, in welchem Verfahren oder in welcher Zahl" jedoch ausschließlich der Urheber:in zu.

Um die relevanten Vervielfältigungshandlungen beim Erwerb bzw. der Nutzung der digitalen Inhalte durch Endnutzer:innen herauszuarbeiten, gilt es in einem ersten Schritt die unterschiedlichen Möglichkeiten des Erwerbs eines digitalen Inhalts bzw. eines digitalen Werkexemplars zu beleuchten. *Hilty* unterscheidet insofern grundsätzlich drei (Entwicklungs-)Phasen der „digitalen Werknutzung": erstens den Erwerb von Werkexemplaren auf digitalen Trägern wie einer DVD; zweitens das Herunterladen, also den Download von Daten und die anschließende Speicherung auf einem eigenen Datenträger; drittens das Streaming, mit dem der Wegfall des physischen Datenträgers einhergeht und bei dem nicht mehr das „Haben" eines

233 BT-Drs. IV/270, S. 28.

234 *BGH*, Urt. v. 4.10.1990 – I ZR 139/89, GRUR 1991, 449, 453 – Betriebssystem; vgl. auch *BGH*, Urt. v. 20.1.1994 – I ZR 267/91, GRUR 1994, 363, 364 f. – Holzhandelsprogramm.

235 *V. Ungern-Sternberg* in Schricker/Loewenheim, UrhG, § 15 Rn. 188; *Hofmann*, ZGE 2016, 482, 483.

236 *BVerfG*, Beschl. v. 19.9.1996 – 1 BvR 1767/92, GRUR 1997, 123, 123; *BVerfG*, Urt. v. 7.7.1971 – 1 BvR 775/66, GRUR 1972, 488, 491 – Tonbandvervielfältigungen; vgl. auch *BGH*, Urt. v. 4.7.1996 – I ZR 101/94, GRUR 1997, 215, 217; *Schulze* in Dreier/Schulze, UrhG, § 15 Rn. 3; *V. Ungern-Sternberg* in Schricker/Loewenheim, UrhG, § 15 Rn. 188.

237 *Hilty*, CR 2012, 625, 635; *Redeker*, CR 2011, 634, 637; *Zech*, ZUM 2014, 3, 4; *ders.*, ZGE 2013, 368, 379.

körperlichen Gegenstandes, sondern vielmehr der dauerhafte Zugang zu einem Werk im Vordergrund steht.[238]

Erhält die Erwerber:in bzw. Nutzer:in den digitalen Inhalt gespeichert auf einem Datenträger, liegt in der reinen Inbesitznahme noch kein Eingriff in urheberrechtliche Ausschließlichkeitsrechte.[239] Überspielt die Nutzer:in den digitalen Inhalt auf einen anderen Datenträger wie bspw. ihre Festplatte, liegt hierin jedoch eine Vervielfältigung i.S.d. § 16 Abs. 1 UrhG.[240] Gleiches gilt für die Fixierung im Arbeitsspeicher des PCs, auch Random Access Memory (RAM) genannt.[241]

Wird dieses bereits im Arbeitsspeicher abgelegte digitale Werk auf einem Bildschirm wiedergegeben, kommt es zu keiner erneuten körperlichen Festlegung, sodass insoweit auch keine Vervielfältigung i.S.d. § 16 Abs. 1 UrhG vorliegt.[242] Es handelt sich vielmehr um eine Wiedergabe des Werkes in unkörperlicher Form,[243] die, sofern sie nur für eine Einzelne erfolgt, urheberrechtlich nicht relevant ist, da es an der Öffentlichkeit der Wiedergabe gem. § 15 Abs. 3 UrhG fehlt.[244] Die Wiedergabe auf dem Bildschirm setzt allerdings technisch eine Kopie im Grafikspeicher voraus, sodass im Ergebnis doch eine Vervielfältigung vorliegt.[245]

Lädt die Nutzer:in Dateien von einem Serverrechner auf die eigene Festplatte oder einen anderen Datenträger herunter, stellt auch dieser Download

---

238 *Hilty*, GRUR 2018, 865, 866; vgl. auch Kuschel, S. 16 ff.

239 *Kuschel*, S. 16; vgl. auch *Schulze* in Dreier/Schulze, UrhG, § 15 Rn. 20.

240 *BGH*, Urt. v. 4.10. 1990 – I ZR 139/98, GRUR 1991, 449 – Betriebssystem; *KG Berlin*, Urt. v. 23.11.2001 – 5 U 188/01, ZUM 2002, 828, 830; *Heerma* in Wandtke/Bullinger, UrhG, § 16 Rn. 16; *Wiebe* in Spindler/Schuster, UrhG, § 16 Rn. 5; *Kuschel*, S. 16 f.

241 *BGH*, Urt. v. 6.10.2016 – I ZR 25/15, GRUR 2017, 266, 270 – World of Warcraft I; *BGH*, Urt. v. 3.2.2011 – I ZR 129/08, GRUR 2011, 418, 419 – UsedSoft; *Loewenheim* in Schricker/Loewenheim, UrhG, § 16 Rn. 17; *Schulze* in Dreier/Schulze, UrhG, § 16 Rn. 13; *Poeppel* S. 56 f.

242 *BGH*, Urt. v. 4.10.1990 – I ZR 139/98 – GRUR 1991, 449, 453 – Betriebssystem; *Ernst* in Hoeren/Sieber/Holznagel, Teil 7.1. Rn. 52; *Loewenheim* in Schricker/Loewenheim, UrhG, § 16 Rn. 19.

243 *BGH*, Urt. v. 4.10.1990 – I ZR 139/98 – GRUR 1991, 449, 453 – Betriebssystem; *Ernst* in Hoeren/Sieber/Holznagel, Teil 7.1. Rn. 52; *Loewenheim* in Schricker/Loewenheim, UrhG, § 16 Rn. 19.

244 *Poeppel*, S. 65.

245 *EuGH*, Urt. v. 4.10.2011 – C-403, 429/08, GRUR 2012, 156, 165 f. – Football Association Premier League u. Murphy; *Ernst* in Hoeren/Sieber/Holznagel, Teil 7.1. Rn. 52; *Heerma* in Wandtke/Bulliner, UrhG, § 16 Rn. 17; *Loewenheim* in Schricker/Loewenheim, UrhG, § 16 Rn. 19; *Marly*, EuZW 2014, 616, 618.

eine Vervielfältigung dar.[246] Für die Wiedergabe des heruntergeladenen Werkes bspw. auf dem Bildschirm gilt das soeben Dargestellte.

Beim Abruf von digitalen Inhalten im Wege des Streamings, das definiert werden kann als „das gleichzeitige Empfangen und Wiedergeben von Audio- und/oder Videodateien",[247] findet - verkürzt - eine kurzfristige, technisch bedingte sukzessive Zwischenspeicherung des urheberrechtlich geschützten Werkes im Computer der Nutzer:in statt.[248] Zwar sind die einzelnen, kurzfristig zwischengespeicherten Fragmente für sich genommen oft nicht urheberrechtlich geschützt.[249] Allerdings nimmt der *EuGH* auch in diesem Fall eine urheberrechtlich relevante Vervielfältigung an, sofern „das zusammengesetzte Ganze der gleichzeitig wiedergegebenen - also zu einem bestimmten Zeitpunkt vorhandenen - Fragmente" urheberrechtlichen Schutz genießt.[250]

Für Computerprogramme gilt insoweit, obwohl sie den Sonderregeln der §§ 69a ff. UrhG unterliegen, das Gleiche.[251] So beurteilt sich die Vervielfältigung von Computerprogrammen zwar nach § 69c Nr. 1 UrhG. Dieser Vervielfältigungsbegriff ist jedoch gleichbedeutend mit dem des § 16 Abs. 1 UrhG, sodass insoweit auch dieselben Grundsätze gelten.[252] Allerdings ist die letzte der drei Werkphasen, das Streaming, hier durch cloudbasierte „Software as a Service"(SaaS)-Modelle oder durch „Application Service Providing" (ASP)-Modelle zu ersetzen. Auch hier erhält die Endnutzer:in weder auf einem körperlichen Datenträger noch mittels Downloads ein Werkexemplar, sondern kann die Software auf den Servern der Anbieter:in bspw. über das Internet nutzen.[253] Dabei findet eine öffentliche Zugänglichmachung gem. § 69c Nr. 4 UrhG durch die Anbieter:in dieser Modelle statt, die allerdings durch die Endnutzer:in initiiert

---

246 *BGH*, Urt. v. 3.2.2011 - I ZR 129/08, GRUR 2011, 418, 419 - UsedSoft; *OLG Hamburg*, Urt. v. 22.2.2001 - 3 U 247/00, GRUR 2001, 831, 831 - Roche Lexikon Medizin; *Heerma* in Wandtke/Bullinger, UrhG, § 16 Rn. 19; *Loewenheim* in Loewenheim, 1. Teil, § 20 Rn. 14.

247 *Busch*, GRUR 2011, 496, 497; *Büscher/Müller*, GRUR 2009, 558, 558.

248 *Heerma* in Wandtke/Bullinger, UrhG, § 16 Rn. 22; *Loewenheim* in Loewenheim, 1. Teil, § 20 Rn. 17; *Klickermann*, MMR 2007, 7, 11.

249 *Loewenheim* in Loewenheim, 1. Teil, § 20 Rn. 17.

250 *EuGH*, Urt. v. 4.10.2011 - C-403, 429/08, GRUR 2012, 156, 163 f. - Football Association Premier League u. Murphy.

251 *Kuschel*, S. 17.

252 *Loewenheim* in Schricker/Loewenheim, UrhG, § 16 Rn. 3; vgl. auch *Kuschel*, S. 17.

253 *Chrocziel* in Martinek/Semler/Flohr, 11. Kapitel, § 48 Rn. 19.

wurde und dieser daher auch zuzurechnen ist.[254] Vervielfältigungen finden aufseiten der Nutzer:in im Browser Cache bzw. Arbeitsspeicher statt.[255]

Auch die Weiterveräußerung digitaler Inhalte ist von urheberrechtlicher Relevanz. Die Frage, unter welchen Umständen die Erst- und Weiterveräußerung als eine Verbreitung i.S.d. § 17 Abs. 1 UrhG oder als öffentliche Zugänglichmachung gem. § 19a UrhG einzuordnen ist, wurde und wird kontrovers behandelt.[256] Diese Frage wird allerdings später im Rahmen der urheberrechtlichen Beurteilung von Weiterveräußerungsverboten in EULAs umfassend behandelt, wo auch auf die umstrittene Frage der Anwendbarkeit des Erschöpfungsgrundsatzes im digitalen Umfeld eingegangen wird.[257]

bb) Urheberrechtliche Schranken für den Erwerb und die Nutzung digitaler Inhalte

Das Urheberrechtsgesetz hält in den §§ 44a ff. UrhG sog. Schranken bereit, die gewisse Nutzungshandlungen rechtlich ermöglichen sollen, mit denen in die der Rechteinhaber:in zustehenden Ausschließlichkeitsrechte eingegriffen wird.[258] Um den soeben beschriebenen technisch notwendigen Handlungen, die mit dem Erwerb und der Nutzung digitaler Inhalte einhergehen, Rechnung zu tragen, sind im Urheberrecht entsprechende Schranken etabliert worden,[259] deren Voraussetzungen im Folgenden dargestellt werden sollen, um sodann deren Anwendbarkeit auf die beschriebenen Nutzungshandlungen in Bezug auf digitale Inhalte untersuchen zu können.

(1) Vorübergehende Vervielfältigungshandlungen, § 44a Nr. 2 UrhG

Zu den für den Erwerb und die Nutzung digitaler Werkexemplare relevanten Schranken zählt zunächst § 44a Nr. 2 UrhG, der Art. 5 Abs. 1 Buchst. b InfoSoc-Richtlinie ins nationale Recht umsetzt und der technisch notwendige, vorübergehende Vervielfältigungshandlungen erlaubt, die flüchtig oder begleitend sind und deren alleiniger Zweck es ist, eine rechtmäßige Nutzung zu ermöglichen.

---

254 So auch *Stögmüller* in Leupold/Wiebe/Glossner, IT-Recht, Teil 11.4.3. Rn. 20.
255 *Lehmann/Spindler* in Loewenheim, 1. Teil, § 9 Rn. 64.
256 Vgl. *Peter*, ZUM 2019, 490, 491.
257 S. hierzu noch Teil 2. B. V. 1. a).
258 *Lüft* in Wandtke/Bullinger, UrhG, Vor. §§ 44a ff. Rn. 1; *Stieper* in Schricker/Loewenheim, UrhG, Vor. §§ 44a ff. Rn. 34; *Kuschel*, S. 18.
259 *Spindler*, JIPITEC Vol. 12 No. 3 (2021), 111, Rn. 6.

Die Schranke setzt voraus, dass lediglich eine vorübergehende Vervielfältigung erfolgt, wobei vorübergehend meint, dass die Vervielfältigung nicht mehr Zeit beanspruchen darf, als für das hinter der rechtmäßigen Nutzung stehende technische Verfahren erforderlich.[260] Flüchtig ist die Vervielfältigung, wenn sie der Dauer nach nicht über das für das ordnungsgemäße Funktionieren des technischen Verfahrens erforderliche Maß hinausgeht und im Anschluss automatisch oder manuell gelöscht wird.[261] Begleitend meint, dass die Vervielfältigung im Verhältnis zum technischen Verfahren, in dessen Zuge sie entsteht, nicht eigenständig ist und auch keinen eigenständigen Zweck verfolgt.[262] Eine rechtmäßige Nutzung liegt dann vor, wenn diese von der Rechteinhaber:in erlaubt und nicht von Gesetzes wegen eingeschränkt ist,[263] oder aber wenn sie mittels gesetzlicher Regelungen wie bspw. Schranken für zulässig erklärt wird.[264] Daneben dürfen die Vervielfältigungshandlungen keine eigenständige wirtschaftliche Bedeutung haben, weshalb ihr ökonomischer Zweck lediglich die rechtmäßige Nutzung gem. § 44a Nr. 2 UrhG sein darf.[265]

Bezogen auf die dargestellten drei Phasen der digitalen Werknutzung greift die Schranke des § 44a Nr. 2 UrhG nur in der dritten Phase des Streamings und hier auch nur unter bestimmten Voraussetzungen. Denn im Falle des Überspielens eines auf einem Datenträger erhaltenen Werkexemplars auf einen anderen Datenträger oder der Fixierung des Exemplars im Arbeitsspeicher des PCs (erste Phase) ist schon die Voraussetzung der nur vorübergehenden Vervielfältigung nicht gegeben. Gleiches gilt für das Downloading (zweite Phase).[266]

Beim Streaming kommt es, damit die Schranke des § 44a UrhG greift, u.a. darauf an, ob die an den Rechner der Nutzer:in übertragenen Datenpakete,

---

260 *EuGH*, Urt. v. 16.7.2009 – C-5/08, GRUR 2009, 1041, 1045 – Infopaq/DDF.

261 *EuGH*, Urt. v. 5.6.2014 – C-360/13, GRUR 2014, 654, 656 – PRCA/NLA; *EuGH*, Urt. v. 16.7.2009 – C-5/08, GRUR 2009, 1041, 1045 – Infopaq/DDF; *OLG Dresden*, Urt. v. 28.11.2006 – 14 Z 1070/06, NJOZ 2008, 160, 163; *KG*, Urt. v. 30.4.2004 – 5 U 98/02, GRUR-RR 2004, 228, 231 – Ausschnittsdienst.

262 *EuGH*, Urt. v. 5.6.2014 – C-360/13, GRUR 2014, 654, 656 – PRCA/NLA; *OLG Dresden*, Urt. v. 28.11.2006 – 14 Z 1070/06, NJOZ 2008, 160, 163.

263 EG 33 S. 4 InfoSoc-RL.

264 *Dreier* in Dreier/Schulze, UrhG, § 44a Rn. 8; *Loewenheim* in Schricker/Loewenheim, UrhG, § 44a Rn. 12.

265 *Loewenheim* in Schricker/Loewenheim, UrhG, § 44a Rn. 13.

266 *Dreier* in Dreier/Schulze, UrhG, § 44a Rn. 4; Loe*wenheim* in Schricker/Loewenheim, UrhG, § 44a Rn. 19, der jedoch die Voraussetzung der flüchtigen oder begleitenden Festlegung als nicht gegeben sieht.

welche technisch bedingt zwischengespeichert werden, nach deren Abspielen durch neue Datenpakete überschrieben werden und damit nach Beendigung der Übertragung keine vollständige Datei vorhanden ist (sog. True Streaming). Dann dürfte eine flüchtige oder begleitende Festlegung gegeben sein.[267] Diese Voraussetzung ist hingegen nicht erfüllt, wenn die Datenpakete in der Form abgespeichert werden, dass im Ergebnis eine vollständige Datei gegeben ist (sog. progressiver Download bzw. progressives Streaming).[268]

Schwierigkeiten bereitet die Voraussetzung der rechtmäßigen Nutzung, der die Vervielfältigung dienen muss, sofern das Werk ohne die Zustimmung der Urheber:in angeboten wurde.[269] Der *EuGH* entschied, dass § 44a UrhG in diesem Fall nicht greift, wenn die Nutzer:in Kenntnis davon hatte, dass das Werk ohne Erlaubnis der Rechteinhaber:in angeboten wurde, die Rechtswidrigkeit für die Nutzer:in mithin offensichtlich war.[270] Vorliegend wird jedoch ohnehin von einem legalen Erwerb des digitalen Werkexemplars ausgegangen.

Unklar ist weiterhin, ob § 44a UrhG auch auf Computerprogramme Anwendung findet.[271] Gegen die Anwendbarkeit spricht Art. 1 Abs. 2 Buchst. a InfoSoc-RL, wonach die Vorschriften über Computerprogramme von der InfoSoc-RL unberührt bleiben.[272] Für die Anwendbarkeit spricht allerdings die vergleichbare Interessenlage der Beteiligten.[273] Die Inhaber:innen von Rechten an Computerprogrammen dürften kein größeres Bedürfnis nach Kontrolle über solche Vervielfältigungshandlungen haben, die ausschließlich technisch bedingt sind und keine wirtschaftliche Relevanz aufweisen, als die Inhaber:innen von Rechten an anderen digitalen Werken.[274] Sofern also die sogleich zu behandelnde Schranke des § 69d UrhG keine spezielleren Vorgaben beinhaltet, findet

---

267 *Wiebe* in Spindler/Schuster, UrhG, § 44a Rn. 8, 9.

268 *Hegemann/Nadolny* in Hoeren/Sieber/Holznagel, Teil 7.3. Rn. 15; *Loewenheim* in Schricker/Loewenheim, UrhG, § 44a Rn. 18; *Wiebe* in Spindler/Schuster, UrhG, § 44a Rn. 8.

269 *Wiebe* in Spindler/Schuster, UrhG, § 44a Rn. 11 ff.

270 *EuGH*, Urt. v. 26.4.2017 – C-527/15, GRUR 2017, 610, 614 f. – Stichting Brein/Wullems; s.a. *Hegemann/Nadolny* in Hoeren/Sieber/Holznagel, Teil 7.3. Rn. 15.

271 *Dreier* in Dreier/Schulze, UrhG, § 69c Rn. 9.

272 *Dreier* in Dreier/Schulze, UrhG, § 69c Rn. 9; *v. Welser* in Wandtke/Bullinger, UrhG, § 44a Rn. 23.

273 *Dreier* in Dreier/Schulze, UrhG, § 69c Rn. 9; *Wiebe* in Leupold/Wiebe/Glossner, IT-Recht, Teil 3 Rn. 71; *Wiebe* in Spindler/Schuster, UrhG, § 44a Rn. 2.

274 *Dreier* in Dreier/Schulze, UrhG, § 69c Rn. 9.

§ 44a UrhG auch auf vorübergehende Vervielfältigungen von Computerprogrammen gem. § 69c Nr. 1 UrhG Anwendung.[275]

(2) Vervielfältigungen zum privaten Gebrauch, § 53 Abs. 1 S. 1 UrhG

Für die dauerhafte Speicherung eines digitalen Werkexemplars ist § 53 Abs. 1 S. 1 UrhG, die Parallelvorschrift zu Art. 5 Abs. 2 Buchtst. b Info-Soc-RL, relevant, die einzelne Vervielfältigungen eines Werkes zum privaten Gebrauch ermöglicht.[276] Diese Vorschrift gilt anders als § 44a UrhG jedoch nicht für Computerprogramme, da auf diese insoweit ausschließlich die Schranke des § 69d UrhG Anwendung findet.[277]

Die Privatkopie darf nur durch eine natürliche Person und nur „zur Befriedigung rein persönlicher Bedürfnisse außerberuflicher sowie außererwerbswirtschaftlicher Art" vorgenommen werden.[278] Sie darf dementsprechend weder unmittelbar noch mittelbar einem Erwerbszweck dienen.[279] Weiterhin dürfen nur einzelne Vervielfältigungsstücke angefertigt werden, wobei die zulässige Anzahl an Vervielfältigungsstücken gesetzlich nicht näher definiert ist.[280] In der Literatur herrscht Uneinigkeit darüber, was unter dem Begriff der „einzelnen Vervielfältigungsstücke" zu verstehen ist.[281] Überwiegend wird aber in Bezug auf digitale Kopien jedenfalls ein strengerer Maßstab bezüglich dieses Kriteriums gefordert als für analoge Kopien, insbesondere da digitale Kopien qualitativ hochwertiger als analoge Kopien und zudem nahezu unbegrenzt haltbar seien.[282]

Die Vervielfältigungsvorlage darf außerdem nicht offensichtlich rechtwidrig hergestellt oder öffentlich zugänglich gemacht worden sein. Eine Herstellung oder öffentliche Zugänglichmachung der Kopiervorlage ist dann rechtswidrig, wenn damit eine Verletzung von Rechten der Urheber:in bzw. der Rechteinhaber:in

---

275 Ebd.; vgl. auch *Grützmacher* in Wandtke/Bullinger, UrhG, § 69c Rn. 8.

276 *Kuschel*, S. 18.

277 *Loewenheim/Stieper* in Schricker/Loewenheim, UrhG, § 53 Rn. 13; *Lüft* in Wandtke/Bullinger, UrhG, § 53 Rn. 14.

278 *BGH*, Urt. v. 14.4.1978 – I ZR 111/76, GRUR 1978, 474, 475 – Vervielfältigungsstücke.

279 *Wiebe* in Spindler/Schuster, UrhG, § 53 Rn. 4.

280 *Hegemann/Nadolny* in Hoeren/Sieber/Holznagel, Teil 7.3. Rn. 75; *Lüft* in Wandtke/Bullinger, UrhG, § 53 Rn. 13.

281 *Hegemann/Nadolny* in Hoeren/Sieber/Holznagel, Teil 7.3. Rn. 75; *Lüft* in Wandtke/Bullinger, UrhG, § 53 Rn. 13; *Wiebe* in Spindler/Schuster, UrhG, § 53 Rn. 4.

282 *Lüft* in Wandtke/Bullinger, UrhG, § 53 Rn. 13; *Becker*, ZUM 2012, 643, 645 ff.; *Stickelbrock*, GRUR 2004, 736, 737; a.A. *Hegemann/Nadolny* in Hoeren/Sieber/Holznagel, Teil 7.3. Rn. 75.

einhergeht.[283] Wann das Merkmal der Offensichtlichkeit der Rechtswidrigkeit erfüllt ist, wird in der Literatur unterschiedlich beurteilt,[284] ist für die weiteren Ausführungen insofern auch nicht von Relevanz, als vorliegend von einem legalen Erwerb des digitalen Werkexemplars ausgegangen wird.[285]

Die Privatkopieschranke gem. § 53 Abs. 1 S. 1 UrhG erlaubt im Hinblick auf die drei Phasen der digitalen Werknutzung die dauerhafte Speicherung eines – auf einem Datenträger oder mittels eines Downloads – erworbenen digitalen Werkexemplars (erste und zweite Phase), sofern die Voraussetzungen der Schranke erfüllt sind, die Vervielfältigungen also insbesondere nur zu privaten Zwecken angefertigt werden.[286] Auch privates Streaming (dritte Phase) ist von § 53 Abs. 1 S. 1 UrhG umfasst, sofern die Voraussetzungen vorliegen.[287]

(3) Bestimmungsgemäße Nutzung von Computerprogrammen, § 69d Abs. 1 UrhG

Für digitale Inhalte, die urheberrechtlich als Computerprogramm eingeordnet werden, ist die Schranke für die bestimmungsgemäße Nutzung gem. § 69d Abs. 1 UrhG, die Art. 5 Abs. 1 Computerprogramm-RL ins nationale Recht umsetzt, von Bedeutung.[288] Danach darf die zur Verwendung einer Programmkopie berechtigte Person gewisse Vervielfältigungs- und Umarbeitungshandlungen ohne die Zustimmung der Rechteinhaber:in vornehmen, wenn sie für eine bestimmungsgemäße Benutzung des Programms erforderlich sind.[289] Die Vorschrift ist grundsätzlich lex specialis gegenüber den sonstigen Schrankenregelungen der §§ 44a ff. UrhG.[290] Sie soll der berechtigten Benutzer:in eine wirtschaftlich sinnvolle Arbeit mit dem Programm ohne unverhältnismäßige Beschränkungen durch die Rechteinhaber:in ermöglichen.[291] So werden der Berechtigten insbesondere Vervielfältigungshandlungen wie das Laden des Computerprogramms in den Arbeitsspeicher und das Speichern auf der

---

283 *Hegemann/Nadolny* in Hoeren/Sieber/Holznagel, Teil 7.3. Rn. 77.
284 *Hegemann/Nadolny* in Hoeren/Sieber/Holznagel, Teil 7.3. Rn. 81 ff.
285 S. auch *Kuschel*, S. 19.
286 Vgl. *Loewenheim/Stieper* in Schricker/Loewenheim, UrhG, § 53 Rn. 23.
287 *Redeker* in Redeker, IT-Recht, Teil D. Rn. 1363; *Vianello*, CR 2010, 728, 730.
288 *Kuschel*, S. 18; *Spindler*, JIPITEC Vol. 12 No. 3 (2021), 111, Rn. 6.
289 *Kaboth/Spies* in BeckOK UrhR, UrhG, § 69d Rn. 1.
290 *Dreier* in Dreier/Schulze, UrhG, § 69d Rn. 3; *Kaboth/Spies* in BeckOK UrhR, UrhG, § 69d Rn. 2; vgl. auch *Wirth* in Eichelberger/Wirth/Seifert, UrhG, § 69d Rn. 1; s. zur Anwendbarkeit des § 44a UrhG auf Computerprogramme s.o. Teil 2. A. I. 2. b) bb) (1).
291 *Spindler* in Schricker/Loewenheim, UrhG, § 69d Rn. 2.

Festplatte gestattet. Zulässige Umarbeitungshandlungen können solche sein, die zur Fehlerbehebung oder zur Anpassung an spezielle Anforderungen der Benutzer:in erforderlich sind.[292] Technisch bedingte Vervielfältigungshandlungen im Browser-Cache und dem Arbeitsspeicher von Nutzer:innen im Rahmen der Nutzung von SaaS- oder ASP-Modellen fallen, sofern sie zur bestimmungsgemäßen Nutzung erforderlich sind, ebenfalls unter § 69d Abs. 1 UrhG.[293] Denkbar ist daneben, dass diese Handlungen auch unter § 44a UrhG fallen.[294]

Berechtigte i.S.d. § 69d Abs. 1 UrhG sind insbesondere Käufer:innen (bzw. sonstige Erwerber:innen) sowie Lizenznehmer:innen.[295] Die Voraussetzungen der Schranke werden im Rahmen der urheberrechtlichen Beurteilung von Klauseln in EULAs, welche die Anfertigung von (Sicherungs-)Kopien digitaler Inhalte beschränken oder gänzlich verbieten, genauer beleuchtet.[296]

(4) Anfertigung von Sicherungskopien von Computerprogrammen, § 69d Abs. 2 S. 1 UrhG

Für die Nutzung von Computerprogrammen ist zudem die Schranke zur Anfertigung von Sicherungskopien gem. § 69d Abs. 2 S. 1 UrhG von Relevanz, welche Art. 5 Abs. 2 der Computerprogramm-RL ins nationale Recht umsetzt. § 69d Abs. 2 S. 1 UrhG schreibt vor, dass „die Erstellung einer Sicherungskopie durch eine Person, die zur Benutzung des Programms berechtigt ist, […] nicht vertraglich untersagt werden [darf], wenn sie für die Sicherung künftiger Benutzung erforderlich ist". Unter einer Sicherungskopie wird die Kopie eines Computerprogramms verstanden, die „für den Fall bereitgehalten [wird], dass die Arbeitskopie des Programms beschädigt, versehentlich gelöscht oder sonst zerstört wird, verloren geht oder aus einem anderen Grund nicht mehr einsatzfähig ist"[297] und die Neuinstallation des Programms ermöglichen soll.[298] Eine Sicherungskopie kann grundsätzlich von Computerprogrammkopien, die auf

292 Ebd.

293 *Pohle/Amman*, CR 2009, 273, 276.

294 Vgl. ebd.; s.o. Teil 2. A. I. 2. b) bb) (1).

295 *Dreier* in Dreier/Schulze, UrhG, § 69d Rn. 6; *Grützmacher* in Wandtke/Bullinger, UrhG, § 69d Rn. 28; *Spindler* in Schricker/Loewenheim, UrhG, § 69d Rn. 4; *Wiebe* in Spindler/Schuster, UrhG, § 69d Rn. 8.

296 S. hierzu noch Teil 2. B. V. 2. a) aa) (2).

297 *LG Frankfurt a.M.*, Urt. v. 27.4.2011 – 2-06 O 428/10, ZUM 2011, 929, 933; vgl. auch BT-Drs. 12/4022, S. 12.

298 *Dreier* in Dreier/Schulze, UrhG, § 69d Rn. 15; *Spindler* in Schricker/Loewenheim, UrhG, § 69d Rn. 16.

einem Datenträger oder per Download erworben wurden, angefertigt werden, sofern die Voraussetzungen von § 69d Abs. 2 S. 1 UrhG erfüllt sind. Da die Sicherungskopie stets die überlassene Form eines Computerprogramms betrifft,[299] findet die Schranke des § 69d Abs. 2 S. 1 UrhG auf SaaS- und ASP-Modelle keine Anwendung. Hier fehlt es schließlich an der überlassenen Programmkopie.

Die Voraussetzungen der Schranke werden ebenfalls im Rahmen der urheberrechtlichen Beurteilung von Klauseln in EULAs, welche die Anfertigung von (Sicherungs-)Kopien digitaler Inhalte beschränken oder gänzlich verbieten, vertieft behandelt.[300]

c) *Beschränkung des Zugangs zu und der Nutzung von digitalen Inhalten mittels EULAs*

Zwar ermöglicht das Urheberrecht den Endnutzer:innen mittels einiger Schranken eine umfangreiche Nutzung digitaler Inhalte, auch ohne dass die Einräumung urheberrechtlicher Nutzungsrechte erforderlich ist.[301]

Dennoch haben die Ausweitung der ausschließlichen Verwertungsrechte sowie der sogleich noch zu erläuternde urheberrechtliche Schutz vor Umgehung technischer Schutzmaßnahmen, die seitens der Rechteinhaber:innen eingesetzt werden, letztlich dazu beigetragen, dass Rechteinhaber:innen den Zugang zu und die Nutzung von urheberrechtlich geschütztem digitalen Material von der Zustimmung zu restriktiven Nutzungsbedingungen abhängig machen können.[302] Die Nutzer:innen müssen, um Zugang zu dem Material zu erhalten, regelmäßig zunächst diese Nutzungsbedingungen akzeptieren.[303]

Häufig wird der konkrete Umfang, in dem Endnutzer:innen den digitalen Inhalt nutzen dürfen, mittels standardisierter Verträge zur Rechteeinräumung,[304] den mehrfach erwähnten EULAs, festgelegt.[305] Neben der Einräumung eines

---

299 *Grützmacher* in Wandtke/Bullinger, UrhG, § 69d Rn. 66.

300 S. hierzu noch Teil 2. B. V. 2. a) aa) (1).

301 *Metzger* in MüKo BGB, § 327 Rn. 12; vgl. auch *Spindler*, JIPITEC Vol. 12 No. 3 (2021), 111, Rn. 7.

302 Vgl. *Oprysk/Sein*, IIC 2020, 594, 597; *Schovsbo*, Journal of Consumer Policy Vol. 31 No. 4 (2008), 393, 397 f.

303 *Schovsbo*, Journal of Consumer Policy Vol. 31 No. 4 (2008), 393, 397.

304 *Wiesemann* in Auer-Reinsdorff/Conrad, Teil D, § 24 Rn. 117.

305 *Redeker* in Redeker, Teil A Rn. 80; *Oprysk/Sein*, IIC 2020, 594, 597; *Spindler*, JIPITEC Vol. 12 No. 3 (2021), 111, Rn. 7.

Nutzungsrechts enthalten EULAs häufig Bedingungen, die diesen Nutzungsumfang mitunter erheblich einschränken.[306]

aa) Überblick

Der Abschluss von EULAs ist insbesondere beim Vertrieb von Computerprogrammen üblich, wo er sich auch zuerst etabliert hat.[307] Aber auch bei der sonstigen Off- und Online-Nutzung digitaler Werke werden EULAs inzwischen regelmäßig eingesetzt.[308]

Teilweise werden EULAs in Form sog. Schutzhüllenverträge oder Shrink Wrap Licences einem Datenträger in einer Schutzhülle beigelegt.[309] Überwiegend müssen Erwerber:innen aber, um Zugang zum geschützten Werk zu erhalten bzw. das Werk installieren zu können, ein EULA der Rechteinhaber:in akzeptieren, indem sie ein Kästchen o.Ä. anklicken (sog. Click-Wrap-Licenses oder Click-On-Licenses).[310] Akzeptiert die Nutzer:in die Vertragsbedingungen nicht, erhält sie keinen Zugang zu dem erworbenen Inhalt bzw. wird bspw. die Software nicht installiert.[311] Hierfür werden i.d.R. sogleich noch erläuterte technische Schutzmaßnahmen eingesetzt.[312] Diese technischen Schutzmaßnahmen, die unerlaubte Nutzungen digitaler Inhalte verhindern sollen,[313] dürfen gem. § 95a Abs. 1 UrhG grundsätzlich unter keinen Umständen umgangen werden.[314] Dementsprechend kann es vorkommen, dass Erwerber:innen Nutzungshandlungen, die eigentlich durch eine urheberrechtliche Schranke wie die Privatkopie gem. § 53 Abs. 1 S. 1 UrhG gedeckt sind, aufgrund von technischen

---

306 *Oprysk/Sein*, IIC 2020, 594, 597; vgl. *Beckmann/Köhler* in Stamm, S. 396.

307 *Kuschel/Rostam*, CR 2020, 393, 394; dazu auch *Frank/Schulz* in Berger/Wündisch, § 22 Rn. 106.

308 Vgl. *Peukert* in Rehbinder/Peukert, 4. Teil, 1. Kap. Rn. 22.

309 *Frank/Schulz* in Berger/Wündisch, § 22 Rn. 106; *Kuschel/Rostam*, CR 2020, 393, 394, Fn. 8; zur AGB-rechtlichen Zulässigkeit, insbesondere der wirksamen Einbeziehung von Schutzhüllenverträgen s. u.a. *Peukert* in Rehbinder/Peukert, 4. Teil, 1. Kap. Rn. 25; *Kuschel/Rostam*, CR 2020, 393, 394 m.w.N.

310 *Peukert* in Rehbinder/Peukert, 4. Teil, 1. Kap. Rn. 25; *Kuschel/Rostam*, CR 2020, 393, 394; vgl. auch *Spindler* in Schulze/Staudenmayer/Lohsse, S. 221; zu Software *Lejeune*, ITRB 2014, 234, 237.

311 *Peukert* in Rehbinder/Peukert, 4. Teil, 1. Kap. Rn. 25.

312 *Peukert* in Rehbinder/Peukert, 4. Teil, 1. Kap. Rn. 25; *Spindler*, JIPITEC Vol. 12 No. 3 (2021), 111, Rn. 18 f.; s. hierzu sogleich.

313 *Spindler*, JIPITEC Vol. 12 No. 3 (2021), 111, Rn. 18 f.

314 *Peukert* in Rehbinder/Peukert, 4. Teil, 1. Kap. Rn. 25; s. hierzu noch Teil 2. B. VI. 1.

Schutzmaßnahmen schlichtweg nicht vornehmen können.[315] Endnutzer:innen sind daher, obwohl sie viele Nutzungshandlungen auch ohne Abschluss eines EULAs auf Grundlage urheberrechtlicher Schranken vornehmen dürften, dazu gezwungen, das jeweilige EULA zu akzeptieren, da sie den digitalen Inhalt aufgrund von technischen Schutzmaßnahmen ansonsten nicht nutzen können.[316]

bb) Rechtsnatur von EULAs

Die Frage nach der Rechtsnatur von EULAs lässt sich nicht ohne Weiteres beantworten. Grundsätzlich muss zwischen der schuldrechtlichen Qualifikation dieser „Lizenzverträge" und der Frage des urheberrechtlichen Umfangs der Nutzungsrechteeinräumung differenziert werden.[317]

Endnutzer:innen sollen mittels EULAs dazu berechtigt werden, das jeweilige urheberrechtliche Werk zu eigenen (im hier zu behandelnden Fall privaten) Zwecken nutzen zu können.[318] Hierzu wird ihnen im Rahmen eines EULAs oft ein einfaches Nutzungsrecht nach § 31 Abs. 2 UrhG eingeräumt,[319] das ihnen die Nutzung eines Werkes innerhalb eines festgelegten Rahmens neben anderen Berechtigten ermöglicht.[320] Rechte, die über dasjenige hinausgehen, das Werk innerhalb des erlaubten Umfangs zu nutzen, erhält die Endnutzer:in aber nicht.[321] Insbesondere kann sie Dritten keine weiteren Nutzungsrechte einräumen und Dritten auch die Nutzung des Werkes nicht verbieten.[322]

Die schuldrechtliche Qualifikation eines EULAs ist nicht eindeutig möglich. Im nationalen Recht, konkret im BGB, findet sich kein Vertragstyp eines „Lizenzvertrages".[323] Daher wird die schuldrechtliche Qualifikation mitunter davon abhängig gemacht, ob es sich bei dem Vertrag um einen einmaligen Austauschvertrag handelt, wie z.B. bei der dauerhaften Überlassung von Software gegen Zahlung eines einmaligen Entgelts – dann sollen die kaufvertragsrechtlichen

---

315 *Spindler*, JIPITEC Vol. 12 No. 3 (2021), 111, Rn. 18 f.; Zu der Frage, inwiefern die vertragliche Beschränkung oder Abbedingung urheberrechtlicher Schranken zulässig ist, s. sogleich.

316 Vgl. *Wendehorst* in Schulze/Staudenmayer, Digital Revolution: Challenges for Contract Law in Practice, S. 199.

317 Ausführlich hierzu *Beckmann/Köhler* in Stamm, S. 390 ff.

318 *Peukert* in Rehbinder/Peukert, 4. Teil, 1. Kap. Rn. 20.

319 *Förster/Fast*, ZAP 2022, 227, 229.

320 *Soppe* in BeckOK UrhR, UrhG, § 31 Rn. 65; *Außner*, ErbR 2021, 280, 281.

321 *Soppe* in BeckOK UrhR, UrhG, § 31 Rn. 65.

322 *Ohly* in Schricker/Loewenheim, UrhG, § 31 Rn. 46.

323 *Spindler*, JIPITEC Vol. 12 No. 3 (2021), 111, Rn. 3; vgl. auch *Metzger*, JZ 2019, 577, 578.

Regelungen gem. §§ 433 ff. BGB (entsprechende) Anwendung finden – oder um eine Überlassung eines digitalen Werkes auf Zeit – dann soll ein pacht- oder mietähnlicher Vertrag vorliegen.[324] Eine solche Einordnung ist aber nur dann ohne Weiteres möglich, wenn das EULA der einzige Vertrag ist, den die Verbraucher:in über den digitalen Inhalt abschließt. Durchaus fraglich ist aber, ob diese Einordnung auch dann gilt, wenn das EULA nur begleitend zu einem Vertrag einer Verbraucher:in mit einer Unternehmer:in über die Bereitstellung eines digitalen Inhaltes abgeschlossen wird. Diese Frage stellt sich insbesondere vor dem Hintergrund, dass in solchen begleitenden EULAs regelmäßig keine zusätzliche „Lizenzgebühr" neben dem bereits im Rahmen des Vertrages über die Bereitstellung des digitalen Inhaltes gezahlten Preis verlangt wird,[325] sodass es an der Zahlung eines Kauf-, Miet- oder Pachtpreises als Gegenleistung mangelt. Die Einordnung als Kaufvertrag setzt allerdings voraus, dass die Käufer:in eine Pflicht zur Kaufpreiszahlung trifft.[326] Auch im Rahmen von Miet- und Pachtverträgen wird die Miete bzw. Pacht regelmäßig durch Zahlung von Geld zu entrichten sein.[327]

Im Ergebnis sind die als „Endnutzer-Lizenzvereinbarung" betitelten Verträge, die begleitend zu einem Vertrag über die Bereitstellung eines digitalen Inhaltes abgeschlossen werden, daher im nationalen Recht wohl als Verträge sui generis einzuordnen, auf welche die allgemeinen Regelungen der §§ 104–185 BGB über Rechtsgeschäfte und die Regelungen der §§ 320 ff. BGB zu gegenseitigen Verträgen Anwendung finden.[328] Als standardisierte und damit im Ergebnis vorformulierte Vertragsbedingungen bzw. Allgemeine Geschäftsbedingungen (AGB) unterliegen sie zudem der AGB-Kontrolle der §§ 305 ff. BGB.[329]

cc) Zulässigkeit der vertraglichen Abbedingung urheberrechtlicher Schranken in EULAs

EULAs machen meist umfangreiche Vorgaben dazu, ob und welche Nutzungen der erworbenen digitalen Inhalte erlaubt sind,[330] und unterwerfen die Nutzung

---

324 vgl. zu Lizenzverträgen generell *Abel* in Berger/Wündisch, Teil 2 § 11 II Rn. 11.

325 *Wendehorst* in Schulze/Staudenmayer, Digital Revolution: Challenges for Contract Law in Practice, S. 198.

326 *Saenger* in Schulze, BGB, § 433 Rn. 12.

327 Vgl. *Scheuch* in Schulze, BGB, § 535 Rn. 17, § 581 Rn. 11.

328 So auch *Straßer* in MAH Gewerblicher Rechtsschutz, Teil G, § 45 Rn. 9.

329 Vgl. ebd.; s. hierzu noch Teil 2. B. IV.

330 *Peukert* in Rehbinder/Peukert, 4. Teil, 1. Kap. Rn. 25.

bestimmten Beschränkungen.[331] Enthalten die EULAs nur solche Beschränkungen, die ohnehin aufgrund der urheberrechtlichen Ausschließlichkeitsrechte der Rechteinhaber:in bestehen, so wird die Gesetzeslage lediglich durch die vertraglichen Vereinbarungen untermauert.[332] Oft überschreiten die Bedingungen der Endnutzerlizenzverträge jedoch den Schutz, den das Urheberrecht ihnen gewährt.[333] Insbesondere werden Nutzungshandlungen, die durch urheberrechtliche Schranken eigentlich erlaubt sind, vertraglich beschränkt oder sogar unterbunden und zudem durch technische Maßnahmen auch faktisch verhindert.[334] Typischerweise wird durch Klauseln in EULAs, welche mit Verbraucher:innen abgeschlossen werden, z.B. die Anzahl an Kopien, die ein:e Nutzer:in beispielsweise von Musikdateien anfertigen darf, beschränkt und die Weitergabe bzw. -veräußerung digitaler Inhalte verboten.[335]

In diesem Zusammenhang stellt sich die Frage, ob eine vertragliche Beschränkung bzw. eine vertragliche Abbedingung urheberrechtlicher Schranken überhaupt zulässig ist.

Zur Beantwortung dieser Frage muss nicht die Diskussion darüber aufgegriffen werden, ob urheberrechtliche Schranken wie bspw. die Privatkopie ein subjektives Recht darstellen oder nicht.[336] Denn auch ein subjektives Recht, das dem Individuum konkrete Rechtspositionen, vornehmlich Ansprüche gegen andere Privatrechtssubjekte oder den Staat, vermittelt,[337] ist grundsätzlich disponibel, da die Disposition über subjektive Rechte eine zentrale Ausprägung der Privatautonomie ist.[338]

Übereinstimmung besteht darin, dass eine urheberrechtlich-dingliche Beschränkung der Schranken nicht möglich ist.[339] Denn der Rechteinhaber:in

---

331 *Ehle/Kreß,* CR 2019, 723, 724; *European Law Institute,* Statement on the European Commission's Proposed Directive on the Supply of Digital Content to Consumers, S. 19; *Metzger*, JZ 2019, 577, 584; *Oprysk/Sein*, IIC 2020, 594, 594 ff.; *Spindler,* JIPITEC Vol. 12 No. 3 (2021), 111, Rn. 7 f.; *Spindler/Sein*, MMR 2019, 415, 416; vgl. auch *Dreier/Leistner*, GRUR 2013, 881, 892.

332 *Metzger* in MüKo BGB, § 327g Rn. 4.

333 *Oprysk/Sein*, IIC 2020, 594, 597; vgl. auch *Metzger* in MüKo BGB, § 327g Rn. 4; *Peukert* in Rehbinder/Peukert, 4. Teil, 1. Kap. Rn. 33.

334 *Peukert* in Rehbinder/Peukert, 4. Teil, 1. Kap. Rn. 33.

335 Ebd., *Spindler*, JIPITEC Vol. 12 No. 3 (2021), 111, Rn. 30; s. hierzu noch Teil 2. B. V. 1, 2.

336 Ausführlich hierzu *Lauber-Rönsberg*, S. 206 ff.

337 *Neuner*, BGB AT, § 20 Rn. 1.

338 *Zech* in Leible/Ohly/Zech, S. 191.

339 *Gräbig*, GRUR 2012, 331, 336 f.; *Stieper*, S. 200 ff.; *Zech* in Leible/Ohly/Zech, S. 192.

fehlt es hinsichtlich der durch die Schranken erlaubten Nutzungen an der Verfügungsbefugnis.[340] Diese Verfügungsbefugnis ist allerdings Voraussetzung dafür, dass eine Beschränkung auf dinglicher Ebene überhaupt möglich ist.[341]

Über die Frage, ob eine vertragliche Abbedingung der Schranken mit schuldrechtlicher Wirkung möglich ist, herrscht hingegen Uneinigkeit.[342] Lediglich die Vorschriften des § 55a S. 3 UrhG,[343] des § 69g Abs. 2 UrhG[344] und des § 87e UrhG[345] enthalten diesbezüglich eindeutige Vorgaben.[346] Sie besagen, dass den Schranken, die durch die Vorschriften in Bezug genommen werden, entgegenstehende vertragliche Vereinbarungen nichtig sind. Daher sind auch schuldrechtliche Abbedingungen dieser Schranken von den Normen ausdrücklich erfasst.[347]

(1) Meinungsstand

Nach einer Ansicht sind die urheberrechtlichen Schranken, ausgenommen die insoweit ausdrücklichen Vorschriften der §§ 55a S. 3, 69g Abs. 2 und 87e UrhG, sämtlich dispositiv.[348]

Dem widersprechend wird die Auffassung vertreten, sämtliche Schranken seien zwingend und daher auch nicht dispositiv.[349] Zwischen diesen beiden Auffassungen gibt es eine vermittelnde Position, die zwar von einem grundsätzlich möglichen zwingenden Charakter urheberrechtlicher Schranken ausgeht, diesen allerdings nicht für sämtliche Schranken einheitlich annehmen, sondern

340 *Gräbig*, GRUR 2012, 331, 336.

341 *Stieper*, S. 140 ff., 200 ff.

342 *Gräbig*, GRUR 2012, 331, 333 f.; *Lauber-Rönsberg*, S. 213

343 Vorschrift zur Umsetzung des Art. 6 Abs. 1 der Richtlinie 96/9/EG des Europäischen Parlaments und des Rates vom 11.3.1996 über den rechtlichen Schutz von Datenbanken, Abl. L 77/20 (Datenbank-RL).

344 Vorschrift zur Umsetzung des Art. 8 Abs. 2 Computerprogramm-RL.

345 Vorschrift zur Umsetzung des Art. 8 Abs. 1, 2 Datenbank-RL und des Art. 15 Datenbank-RL hinsichtlich der Rechtsfolgen; s. hierzu *Vogel* in Schricker/Loewenheim, UrhG, § 87e Rn. 1.

346 *Gräbig*, GRUR 2012, 331, 332.

347 Ebd.

348 *Dreyer* in Dreyer/Kotthoff/Meckel, Vor. §§ 44a ff. Rn. 57, § 60 Rn. 8; *Dreier* in Dreyfuss/Zimmermann/First, S. 314.

349 *Nordemann/Ohly* in Loewenheim, 2. Teil, § 66 Rn. 2; *Geiger*, GRUR Int 2004, 815, 820; *Geiger* in Hilty/Peukert, S. 154; *Schulz*, GRUR 2006, 470, 475.

jede Schranke für sich genommen beurteilen will.[350] Uneinig sind sich viele der Vertreter:innen dieser Meinung wiederum darin, welche Beurteilungskriterien dabei zu berücksichtigen sind.[351] Teilweise wird auf die Grundrechtsrelevanz, welche die jeweilige Schranke aufweist,[352] bzw. auf den der Schranke zugrundeliegenden grundrechtlichen Interessenausgleich[353] abgestellt.[354] Andere beurteilen den zwingenden Charakter einer Schranke danach, in welchem Maße sie öffentlichen Interessen dient und damit eine besondere Ausformung der Sozialbindung des geistigen Eigentums gem. Art. 14 Abs. 2 GG darstellt.[355]

(2) Streitentscheid

Für die Ansicht, dass sämtliche Schranken – ausgenommen die insoweit ausdrücklichen Vorschriften – dispositiv sind, spricht ein systematisches Argument.[356] In § 95b UrhG werden einige Schranken genannt, die auch gegenüber technischen Schutzmaßnahmen durchsetzbar sind.[357] In der Vorschrift nicht genannte Schrankenregelungen können mittels technischer Schutzmaßnahmen faktisch ausgehebelt werden.[358] Dementsprechend wäre es wertungswidersprüchlich, würde man diesen Schranken einen zwingenden Charakter zusprechen und vertragliche Abweichungen generell für unwirksam erklären.[359]

Für die Ansicht, dass sämtliche Schranken einen zwingenden Charakter haben, lässt sich allerdings ebenfalls eine zunächst durchaus überzeugende teleologische Begründung anführen.[360] Generell muss mittels Auslegung des Sinnes und Zweckes einer Norm und insbesondere unter Berücksichtigung der

---

350 *Götting* in Schricker/Loewenheim, UrhG, § 95b Rn. 20, 28; *De Werra*, Columbia Journal of Law & Arts Vol. 25 No. 4 (2003), 239, 329; *Guibault*, S. 224 f.; *Schack*, ZUM 2002, 497, 502; *Zurth*, S. 305 ff.; vgl. auch *Nielen*, S. 289 f.; *Schack*, Rn. 571; *Trayer*, S. 184.

351 *Gräbig*, GRUR 2012, 331, 334.

352 *Götting* in Schricker/Loewenheim, UrhG, § 95b Rn. 20, 28; in diese Richtung *Hänel*, S. 265 sowie *Schack*, ZUM 2002, 497, 502 f.

353 *Nielen*, S. 292; *Hohagen*, S. 361 f.

354 *Gräbig*, GRUR 2012, 331, 334.

355 *De Werra*, Columbia Journal of Law & Arts Vol. 25 No. 4 (2003), 239, 330 ff.; *Elkin-Koren* in Dreyfuss/Zimmermann/First, S. 206; *Guibault* in Hugenholtz, S. 153 ff.

356 *Lauber-Rönsberg*, S. 215.

357 S. hierzu sogleich.

358 *Kuschel*, S. 275; *Lauber-Rönsberg*, S. 215.

359 *Lauber-Rönsberg*, S. 215.

360 *Lauber-Rönsberg*, S. 214.

durch sie geschützten Interessen bestimmt werden, ob diese Norm zwingend oder dispositiv ist.[361] Werden durch ein Gesetz nur Interessen von Vertragsparteien geschützt, so ist von dessen Disponibilität auszugehen, es sei denn, die von dem Gesetz betroffene Partei kann nicht darauf verzichten.[362] Letzteres gilt insbesondere für Gesetze, welche die Privatautonomie sicherstellen bzw. deren Voraussetzungen schaffen sollen.[363] Werden von einer Vorschrift hingegen auch Dritt- oder Gemeinwohlinteressen geschützt, so sind sie nicht dispositiv.[364] Die urheberrechtlichen Schranken schützen regelmäßig nicht bloß Interessen der einzelnen Nutzer:in, sondern auch der Allgemeinheit insbesondere in Ausprägung ihrer Informations- und kulturellen Bedürfnisse.[365]

Gegen dieses Argument spricht jedoch Folgendes: Das elementare Prinzip des Privatrechts ist die Privatautonomie, von der auch die durch Art. 2 Abs. 1 Grundgesetz (GG) gewährleistete Vertragsfreiheit umfasst ist.[366] Zwingendes Recht weist den Vertragsparteien jedoch im Zweifel auch gegen deren Willen Rechte und Pflichten zu und führt daher zu einem deutlich weitreichenderen Eingriff in die Privatautonomie als dispositives Recht.[367] Dementsprechend bedarf zwingendes Recht einer gesonderten Rechtfertigung.[368] Den Vertragsparteien kann mit dem pauschalen Verweis auf den Schutz von Allgemeininteressen durch die urheberrechtlichen Schranken daher auch nicht die Berechtigung zur Disposition über ebenjene abgesprochen werden; vielmehr muss hierfür im konkreten Einzelfall im Rahmen einer Interessenabwägung ein gegenüber der Privatautonomie vorrangig zu schützendes Interesse der Allgemeinheit nachgewiesen werden.[369]

Den Meinungen, welche den zwingenden Charakter urheberrechtlicher Schranken anhand des zugrundeliegenden grundrechtlichen Interessenausgleichs bzw. danach beurteilen wollen, in welchem Maße eine Schranke öffentlichen Interessen dient und damit eine besondere Ausformung der Sozialbindung

361 *Gräbig*, GRUR 2012, 331, 333 m.w.N.; *Lauber-Rönsberg*, S. 214.

362 *Neuner*, BGB AT, § 3 Rn. 12.

363 *Ulrici*, JuS 2005, 1073, 1074; vgl. auch *Neuner*, BGB AT, § 3 Rn. 15.

364 *Neuner*, BGB AT, § 3 Rn. 12.

365 *Lauber-Rönsberg*, S. 214 f.

366 *Looschelders/Olzen* in Staudinger, BGB, § 242 Rn. 456; *Neuner*, BGB AT, § 10 Rn. 33.

367 *Kähler*, S. 256.

368 Mit diesbezüglichem Verweis auf den Grundsatz „in dubio pro liberate" *Kähler*, S. 256; *Stieper*, S. 248; vgl. auch *Hanau*, S. 108; a.A. *Bethge* in Schmidt-Bleibtreu/Klein/Bethge, BVerfGG, § 90 Rn. 312.

369 *Stieper*, S. 248 ff.

des geistigen Eigentums gem. Art. 14 Abs. 2 GG darstellt, lässt sich Folgendes entgegenhalten: Eine Schranke dient, da sie eine Inhalts- und Schrankenbestimmung i.S.d. Art. 14 Abs. 1 S. 2 GG darstellt, stets grundrechtlich geschützten öffentlichen Interessen bzw. muss diesen dienen.[370] Dass urheberrechtliche Schranken grundrechtsrelevant sind, „ist deshalb bloß ein Reflex ihrer Daseinsberechtigung“.[371] Hinzu kommt, dass mit der den Schranken zugrundeliegenden Interessenabwägung durch den Gesetzgeber vornehmlich die ausschließlichen Herrschaftsbefugnisse der Urheber:in beschränkt werden sollen, um den einseitigen Ausschluss anderer von der Benutzung durch die Urheber:in zu verhindern.[372] Das Selbstbestimmungsrecht der Nutzer:in, aufgrund privatautonomer Vereinbarungen die durch die Schranken gewährleistete Nutzungsfreiheit nicht auszuüben, bleibt von dem Interessenausgleich hingegen unberührt.[373] Insofern kann die Sozialbindung des geistigen Eigentums und der damit vorgenommene grundrechtliche Interessenausgleich auch nicht als zwingende Begründung für die Unwirksamkeit eines entsprechenden Verzichts herangezogen werden.[374]

(3) Zwischenergebnis

Im Ergebnis sind die urheberrechtlichen Schranken mit Ausnahme der insoweit zwingenden Vorschriften der §§ 55a, 69g Abs. 2 und 87e UrhG daher als dispositiv einzuordnen.[375] Das Urheberrecht selbst hindert die Rechteinhaber:innen daher nicht daran, die Bedingungen der Endnutzerlizenzverträge auch derart auszugestalten, dass diese den Schutz, den das Urheberrecht ihnen gewährt, potenziell überschreiten.[376] Demzufolge besteht auch die Möglichkeit abweichender vertraglicher Vereinbarungen, die dann allerdings einer AGB- sowie einer Inhaltskontrolle nach §§ 138, 242 BGB unterzogen werden können.[377] Eine solche Kontrolle kann mitunter auch zu dem Ergebnis führen, dass eine vertragliche Abbedingung einer Schranke im Einzelfall unzulässig ist, bspw. wenn sie Endnutzer:innen unangemessen benachteiligt, weil sie mit wesentlichen Grundgedanken der gesetzlichen Regelung, von der abgewichen wird, nicht zu

370 *Gräbig*, ZUM 2012, 331, 334.
371 Ebd.
372 *Stieper*, S. 252.
373 Ebd.
374 Ebd.
375 So auch *Graef*, Rn. 252; *Lauber-Rönsberg*, S. 216.
376 *Oprysk/Sein*, IIC 2020, 594, 597; vgl. auch *Metzger* in MüKo BGB, § 327g Rn. 4.
377 *Lauber-Rönsberg*, S. 216; *Stieper*, S. 430.

vereinbaren ist, § 307 Abs. 2 Nr. 1 BGB. Als maßgebliche gesetzliche Regelungen werden im Verhältnis von Rechteinhaber:innen und Endnutzer:innen allerdings häufig wiederum die Vorschriften des Urheberrechts herangezogen, wie an späterer Stelle vertiefend erläutert wird.[378] Da das Urheberrecht, wie erwähnt, bis auf die gesetzlich festgelegten, ausdrücklichen Ausnahmen einer vertraglichen Abbedingung urheberrechtlicher Schranken nicht entgegensteht, wird sich auch im Rahmen einer AGB-rechtlichen Kontrolle dieser Klauseln häufig keine andere Bewertung ergeben.[379]

dd) Zusammenfassung

Um Zugang zu digitalen Inhalten zu erhalten und sie nutzen zu können, sehen sich Verbraucher:innen in der Praxis oft gezwungen, ein EULA mit der Rechteinhaber:in abzuschließen.[380] Häufig lässt sich das Material aufgrund der darin enthaltenen restriktiven Lizenzbedingungen nur sehr eingeschränkt nutzen.[381]

Besonders schwer wiegt dabei, dass das Urheberrecht die vertragliche Abbedingung der urheberrechtlichen Schranken nach hier vertretener Ansicht nicht verbietet.

Zwar können die lizenzvertraglichen Klauseln, die urheberrechtliche Schranken abbedingen, einer AGB-Kontrolle gem. §§ 305 ff. BGB unterzogen werden, in deren Rahmen sie insbesondere auf ihre Vereinbarkeit mit gesetzlichen Regelungen, von denen sie abweichen, hin untersucht werden können, § 307 Abs. 2 Nr. 1 BGB. Da als gesetzliche Regelungen i.S.d. § 307 Abs. 2 Nr. 1 BGB aber regelmäßig wiederum die urheberrechtlichen Vorschriften herangezogen werden, die eine vertragliche Abbedingung urheberrechtlicher Schranken grundsätzlich nicht verbieten, bringt auch die AGB-Kontrolle kein anderes Ergebnis hervor.

Die dahinterstehende Entwicklung wird z.T. auch als „Privatisierung des Urheberrechts“ beschrieben.[382] Nicht mehr das Recht, sondern Verträge (und sie begleitende technische Schutzmaßnahmen) dienen als primärer Schutz des Urheberrechts an einem Werk,[383] der dabei in vielen Fällen deutlich ausgeweitet

---

378 Vgl. *Metzger* in MüKo BGB, § 327g Rn. 18; s. hierzu noch Teil 2. B. IV.

379 Vgl. *Graef*, Rn. 253 f.

380 *Wendehorst* in Schulze/Staudenmayer, Digital Revolution: Challenges for Contract Law in Practice, S. 198.

381 *Oprysk/Sein*, IIC 2020, 594, 597.

382 *Schovsbo*, Journal of Consumer Policy Vol. 31 No. 4 (2008), 393, 397.

383 Vgl. *Lessig*, S. 175, der allerdings vom „Code“ als primärem Schutz spricht; *Schovsbo*, Journal of Consumer Policy Vol. 31 No. 4 (2008), 393, 397.

wird. Insbesondere problematisch hierbei ist, dass es sich bei diesen restriktiven Lizenzbedingungen regelmäßig um standardisierte bzw. vorformulierte EULAs und nicht um individuell ausgehandelte Vertragsbedingungen handelt.[384] Das ist zwar nachvollziehbar, da eine individuelle Aushandlung im Zusammenhang mit der massenhaften Nutzung digitaler, urheberrechtlich geschützter Werke kaum möglich ist.[385] Die individuelle Aushandlung von vertraglichen Vereinbarungen sichert allerdings ein weitaus größeres Machtgleichgewicht der beteiligten Vertragsparteien als dies bei Vertragsbedingungen der Fall ist, die von einer Partei einseitig aufgestellt werden.[386] Hinzu kommt, dass Privatpersonen – anders als die traditionellen Werkverwerter:innen wie bspw. Buch- oder Zeitschriftenverlage, Sendeanstalten o.Ä., die durch Wissen, Erfahrung und Informationen rechtlicher sowie wirtschaftlicher Art über deutlich größere Verhandlungsmacht verfügen – eben mangels Verhandlungsmacht keine Möglichkeit haben, auf den Inhalt des Vertrages mit der Rechteinhaber:in einzuwirken.[387]

d) Möglichkeit technischer Schutzmaßnahmen

Eine zusätzliche Ausweitung des Schutzes urheberrechtlicher Rechteinhaber:innen ging mit der Einführung der bereits erwähnten Vorschriften in das Urheberrecht einher, die vor der Umgehung von technischen Schutzmaßnahmen schützen.[388] Auch diese Vorschriften wurden durch die InfoSoc-RL, konkret durch Art. 6 InfoSoc-RL, eingeführt, der in Deutschland in §§ 95a ff. UrhG umgesetzt wurde.[389] Die Einführung stellte – wie auch die Erweiterung der ausschließlichen Verwertungsrechte – eine Reaktion auf die Zunahme unerlaubter (Online-)Nutzung digitaler Werke dar.[390]

Technische Schutzmaßnahmen werden meist im Rahmen sog. Digital Rights Management Systems (DRM Systeme) eingesetzt.[391] Dabei umfasst der Begriff des Digital Rights Managements (auch) die Verwendung technischer Schutzmaßnahmen, um die mit der materiellen Urheberrechtslage übereinstimmende wirtschaftliche Verwertung von Rechten an urheberrechtlich geschützten

---

384 *Guibault* in Hilty/Peukert, S. 223.
385 *Dreier/Leistner*, GRUR 2013, 881, 892.
386 Ebd.
387 Ebd.
388 *Schovsbo*, Journal of Consumer Policy Vol. 31 No. 4 (2008), 393, 397.
389 S. hierzu ausführlich noch Teil 2. B. VI. 1. a).
390 Vgl. *Helberger/Guibault*, info Vol. 14 No. 6 (2012), 23, 25.
391 *Schovsbo*, Journal of Consumer Policy Vol. 31 No. 4 (2008), 393, 397.

Werken in digitaler Form zu sichern.[392] Die Maßnahmen können demzufolge zur faktischen Durchsetzung der in EULAs enthaltenen rechtlichen Beschränkungen eingesetzt werden. Letztlich sollen sie der Rechteinhaber:in also dazu dienen, den ihr durch das Urheberrecht gewährten rechtlichen Schutz faktisch abzusichern.[393]

Technische Schutzmaßnahmen können bspw. in der Zugangsbeschränkung durch ein Passwort oder durch die verschlüsselte Zurverfügungstellung geschützter Inhalte liegen, bei der die rechtmäßige Nutzer:in den für die Nutzung erforderlichen Schlüssel in Form einer Hard- oder Softwarelösung erhält.[394] Als technische Schutzmaßnahmen werden zudem häufig Kopiersperren oder Systeme zur Begrenzung der Anzahl von Kopien, zur Einschränkung der Nutzungsumgebung oder zur Einschränkung des Zeitraums der Nutzung eingesetzt.[395] Es soll mithilfe technischer Schutzmaßnahmen im Ergebnis also sichergestellt werden, dass Nutzungshandlungen, welche die Rechteinhaber:in in Einklang mit den urheberrechtlichen Vorgaben nicht autorisiert hat, auch faktisch nicht vorgenommen werden können.[396]

Die Rechtsposition der Rechteinhaber:innen wird im digitalen Umfeld durch den Einsatz dieser technischen Schutzmaßnahmen im Vergleich zur analogen Situation deutlich gestärkt. Während in der analogen Situation bspw. ein vertraglich festgelegtes Kopierverbot von Büchern durch die Rechteinhaber:in kaum durchsetzbar wäre, würde eine technische Schutzmaßnahme eine durch die Nutzungsbedingungen der Rechteinhaber:in verbotene Nutzungshandlung schlichtweg verhindern.[397]

Zwar kann auch beim Einsatz technischer Schutzmaßnahmen nicht von einer „perfekten Kontrolle“[398] des Zugangs zu und der Nutzung von digitalen Inhalten durch die Rechteinhaber:in gesprochen werden, da jede technische Schutzmaßnahme faktisch umgangen werden kann.[399] Dennoch ermöglichen

---

392 So jedenfalls eine „enge“ Definition des Begriffs des DRM nach *Arlt*, GRUR 2004, 548, 548.

393 Vgl. *Peukert* in Rehbinder/Peukert, 4. Teil, 2. Kap. Rn. 3, 5.

394 *Peukert* in Loewenheim, 1. Teil, § 39 Rn. 2.

395 *Specht-Riemenschneider* in Dreier/Schulze, UrhG, § 95a Rn. 14; *Staudenmayer* in Schulze/Staudenmayer, EU Digital Law, DI-RL, Art. 8 Rn. 53; detailliert hierzu *Wandtke/Ohst* in Wandtke/Bullinger, UrhG, § 95a Rn. 18 ff.

396 *Peukert* in Rehbinder/Peukert, 4. Teil, 1. Kap. Rn. 3.

397 *Schovsbo*, Journal of Consumer Policy Vol. 31 No. 4 (2008), 393, 398.

398 So *Lessig*, S. 183.

399 *Schovsbo*, Journal of Consumer Policy Vol. 31 No. 4 (2008), 393, 398.

DRM-Systeme und technische Schutzmaßnahmen der Rechteinhaber:in im Ergebnis eine sehr genaue Handhabe darüber, wer unter welchen Bedingungen Zugang zu den Inhalten erhält und sie nutzen kann.[400] Der Einsatz dieser technischen Schutzmaßnahmen wird dabei durch die §§ 95a ff. UrhG, deren Voraussetzungen an späterer Stelle dargestellt werden,[401] zusätzlich rechtlich legitimiert.

3. *Keine explizite Berücksichtigung von Verbraucher:innen im (europäischen) Urheberrecht*

Während der Fokus des (europäischen) Urheberrechts auf der Urheber:in liegt, von deren Schutz auch Werkverwerter:innen profitieren, werden Verbraucher:innen bisher kaum berücksichtigt.[402] Keine europäische Richtlinie mit Ausnahme der InfoSoc-RL verwendet den Begriff der Verbraucher:in ausdrücklich.[403] Das gilt auch für die 2019 eingeführte DSM-RL. In EG 9 InfoSoc-RL heißt es: „Jede Harmonisierung des Urheberrechts und der verwandten Schutzrechte muss von einem hohen Schutzniveau ausgehen, da diese Rechte für das geistige Schaffen wesentlich sind. Ihr Schutz trägt dazu bei, die Erhaltung und Entwicklung kreativer Tätigkeit im Interesse der Urheber, ausübenden Künstler, Hersteller, *Verbraucher*[404] von Kultur und Wirtschaft sowie der breiten Öffentlichkeit sicherzustellen. Das geistige Eigentum ist daher als Bestandteil des Eigentums anerkannt worden." Doch (auch) auf die Erwähnung von „Verbrauchern" in der Vorschrift hin folgt keine weitere Definition und nähere Erläuterung dieses Begriffs.[405]

Häufiger kommt der Begriff der „Nutzer" (z.B. EG 29, EG 31 und EG 46 InfoSoc-RL; Art. 17 Abs. 1, 2 DSM-RL), „Begünstigten" (z.B. EG 21 InfoSoc-RL) oder „natürlichen Person" (z.B. Art. 5 Abs. 2 Buchst. b InfoSoc-RL) im Urheberrecht vor.[406]

Dennoch ist sich das Urheberrecht des Daseins von Verbraucher:innen durchaus bewusst.[407] Sie werden als passive Konsument:innen urheberrechtlich

400 *Helberger/Guibault*, info Vol. 14 No. 6 (2012), 23, 25 m.V.a. *Schovsbo*, Journal of Consumer Policy Vol. 31 No. 4 (2008), 393, 398.

401 S. hierzu noch Teil 2. B. VI. 1. a).

402 *Schovsbo*, Journal of Consumer Policy Vol. 31 No. 4 (2008), 393, 394.

403 Ebd.

404 Hervorhebung durch Verfasserin.

405 Vgl. *Helberger/Guibault*, info Vol. 14 No. 6 (2012), 23, 27; *Schovsbo*, Journal of Consumer Policy Vol. 31 No. 4 (2008), 393, 394.

406 *Helberger/Guibault*, info Vol. 14 No. 6 (2012), 23, 27.

407 *Schovsbo*, Journal of Consumer Policy Vol. 31 No. 4 (2008), 393, 394.

geschützter Inhalte in Form von Unterhaltungswaren angesehen.[408] Dieser Auffassung nach besteht ein vornehmliches Interesse der Konsument:innen am Zugang zu zahllosen urheberrechtlich geschützten Werken zu einem angemessenen Preis, um diese dann anschließend überwiegend passiv, z.B. in Form einer Buchlektüre, eines Filmschauens oder eines CD-Hörens, zu konsumieren.[409] Diese Rolle von Verbraucher:innen scheint im (europäischen) Urheberrecht jedoch derart selbstverständlich zu sein, dass sie keiner ausdrücklichen gesetzlichen Erwähnung bedarf.[410]

Im Gegensatz dazu werden urheberrechtlich geschützte Werke durch Nutzer:innen in der traditionellen Vorstellung des Urheberrechts nicht bloß passiv konsumiert, sondern tatsächlich aktiv genutzt, bspw. um selbst kreativ tätig zu werden, um sich und andere zu informieren, um zu lehren oder sich kritisch mit den Werken auseinanderzusetzen.[411] Auf diese Nutzer:innen beziehen sich auch die meisten der im Urheberrecht verankerten Schranken.[412] Sie nehmen ausgewählte Gruppen von Nutzer:innen in den Fokus, denen bestimmte Formen der Nutzung wie das Forschen und Lehren, das Berichten über Nachrichten oder das Archivieren von Werken erlaubt werden.[413] Dementsprechend steht auch eher die Nutzungshandlung als die ausübende Nutzer:in im Vordergrund.[414] Diese Nutzungshandlung sollen zur gesellschaftlichen Weiterentwicklung auf kultureller, sozialer und politischer Ebene beitragen und damit letztlich auch der einzelnen Verbraucher:in dienen.[415] Die meisten Schranken zielen dabei auf „professionelle" oder „semiprofessionelle" Personengruppen oder Einrichtungen wie Forscher:innen, Journalist:innen oder Bibliotheken ab.[416]

Der tatsächliche Werkkonsum wird nur über wenige Schranken, bspw. die bereits erwähnten Schranken für vorübergehende Vervielfältigungen oder private Kopien abgedeckt.[417] Da auch Verbraucher:innen i.S.v. Konsument:innen selbst zunehmend kreativ tätig werden, sind darüber hinaus auch Schranken wie

408 *Liu*, Boston College Law Review Vol. 44 No. 2 (2003), 397, 402.
409 Ebd.
410 *Schovsbo*, Journal of Consumer Policy Vol. 31 No. 4 (2008), 393, 394.
411 *Helberger/Guibault*, info Vol. 14 No. 6 (2012), 23, 28.
412 Ebd.
413 *Helberger/Guibault*, info Vol. 14 No. 6 (2012), 23, 28.
414 *Schovsbo*, Journal of Consumer Policy Vol. 31 No. 4 (2008), 393, 394 m.V.a. *Cohen*, Fordham Law Review Vol. 74 No. 2 (2005), 347, 363.
415 *Helberger/Guibault*, info Vol. 14 No. 6 (2012), 23, 27 m.V.a. *Guibault*, S. 302.
416 *Helberger/Guibault*, info Vol. 14 No. 6 (2012), 23, 27.
417 Ebd.

die Zitatfreiheit gem. § 51 UrhG[418] und die durch § 51a UrhG[419] eingeführte Schranke für Karikaturen, Parodien und Pastiches für sie relevant.[420]

Auch die bereits genannte Schranke des § 69d UrhG für Computerprogramme bezieht sich auf den Werkkonsum als solchen und berücksichtigt damit die Interessen der Verbraucher:innen.[421] Diese Interessen werden dabei zusätzlich dadurch gestärkt, dass, wie an späterer Stelle genauer erläutert wird, Abs. 1 der Schranke, welche für die bestimmungsgemäße Nutzung erforderliche urheberrechtlich relevante Nutzungshandlungen erlaubt, einen vertraglich nicht abdingbaren Kern aufweist.[422] Abs. 2 S. 1 der Vorschrift, der die Anfertigung von Sicherungskopien für rechtmäßig erklärt, ist zudem gem. § 69g Abs. 2 UrhG ausdrücklich vertraglich nicht abdingbar.[423]

Freilich zeigen diese Schrankenregelungen, dass dem Urheberrecht Rechte für Verbraucher:innen im Sinne von Werkkonsument:innen durchaus nicht fremd sind.[424] Ein tiefergehendes Interesse an den Bedürfnissen von Verbraucher:innen in der (europäischen) Urheberrechtsgesetzgebung kann daraus jedoch nicht abgeleitet werden.[425] Zwar hatte das EU-Parlament bereits im Juli 2015 eine nicht bindende Entschließung getroffen, in der u.a. festgestellt wurde, dass „Verbraucherrechte im Urheberrechtsrahmen oft nicht vorkommen" und die EU-Kommission dementsprechend dazu aufgefordert wurde, „die Wirksamkeit des geltenden Urheberrechts aus der Sichtweise des Verbrauchers zu prüfen und eine Reihe klarer und verständlicher Verbraucherrechte zu entwickeln".[426] In mancher Hinsicht wurde der Verbraucherschutz im Urheberrecht tatsächlich auch vorangetrieben, insbesondere hinsichtlich des grenzüberschreitenden Zugangs zu urheberrechtlich geschützten Inhalten im digitalen Binnenmarkt durch die bereits erwähnte Portabilitäts-VO.[427]

Nach wie vor wird insbesondere die wirtschaftliche Beziehung zwischen Verbraucher:innen und Rechteinhaber:innen im Urheberrecht jedoch nicht

---

418 Vorschrift zur Umsetzung des Art. 5 Abs. 2 Buchst. d InfoSoc-RL.

419 Vorschrift zur Umsetzung des Art. 17 Abs. 7 Buchst. b DSM-RL.

420 *Helberger/Guibault*, info Vol. 14 No. 6 (2012), 23, 27.

421 Vgl. *Schovsbo*, Journal of Consumer Policy Vol. 31 No. 4 (2008), 393, 394 f.

422 S. hierzu noch Teil 2. B. V. 2. a) aa) (2).

423 S. hierzu noch Teil 2. B. V. 2. a) aa) (1).

424 *Schovsbo*, Journal of Consumer Policy Vol. 31 No. 4 (2008), 393, 394 f.

425 *Schovsbo*, Journal of Consumer Policy Vol. 31 No. 4 (2008), 393, 395.

426 Entschließung des Europäischen Parlaments vom 9. Juli 2015 zur Umsetzung der Richtlinie 2001/29/EG (InfoSoc-RL), Nr. 68.

427 Vgl. *Blocher*, VuR 2016, 161, 162; s. zur Portabilitäts-VO bereits o. Einleitung. A. II.

adressiert.[428] Nicht zuletzt zeigt sich dies auch in der in jüngster Vergangenheit erlassenen DSM-RL. Das mit der Richtlinie verfolgte Ziel war die Regulierung von Online-Plattformen, die „gewährleisten [sollte], dass die Marktteilnehmer, die zur Schöpfung der betreffenden Werke beitragen, ihre Rechte voll ausschöpfen können, und so zu einer gerechten Verteilung dieser Wertschöpfung und einer angemessenen Vergütung für die Online-Nutzung geschützter Inhalte beitragen"[429].[430] Dementsprechend fokussiert sich die angestrebte Regulierung, die der Gewährleistung eines „gut funktionierenden und fairen Marktes für das Urheberrecht"[431] dienen sollte, vorrangig auf die Rechtsbeziehungen zwischen Urheber:innen und kommerziellen Werkverwerter:innen urheberrechtlich geschützter Inhalte.[432] Auch die DSM-RL macht daher kaum Vorgaben für die wirtschaftliche Beziehung zwischen Rechteinhaber:innen und Verbraucher:innen.

Wie auch die Formulierung in EG 9 InfoSoc-RL deutlich macht, wird die Verbraucher:in im (europäischen) Urheberrecht also nur indirekt mitberücksichtigt und traditionell von der Idealvorstellung ausgegangen, dass die Interessen von Urheber:innen, Intermediären und Verbraucher:innen miteinander korrespondieren und harmonieren.[433] Nach dieser Vorstellung muss das Urheberrecht nur ein hohes Maß an Schutz für Schöpfer:innen gewähren, damit ausreichend Anreize gesetzt werden, um Schöpfungen zu kreieren und sie zu vertreiben, sodass Verbraucher:innen im Ergebnis allgemeinen Zugang zu einer enormen Auswahl an Kultur und Wissen haben.[434]

In der Praxis und hier insbesondere im digitalen Umfeld existiert dieser allgemeine Zugang zu Kultur- und Wissensgütern für Verbraucher:innen allerdings aufgrund des Einsatzes von restriktiven Nutzungsbedingungen und begleitenden technischen Schutzmaßnahmen durch Rechteinhaber:innen nicht. Vielmehr hat die urheberrechtliche Rechteinhaber:in die Kontrolle darüber, wer Zugang zu diesen Gütern erhält und sie nutzen kann.

---

428 So schon *Helberger/Guibault*, info Vol. 14 No. 6 (2012), 23, 28.

429 COM 2015 (626) final, S. 12.

430 *Grünberger*, ZUM 2018, 73, 73.

431 COM 2016 (592) final, S. 1.

432 *Grünberger*, ZUM 2018, 73, 73.

433 Ebd.

434 Vgl. *Helberger/Guibault*, info, Vol. 14 No. 6, 23, 28 mit unpassendem Verweis auf *Netanel*, The Yale Law Journal, Vol. 106 No. 2, 283, 286, auf *Liu*, William and Mary Law Review, Vol. 42 No. 4, 1245, 1318 u. auf *Loren*, Journal of Intellectual Property Law, Vol. 5 No. 1, 1, 3.

4. *Zwischenfazit*

Das Urheberrecht stellt die Urheber:in und deren Schutz in den Fokus und räumt ihr, um ihr Werk wirtschaftlich verwerten und dessen Nutzung kontrollieren zu können, ausschließliche Verwertungsrechte ein. Diese Verwertungsrechte wurden im Zuge der Digitalisierung erweitert, insbesondere, indem technische und nur vorübergehende Vervielfältigungen in das Vervielfältigungsrecht miteinbezogen wurden und zudem das Recht auf öffentliche Zugänglichmachung eingeführt wurde. Gleichzeitig mit der Erweiterung der Verwertungsrechte wurde zudem ein grundsätzliches Verbot der Umgehung technischer Schutzmaßnahmen eingeführt, die von der Rechteinhaber:in eingesetzt werden, um Lizenzbedingungen faktisch abzusichern. Die technischen Schutzmaßnahmen stärken somit die Rechtsposition der Rechteinhaber:innen zusätzlich, insbesondere, indem sie ihr erweiterte Kontrolle über die digitale Werknutzung ermöglichen.

Diese Entwicklungen im Urheberrecht wiederum ermöglichen Rechteinhaber:innen, den Zugang zu digitalen Inhalten von der Akzeptanz restriktiver Lizenzbedingungen abhängig zu machen. Mittels dieser Lizenzbedingungen und begleitenden technischen Schutzmaßnahmen können Rechteinhaber:innen umfassende Kontrolle über den Zugang zu und die Nutzung von digitalen Werkexemplaren ausüben. Die Lizenzbedingungen überschreiten dabei häufig den durch das Urheberrecht gewährten Schutz und schränken insbesondere die durch urheberrechtliche Schranken erlaubten Nutzungshandlungen ein bzw. bedingen diese ab. Das Urheberrecht steht einer vertraglichen Abbedingung urheberrechtlicher Schranken dabei nach hier vertretener Ansicht nicht entgegen.

Auf der anderen Seite wird die Verbraucher:in im Urheberrecht kaum berücksichtigt. Schon der Begriff der Verbraucher:in wird lediglich in der InfoSoc-RL und dort auch ohne jegliche weiteren Ausführungen erwähnt. Auch sind die Schranken im Urheberecht mit wenigen Ausnahmen kaum auf Verbraucher:innen, sondern auf bestimmte (berufliche) Personengruppen und Einrichtungen zugeschnitten. Die Verbraucher:in wird nur indirekt berücksichtigt in der Annahme, dass sie von einem umfassenden Schutz der Urheber:in und der daraus resultierenden Fülle an Kultur- und Wissensgütern profitiert. Diese Annahme geht im digitalen Umfeld insbesondere aufgrund der genannten restriktiven Lizenzbedingungen und der sie begleitenden technischen Schutzmaßnahmen fehl, die der Rechteinhaber:in Kontrolle darüber einräumen, wer Zugang zu ihrem Werk hat und dieses nutzen kann.

II. Schutz der wirtschaftlichen Selbstbestimmung von Verbraucher:innen als Aufgabe des Verbrauchervertragsrechts

Die DI-RL, deren Verhältnis zum Urheberrecht bei der Beurteilung von Nutzungsbeschränkungen in EULAs im nachfolgenden Abschnitt untersucht wird,[435] ist Teil des europäischen Verbrauchervertragsrechts. Das (europäische) Verbrauchervertragsrecht bezweckt den Schutz der wirtschaftlichen Selbstbestimmung von Verbraucher:innen in Rechtsgeschäften mit Unternehmer:innen.[436]

Während im Urheberrecht die Schöpfer:in im Fokus steht, liegt im Verbraucherschutzrecht allgemein und im Verbrauchervertragsrecht im Besonderen das Hauptaugenmerk, wie schon der Name besagt, also auf der Verbraucher:in.[437] Unter einer Verbraucher:in wird dabei stets eine natürliche Person verstanden, die privat und damit außerhalb ihrer beruflichen Tätigkeit handelt.[438]

Das Verbrauchervertragsrecht ist ein Teilgebiet des Verbraucherschutzrechtes.[439] Letzteres umfasst sämtliche Normen, die relevant für die rechtliche Stellung von Verbraucher:innen sind, und beinhaltet sowohl zivil-, als auch straf- und öffentlich-rechtliche Komponenten.[440] Das Verbrauchervertragsrecht hingegen bezieht sich ausschließlich auf privatrechtliche Rechtsverhältnisse zwischen Verbraucher:innen einerseits und Unternehmer:innen andererseits, in deren Rahmen Verbraucher:innen eine Rechtsposition und subjektive Rechte zugesprochen werden, die der Wahrnehmung ihrer jeweiligen Interessen dienen und weiter reichen als das allgemeine Privatrecht.[441]

In diesem Zusammenhang stellt sich die grundlegende Frage, weshalb überhaupt gesonderte Rechtsvorschriften, die dem Schutz von Verbraucher:innen dienen, existieren bzw. wie diese legitimiert werden.

---

435 S. hierzu Teil 2. B.

436 *V. Vogel*, S. 10.

437 *Helberger/Hugenholtz*, Berkeley Technology Law Review Vol. 22 No. 3 (2007), 1061, 1078.

438 *Helberger/Hugenholtz*, Berkeley Technology Law Review Vol. 22 No. 3 (2007), 1061, 1079; *Stürner*, S. 20 f.; s. nur die Definition in § 13 BGB.

439 *V. Vogel*, S. 9.

440 Ebd.

441 *V. Vogel*, S. 10 m.V.a. *Wolf* in Grabitz/Hilf (in der 40. Aufl. 2009), Sekundärrecht A 1, Rn. 13.

1. *Generelle Legitimation verbraucherschützender Vorschriften*

Über die dogmatische Legitimation verbraucherschützender Vorschriften im Allgemeinen herrscht Uneinigkeit.[442] Vereinfacht lassen sich jedoch zwei Kategorien von Legitimationsmodellen ausmachen – zum einen die sozialen Verbraucherschutzmodelle und zum anderen das streng marktorientierte Informationsmodell.[443]

a) Soziale Verbraucherschutzmodelle

Die sozialen Verbraucherschutzmodelle gehen von dem Standpunkt aus, dass die Verbraucher:in der Unternehmer:in im Wirtschafts- und Rechtsverkehr strukturell unterlegen ist und daher umfassenden rechtlichen Schutz bedarf.[444] Der Gesetzgeber muss diesen Modellen zufolge aktiv, intervenierend und ausgleichend tätig werden.[445] Demzufolge sollen verbraucherschützende Maßnahmen dort ansetzen, wo die Verbraucher:in Schaden oder eine unfaire Behandlung in ihrer wirtschaftlichen Beziehung zur Unternehmer:in erleidet.[446]

b) Das streng marktorientierte Informationsmodell

Das streng marktorientierte Informationsmodell basiert auf zwei Grundannahmen: Durch einen funktionierenden wirtschaftlichen Wettbewerb entsteht erstens ein Markt, der die Interessen von Verbraucher:innen am besten bedient. Auf diesem Markt ist es der Verbraucher:in zweitens grundsätzlich möglich, ihre Interessen und Bedürfnisse geltend zu machen.[447] In diesem wirtschaftsliberalen Modell gibt der Gesetzgeber (insbesondere mittels des Kartellrechts) lediglich die Rahmenbedingungen vor und handelt daher marktkomplementär.[448] Lediglich dort, wo ein Marktversagen vornehmlich aufgrund von Informationsasymmetrien droht, die vonseiten der Verbraucher:in gar nicht mehr oder nur noch mit unverhältnismäßig hohen Kosten ausgeglichen werden können, greift der Staat ein.[449]

---

442 *Stürner*, Jura 2015, 30, 30.

443 So die Unterscheidung von *V. Vogel*, S. 39.

444 *Engel/Stark*, ZEuP 2015, 32, 32; *Stürner*, Jura 2015, 30, 30.

445 Vgl. *Helberger/Hugenholtz*, Berkeley Technology Law Review Vol. 22 No. 3 (2007), 1061, 1081; *V. Vogel*, S. 42.

446 *Helberger/Hugenholtz*, Berkeley Technology Law Review Vol. 22 No. 3 (2007), 1061, 1082.

447 *Drexl*, S. 26; *V. Vogel*, S. 40.

448 *V. Vogel*, S. 40.

449 *Stürner*, Jura 2015, 30, 30; *V. Vogel*, S. 40 f.; grundlegend hierzu *Dauner-Lieb*, S. 103 ff.

2. *Begründung verbraucherschützender Vorschriften in der EU – Förderung des EU-Binnenmarktes*

Die EU begründet die Einführung und Harmonisierung von verbraucherschützenden Vorschriften inzwischen im Wesentlichen mit dem Ziel, den Binnenmarkt zu verwirklichen.[450] In diesem Rahmen nimmt die Verbraucher:in eine zentrale, aktive Rolle ein.[451] Das von der EU verfolgte Konzept des Verbraucherschutzes wird mitunter auch als „gemeinschaftliches Informationsmodell" betitelt.[452] Grundgedanke dieses Konzeptes ist das wirtschaftsliberale, marktorientierte Informationsmodell.[453] Ein hohes Verbraucherschutzniveau, dem gem. Art. 38 Grundrechtecharta (GRCh) sogar Verfassungsrang zugeschrieben wird, soll nach dem Konzept vor allem das Vertrauen von Verbraucher:innen in den Binnenmarkt steigern.[454] Mit gesteigertem Vertrauen in den Binnenmarkt steigt in der Folge auch der (grenzüberschreitender) Konsum von Verbraucher:innen.[455] Dabei soll das Vertrauen der Verbraucher:in vorwiegend dadurch gesteigert werden, dass ihr eine besonders sichere, transparente und günstige Rechtsposition eingeräumt wird.[456]

Einen Unterschied zum streng marktorientierten Informationsmodell weist das Konzept der EU allerdings insoweit auf, als dass dort die Annahme vorherrscht, dass es sowohl marktkomplementärer, also begleitender gesetzlicher Maßnahmen als auch darüber hinausgehender marktkompensatorischer, d.h. ausgleichender (Schutz-)Maßnahmen bedarf,[457] damit die Verbraucher:in die ihr zugeschriebene aktive Rolle einnehmen kann.

Im EU-Verbrauchervertragsrecht existiert jedoch kein allumfassender, sondern ein auf bestimmte Vertragstypen oder -inhalte sowie ein auf gewisse Vertragsschlussmodalitäten bezogener Verbraucherschutz.[458] Zu den vertragstyp- bzw.

---

450 *Stürner*, Jura 2015, 30, 30.

451 *Micklitz/Rott* in Dauses/Ludwigs, Teil. H.V. Rn. 67.

452 *V. Vogel*, S. 43 m.V.a. *Grundmann*, JZ 2000, 1133, 1138 u. *Grundmann/Kerber/Weatherill*, S. 17 ff.; zur Entwicklung des EU-Verbraucher(-vertrags-)rechts auch *Weber*, VuR 2020, 9, 10 ff.

453 *V. Vogel*, S. 43.

454 *Stürner*, S. 20.

455 *Heiderhoff*, § 5 Rn. 193.

456 *EU-Kommission*, Grünbuch – Die Überprüfung des gemeinschaftlichen Besitzstands im Verbraucherschutz, KOM(2006) 744, S. 4; *EU-Kommission*, Neugestaltung der Rahmenbedingungen für die Verbraucher, COM(2018) 183, S. 5 f.; *Heiderhoff*, § 5 Rn. 193.

457 *Tamm* in Tamm/Tonner/Brönneke, Verbraucherrecht, Kap. 1, § 1 Rn. 12.

458 *Stürner*, S. 23.

vertragsinhaltsspezifischen verbraucherschützenden Regelungen zählen allen voran diejenigen über Verbrauchsgüterkaufverträge (Verbrauchsgüterkauf-RL),[459] aber auch die Regelungen zu Verträgen über die Bereitstellung digitaler Inhalte (DI-RL). Regelungen hinsichtlich Vertragsschlussmodalitäten bestehen im Wesentlichen hinsichtlich Fernabsatzverträgen, wozu die zeitgleich mit der DI-RL in Kraft getretenen Regelungen zum Online-Warenhandel bzw. anderen Formen des Fernabsatzes von Waren (Warenkauf-RL)[460] gehören, sowie hinsichtlich außerhalb von Geschäftsräumen geschlossenen Verträgen.[461]

a) Strategie für einen digitalen Binnenmarkt

Auch die Förderung des *digitalen* Binnenmarktes soll laut der 2015 verabschiedeten sog. Strategie für einen digitalen Binnenmarkt der EU-Kommission[462] durch die Steigerung des Vertrauens von Verbraucher:innen in den grenzüberschreitenden elektronischen Handel vorangetrieben werden.[463] Mit dieser insgesamt 16 Initiativen umfassenden Strategie verfolgte die Kommission die Weiterentwicklung des digitalen Binnenmarktes.[464]

Das übergeordnete Ziel war es, den Aufbau eines digitalen Binnenmarktes zu priorisieren und auf diesem Wege das Wachstum des elektronischen Handels auf dem europäischen Markt zu fördern und zu verstärken.[465] Dazu sollten die „Hindernisse für die Entwicklung eines grenzüberschreitenden elektronischen Handels" adressiert und die „Situation für Unternehmen und Verbraucher" verbessert werden.[466]

b) Die DI-RL als Teil der Strategie

Auch die DI-RL ist Teil der sog. Strategie für den digitalen Binnenmarkt.

Im Sinne des übergeordneten Ziels, das Wachstum des elektronischen Handels auf dem EU-Markt zu fördern, wurde in der Strategie auch die Absicht formuliert, „einen ‚besseren Zugang für Verbraucher und Unternehmen zu digitalen Waren und Dienstleistungen in ganz Europa' sicherzustellen".[467] Dazu

---

459 Ebd.
460 S. zur Warenkauf-RL schon o. Teil 1. A. II. 4.
461 *Stürner*, S. 23.
462 COM 2015 (192) final v. 6.5.2015.
463 Newsdienst Compliance 2015, 32031.
464 Vgl. Newsdienst Compliance 2015, 32031.
465 COM 2015 (633) final v. 9.12.2015, S. 2.
466 COM 2015 (633) final, S. 2 f.
467 COM 2015 (633) final, S. 3.

wurden zwei Gesetzesvorhaben unterbreitet: Zum einen der Vorschlag der DI-RL[468] und zum anderen der Vorschlag über die Warenkauf-RL,[469] welche die Verbrauchsgüterkaufrichtlinie ablöst[470] und eine weitestgehende Vollharmonisierung des kaufrechtlichen Gewährleistungsrechts bei Fernabsatzverträgen zwischen Unternehmer:innen und Verbraucher:innen darstellt.[471] Anders als die Warenkauf-RL, die Vorgaben hinsichtlich des klassischen Kaufrechts bereithält, trifft die DI-RL Regelungen auf einem für das Privatrecht weitestgehend neuen Gebiet.[472] Denn konkrete Vorgaben zu Verträgen zwischen Unternehmen und Verbraucher:innen beispielsweise über Computerspiele, Software oder Streamingdienste, insbesondere hinsichtlich (Gewährleistungs-)Rechten von Verbraucher:innen z.B. im Falle eines Mangels, gab es bislang unter den Mitgliedsstaaten nur sehr vereinzelt.[473] Diese Lücke sollte durch die DI-RL geschlossen werden.[474]

Dabei zielt die DI-RL explizit auch auf eine Stärkung des Verbrauchervertrauens ab, wie sich ausdrücklich aus EG 5 DI-RL ergibt.

3. *Zwischenfazit*

Das (europäische) Verbrauchervertragsrecht ist Teil des Verbraucherschutzrechts und soll die wirtschaftliche Selbstbestimmung von Verbraucher:innen gegenüber Unternehmer:innen schützen. Das Bedürfnis nach derartigen verbraucherschützenden Vorschriften wird unterschiedlich begründet, wobei im Wesentlichen zwischen zwei Legitimationsmodellen unterschieden werden kann: dem sozialen Verbraucherschutzmodell einerseits, das von einer strukturellen Unterlegenheit der Verbraucher:in gegenüber der Unternehmer:in ausgeht und daher ein eingreifendes und ausgleichendes Tätigwerden des Gesetzgebers verlangt; andererseits dem streng marktorientierten Informationsmodell, in dem Konsumentensouveränität herrscht und in dem der Gesetzgeber grundsätzlich nur marktkomplementäre Maßnahmen ergreift. Beide Modelle

468 COM 2015 (634) final v. 9.12.2015.

469 COM 2015 (635) final v. 9.12.2015.

470 *Grünberger*, AcP 2018, 213, 218; *Kumkar*, ZfPW 2020, 306, 308.

471 *Grünberger*, AcP 2018, 213, 219; *Staudenmayer*, ZEuP 2019, 663, 664.

472 *Grünberger*, AcP 2018, 213, 219; *Metzger*, JZ 2019, 577, 577; *Wendland*, ZVglRWiss 2019, 191, 196; *Wendland*, EuZW 2016, 126, 131.

473 *Grünberger*, AcP 2018, 213, 219; *Metzger*, JZ 2019, 577, 577.

474 *Metzger*, JZ 2019, 577, 577.

konzentrieren sich aber jedenfalls auf die Verbraucher:in und deren Rolle im Wirtschaftsverkehr.

In der EU erweist sich das Verbraucher(-vertrags-)recht letztlich als Instrument zur Förderung des Wachstums des (digitalen) Binnenmarkts, bei der die Verbraucher:in eine zentrale, aktive Rolle einnimmt.[475] Deren Konsum soll mittels vertrauenssteigernder Maßnahmen gefördert und so der EU-Binnenmarkt gestärkt und vergrößert werden. Dementsprechend ist die Steigerung des Verbrauchervertrauens auch ein erklärtes Ziel der DI-RL, die damit ebenfalls im Dienst der Förderung des digitalen Binnenmarktes steht.

Die der Verbraucher:in im Verbraucherschutzrecht allgemein und im Verbrauchervertragsrecht im Konkreten zugeschriebene Rolle unterscheidet sich somit erheblich von derjenigen im Urheberrecht. Während im Verbraucherschutz- bzw. Verbrauchervertragsrecht die Verbraucher:in als eine zentrale Akteur:in auf dem Markt wahrgenommen wird, sieht das Urheberrecht die Verbraucher:in überwiegend eher als passive Figur an, die letztlich Profiteur:in der durch den urheberrechtlichen Schutz motivierten Schöpfung von Kultur- und Wissensgütern ist, und berücksichtigt sie dementsprechend vornehmlich mittelbar. Folgerichtig wird im Urheberecht nicht die Verbraucher:in als Werknutzer:in, sondern maßgeblich die Urheber:in als schutzbedürftig angesehen. Von diesem Schutz profitieren im Ergebnis auch die Werkverwerter:innen.

III. Resultierendes Spannungsverhältnis der beiden Rechtsgebiete

Trotz der unterschiedlichen Zielrichtungen scheinen Urheber- und Verbrauchervertragsrecht in ihren Regelungsbereichen prima facie kaum zu konfligieren.[476] Das Urheberrecht dient vorrangig dem Schutz von Schöpfer:innen urheberrechtlich geschützter Werke in ihrer Beziehung zu und der Verwertung von ihren Werken.[477] Das Verbrauchervertragsrecht soll die Rechtsposition von Verbraucher:innen gegenüber Unternehmer:innen stärken, insbesondere um ihnen zu ermöglichen, informierte Entscheidungen zu treffen, und um ihre wirtschaftlichen Interessen abzusichern.[478] Es scheint sich also grundsätzlich um zwei Rechtsgebiete zu handeln, die unterschiedliche Lebensbereiche regeln,

475 *Micklitz/Rott* in Dauses/Ludwigs, Teil H.V. Rn. 67.

476 *Blocher*, VuR 2016, 161, 161; vgl. *Helberger/Guibault*, info Vol. 14 No. 6 (2012), 23, 23.

477 *Helberger/Guibault*, info Vol. 14 No. 6 (2012), 23, 23; vgl. *Oprysk/Sein*, IIC 2020, 594, 596 f.

478 *Valant*, S. 3.

unterschiedliche Regelungsobjekte zum Gegenstand haben und unterschiedliche Regelungsziele verfolgen.[479]

In der analogen Welt ist diese Annahme weitestgehend zutreffend. Das hängt zum einen damit zusammen, dass der Werkgenuss selbst nicht in den urheberrechtlichen Regelungsbereich fällt.[480] Zwar sind die Handlungen der Werkverwerter:innen, die diesem Werkgenuss vorgelagert sind und ihn ermöglichen, urheberrechtlich relevant und wird die Vergütung hierfür letztlich auf die Endnutzer:innen umgelagert.[481] Allerdings besteht unmittelbar zwischen den Endnutzer:innen und den Urheber.innen keine rechtliche Beziehung.[482]

Ein weiterer Grund, warum das Urheberrecht und das Verbrauchervertragsrecht in der analogen Welt nicht in Berührung kommen, ist der an späterer Stelle vertieft zu behandelnde urheberrechtliche Erschöpfungsgrundsatz.[483] Denn gem. § 17 Abs. 2 UrhG ist die Weiterverbreitung eines urheberrechtlich geschützten Werkes zulässig, sofern dessen Original oder Vervielfältigungsstücke mit Zustimmung der Urheber:in in den Verkehr gebracht worden sind. Dementsprechend bedarf es bspw. für den ersten Verkauf einer (einzelnen) Taschenbuchausgabe noch der urheberrechtlichen Berechtigung der Verkäufer:in.[484] Ist diese Ausgabe dann – mit Zustimmung der Urheber:in – verkauft, besteht daran kein ausschließliches Verbreitungsrecht mehr.[485] Die Urheber:in hat in dem Falle keine Kontrolle mehr über den Weitervertrieb des jeweiligen Werkexemplars.[486] Dementsprechend kommt es durch das Urheberrecht auch zu keinen Behinderungen des Werkkonsums durch die Endnutzer:in bzw. Verbraucher:in und auch eine Weiterveräußerung des einzelnen Werkexemplars ist ohne Weiteres zulässig.[487] Auch unter der Annahme, dass bestimmte Nutzungshandlungen eines Werkes urheberrechtlich verboten wäre, wären solche Handlungen in der analogen Situation kaum nachverfolgbar und entsprechende Ansprüche der Urheber:in nicht durchsetzbar.[488]

479 *Helberger/Guibault*, info Vol. 14 No. 6 (2012), 23, 23.
480 *Blocher*, VuR 2016, 161, 161.
481 S.o. Teil 2. A. I. 2. b) aa).
482 *Blocher*, VuR 2016, 161, 161.
483 Vgl. *Ohly* in Grigoleit/Petersen et al., S. 995.
484 *Ohly* in Grigoleit/Petersen et al., S. 995.
485 Vgl. *Ohly* in Grigoleit/Petersen et al., S. 995 f.; *Oprysk/Sein*, IIC 2020, 594, 597.
486 *Wiebe* in Spindler/Schuster, UrhG, § 17 Rn. 7.
487 *Oprysk/Sein*, IIC 2020, 594, 597.
488 Ebd.

Im digitalen Umfeld hat sich die Lage jedoch verändert.[489] Denn zum einen ist die Anwendbarkeit des Erschöpfungsgrundsatzes hier, wie an späterer Stelle ausführlich erläutert wird, jedenfalls eingeschränkt.[490] Zum anderen ist der Werkkonsum im digitalen Umfeld anders als in der analogen Situation fast immer mit urheberrechtlich relevanten Nutzungshandlungen verbunden.[491]

Rechteinhaber:innen haben in der digitalen Situation daher eine deutlich größere Kontrollmöglichkeit über den Zugang zu und die Nutzung von urheberrechtlich geschützten digitalen Inhalten.[492] Sie machen die Werknutzung häufig, wie aufgezeigt, von der Akzeptanz strikter Lizenzbedingungen abhängig, welche die Nutzbarkeit der digitalen Inhalte z.T. sehr weitreichend einschränken und begleitet werden durch technische Schutzmaßnahmen, die der faktischen Absicherung dieser Lizenzbedingungen dienen sollen.[493] Hier wird der Werkkonsum daher sehr wohl durch das Urheberrecht beeinträchtigt. Zwar ermöglicht das Urheberrecht der Rechteinhaber:in auch im digitalen Umfeld keine allumfassende Kontrolle über die Verwertung eines Werkes. Es verhindert allerdings auch nicht, dass die Bedingungen, unter denen ein urheberrechtlich geschütztes (digitales) Werk angeboten wird, über den durch das Urheberrecht gewährten Schutz hinausgehen.[494] Denn die Ziele des Urheberrechts umfassen nicht die Sicherstellung des Zugangs zu urheberrechtlichen Werken für Endnutzer:innen zu fairen und angemessenen Bedingungen.[495]

Die Einschränkungen aufgrund restriktiver Lizenzbedingungen sowie die umfassenden Kontrollmöglichkeiten, welche die Rechteinhaber:innen hinsichtlich des Zugangs zu und der Nutzung von digitalen Werkexemplaren haben, kollidieren, wie später noch im Detail aufzuzeigen sein wird,[496] mit den Interessen und Erwartungen der Verbraucher:innen hinsichtlich der Nutzung digitaler Inhalte.[497] Ebendiese Interessen und Erwartungen soll das Verbrauchervertragsrecht auch und gerade im digitalen Umfeld schützen und Verbraucher:innen dadurch ermöglichen, informierte und für sie passende Entscheidungen zu treffen.[498]

---

489 Ebd.
490 S. hierzu noch Teil 2. B. V. 1. a) bb).
491 S.o. Teil 2. A. I. 2. b) aa).
492 *Oprysk/Sein*, IIC 2020, 594, 597.
493 S.o. Teil 2. A. I. 2.
494 *Oprysk/Sein*, IIC 2020, 594, 597; s. insbesondere o. Teil 2. A. I. 2. c) cc).
495 *Oprysk/Sein*, IIC 2020, 594, 597; vgl. bereits o. Teil 2. A. 3.
496 S. hierzu Teil 2. B. V.
497 Vgl. *Helberger/Guibault*, info Vol. 14 No. 6 (2012), 23, 25.
498 *Valant*, S. 3; s. zum Schutz der vernünftigen Verbrauchererwartung sogleich.

Im digitalen Umfeld ergibt sich daher ein „Clash of Cultures“[499] beider Rechtsgebiete, der sich ebendort konkret äußert, wo das Verbrauchervertragsrecht, wie sogleich aufzuzeigen ist, die Erwartung von Verbraucher:innen schützt, bestimmte Nutzungshandlungen im Hinblick auf digitale Inhalte vornehmen zu können,[500] das Urheberrecht den Rechteinhaber:innen jedoch die Möglichkeit einräumt, genau diese Nutzungsmöglichkeiten lizenzvertraglich einzuschränken oder zu verbieten.

1. Kriterium der vernünftigen Verbrauchererwartung im (EU-) Verbrauchervertragsrecht

Das europäische Verbrauchervertragsrecht hält einige Instrumente bereit, um die Interessen von Verbraucher:innen zu berücksichtigen und zu stärken.[501] Vorrangig zählen hierzu Informationspflichten der Unternehmer:in sowie Widerrufsrechte von Verbraucher:innen.[502]

Daneben existieren aber auch Instrumente, die dem Ausgleich der Interessen von Verbraucher:innen und Unternehmer:innen im Geschäftsverkehr dienen.[503] Ein wichtiges Instrument, um die Gerechtigkeit eines Geschäfts zwischen Unternehmer:in und Verbraucher:in zu untersuchen, ist die „vernünftige (Verbraucher-)Erwartung“.[504] Dieses Kriterium ist von zunehmender Bedeutung, um die Übereinstimmung mit den Vorgaben des Verbraucher(vertrags-)rechtes zu überprüfen.[505]

So orientieren sich verschiedene EU-Richtlinien, z.B. die Produkthaftungs-RL[506] sowie die Verbraucherrechte-RL[507] für die Beurteilung der Haftung bzw. der Informationspflichten von Unternehmer:innen daran, was

499 *Helberger/Guibault*, info Vol. 14 No. 6 (2012), 23, 26.
500 S. zu den konkreten Erwartungen noch Teil 2. B. V.
501 Vgl. *Helberger/Hugenholtz*, Berkeley Technology Law Review Vol. 22 No. 3 (2007), 1061, 1084.
502 *Stürner*, S. 24.
503 Vgl. *Helberger/Hugenholtz*, Berkeley Technology Law Review Vol. 22 No. 3 (2007), 1061, 1082.
504 Ebd. mit unpassendem Verweis auf *Wilhelmsson* in Wilhelmson/Tuonminen/Tuomola, S. 378.
505 *Geiregat* in Bernzen/Grisse/Kaesling, S. 65.
506 Art. 6 Abs. 1 Buchst. b der RL 85/374/EWG v. 25.7.1985 zur Angleichung der Rechts- und Verwaltungsvorschriften der Mitgliedsstaaten über die Haftung für fehlerhafte Produkte (Produkthaftungs-RL).
507 Art. 5 Abs. 1 Buchst. a, Art. 6 Abs. 1 Buchst. a Verbraucherrechte-RL.

Verbraucher:innen vernünftigerweise erwarten dürfen oder als angemessen betrachten.[508] Auch der Mangelbegriff in der Verbrauchsgüterkauf-RL knüpft an das Kriterium der vernünftigen Verbrauchererwartung an.[509] Gem. Art. 2 Abs. 2 Buchst. d Verbrauchsgüterkauf-RL wird die Vertragsgemäßheit der von der Verkäufer:in gelieferten Verbrauchsgüter vermutet, sofern sie „eine Qualität oder Leistung aufweisen, die bei Gütern der gleichen Art üblich sind und die der Verbraucher vernünftigerweise erwarten kann […]". Ebenso bemisst sich die objektive Vertragsmäßigkeit in der DI-RL gem. Art. 8 Abs. 1 Buchst. b DI-RL u.a. nach der vernünftigen Verbrauchererwartung.[510] Entspricht ein Produkt oder eine Dienstleistung nicht den vernünftigen Erwartungen, hält das Verbraucherrecht bestimmte Gewährleistungsrechte für die Verbraucher:in gegenüber der Unternehmer:in bereit.[511]

2. *Konflikt mit dem Urheberrecht*

Wie sich im folgenden Abschnitt im Detail zeigen wird, haben Verbraucher:innen bezüglich der Nutzung urheberrechtlich geschützter digitaler Inhalte häufig Erwartungen, die mit den in EULAs aufgestellten Bedingungen der Rechteinhaber:innen kollidieren. Denn oft werden genau die Nutzungsmöglichkeiten, die für Verbraucher:innen von Bedeutung sind und die sie auch erwarten, durch EULAs beschränkt oder vollständig verboten.

Sofern nun das Urheberrecht der Beschränkung oder dem Verbot der Nutzungsmöglichkeiten digitaler Inhalte in EULAs nicht entgegensteht, das Verbrauchervertragsrecht aber genau diese Nutzungsmöglichkeiten als durch die Verbraucher:in vernünftigerweise erwartbar einordnet,[512] kommt es zu einem Wertungswiderspruch und damit zu einem Konflikt beider Rechtsgebiete.

IV. Zusammenfassung

Das Urheber- und das Verbraucherrecht haben fundamental unterschiedliche Regelungsansätze.

---

508 *Geiregat* in Bernzen/Grisse/Kaesling, S. 65.

509 *Heiderhoff*, § 5 Rn. 278 f.

510 Vgl. *Heiderhoff*, § 5 Rn. 278 f.; s. zum Kriterium der vernünftigen Verbrauchererwartung in der DI-RL noch Teil 2. B. III.

511 *Helberger/Guibault*, info, Vol. 14 No. 6, 23, 26.

512 S. zu der Beurteilung der Beschränkung bestimmter Nutzungshandlungen durch Lizenzbedingungen in EULAs sogleich Teil 2. B. V.

Das Urheberrecht stellt die Urheber:in in den Fokus und sieht sie in ihrer geistigen sowie wirtschaftlichen Beziehung zu ihrem Werk auch gegenüber Endnutzer:innen als schützenswert an. Von diesem Schutz profitieren auch die Werkverwerter:innen wie bspw. Arbeitgeber:innen. Insbesondere die wirtschaftliche Beziehung wurde im digitalen Umfeld mit der Erweiterung der Verwertungsrechte, der Einschränkung der Zugänglichkeit und Nutzbarkeit digitaler Inhalte aufgrund von Lizenzbedingungen sowie des Einsatzes von begleitenden technischen Schutzmaßnahmen massiv gestärkt. Vor allem die Tatsache, dass das Urheberrecht – nach hier vertretener Auffassung – der vertraglichen Beschränkung von Nutzungshandlungen, die durch urheberrechtliche Schranken eigentlich legitimiert sind, nicht entgegensteht, führt dazu, dass Rechteinhaber:innen z.T. sehr restriktive Lizenzbedingungen aufstellen. Diesen müssen die Endnutzer:innen zustimmen, um Zugang zu den digitalen Werkexemplaren zu erhalten und sie nutzen zu können. Das bedeutet, dass Rechteinhaber:innen kontrollieren können, wer Zugang zu ihren Werken erhält und sie nutzen kann. Gleichzeitig wird die Verbraucher:in im Urheberrecht grundsätzlich nur mittelbar berücksichtigt und insbesondere ihre wirtschaftliche Beziehung zur Rechteinhaber:in kaum geregelt.

Im Verbraucher(-vertrags-)recht steht hingegen die Verbraucher:in im Fokus. Sie wird – je nach verbraucherrechtlichem Legitimationsmodell – als schützenswert gegenüber der Unternehmer:in bzw. als souveräne Akteur:in auf dem Wirtschaftsmarkt angesehen. Auch im EU-Verbraucher(-vertrags-)recht wird der Verbraucher:in eine zentrale Rolle im Kontext der Förderung des (digitalen) Binnenmarktes und damit ein deutlich höherer Stellenwert zugeschrieben als im Urheberrecht.

Aufgrund dieser unterschiedlichen Zielrichtungen beider Rechtsgebiete kollidieren sie dort, wo das Verbrauchervertragsrecht Erwartungen von Verbraucher:innen hinsichtlich der Nutzbarkeit digitaler Inhalte schützt, die durch von der Rechteinhaber:in aufgestellte EULAs beschränkt oder verboten werden.

Der Schutz der Erwartungen von Verbraucher:innen erfolgt über das Kriterium der „vernünftigen Verbrauchererwartung", welches u.a. bei der Überprüfung der objektiven Vertragsmäßigkeit von digitalen Inhalten und Dienstleistungen in der DI-RL eine Rolle spielt. Entspricht demnach ein Produkt oder eine Dienstleistung nicht den Erwartungen, die Verbraucher:innen vernünftigerweise haben, können sie gegenüber der Unternehmer:in Gewährleistungsrechte geltend machen.

Auch hinsichtlich der Nutzbarkeit digitaler Inhalte haben Verbraucher:innen, wie sich im folgenden Abschnitt noch zeigt, konkrete Erwartungen. Diese können durch das Verbrauchervertragsrecht, wie ebenfalls aufgezeigt wird, als vernünftig und damit als rechtlich schützenswert in der Beziehung zwischen Unternehmer:in und Verbraucher:in eingeordnet werden. Gleichzeitig wird diese vernünftigerweise erwartbare Nutzbarkeit durch EULAs häufig eingeschränkt oder vollständig verboten. Das Urheberrecht erklärt eine solche vertragliche Einschränkung in der Beziehung von Rechteinhaber:in und Verbraucher:in wiederum, wenn auch nicht ausdrücklich, für zulässig. Die beiden Rechtsgebiete kommen zu unterschiedlichen Beurteilungen, woraus sich ein Wertungswiderspruch ergibt. Im Folgenden wird daher untersucht, hinsichtlich welcher Nutzungsbeschränkungen in EULAs es zu einer solchen unterschiedlichen Bewertung durch das Urheber- und das Verbrauchervertragsrecht und damit zu einer Kollision der beiden Rechtsgebiete kommt und welche Auswirkungen sich daraus ergeben.

B. Verhältnis von Urheberrecht und DI-RL bei der Beurteilung von Nutzungsbeschränkungen in EULAs

Im vorherigen Kapitel wurden die unterschiedlichen Zielrichtungen von Urheber- und Verbraucher(-vertrags-)recht und das daraus resultierende, grundlegende Spannungsverhältnis der beiden Rechtsgebiete im digitalen Umfeld überblicksartig dargestellt. Dieses ergibt sich insbesondere daraus, dass das Verbrauchervertragsrecht die Erwartungen von Verbraucher:innen in Bezug auf die Nutzung digitaler Inhalte schützt, während das Urheberrecht eine Einschränkung ebendieser Nutzungen durch die Rechteinhaber:in mittels Lizenzbedingungen und begleitenden technischen Schutzmaßnahmen nicht untersagt. Im Folgenden wird nun das konkrete Verhältnis des Urheberrechts und der verbrauchervertragsrechtlichen DI-RL bei der Beurteilung einzelner Nutzungsbeschränkungen in EULAs, die begleitend zu einem Vertrag über die Bereitstellung eines digitalen Inhaltes abgeschlossen werden, untersucht.

Im Rahmen der Untersuchung soll insbesondere festgestellt werden, inwiefern es bei der Bewertung von Nutzungsbeschränkungen in EULAs zu dem beschriebenen, möglichen Konflikt der beiden Rechtsgebiete kommt. Darauf aufbauend ist zu klären, welche Auswirkungen ein solcher möglicher Konflikt nach sich zieht.

Zunächst geht es darum, aufzuzeigen, wie sich Nutzungsbeschränkungen in regelmäßig zwischen Rechteinhaber:in und Verbraucher:in direkt abgeschlossenen EULAs durch die DI-RL, deren Vorgaben wiederum in der Vertragsbeziehung von Unternehmer:in und Verbraucher:in gelten, überhaupt beurteilen lassen. Anschließend wird dargestellt, inwiefern urheberrechtliche Wertungen bei der Beurteilung von Nutzungsbeschränkungen in EULAs in der Vertragsbeziehung von Verbraucher:in und Rechteinhaber:in relevant sind. Darauf aufbauend wird ein Vergleich dieser urheberrechtlichen Bewertung und derjenigen durch die DI-RL im Hinblick auf einzelne Nutzungsbeschränkungen vorgenommen, um feststellen zu können, inwieweit diese Bewertungen voneinander abweichen.

I. Möglichkeit der Überprüfung von Nutzungsbeschränkungen in EULAs in der Vertragsbeziehung von Verbraucher:in und Unternehmer:in durch die DI-RL

Die DI-RL findet gem. Art. 3 Abs. 1 ausschließlich Anwendung auf Verträge über digitale Inhalte zwischen Unternehmer:innen und Verbraucher:innen.[513] Bei der Frage, inwiefern Nutzungsbeschränkungen in EULAs durch die DI-RL bewertet werden können, sind daher grundsätzlich drei verschiedene Vertragskonstellationen zu unterscheiden. So kann die Unternehmer:in, welche den digitalen Inhalt bereitstellt, auch gleichzeitig die Rechteinhaber:in sein.[514] Dann schließt die Unternehmer:in selbst mit der Verbraucher:in den Vertrag über die Nutzungsrechteeinräumung ab.[515] Dieser Vertrag fällt mit dem Vertrag über die Bereitstellung des digitalen Inhaltes zusammen.[516] Dementsprechend finden die Vorschriften der DI-RL auf den gesamten Vertrag Anwendung, der nicht nur die Bereitstellung des digitalen Inhaltes, sondern auch die zusätzliche vertragliche Leistung der Einräumung von Nutzungsrechten einschließt.[517]

I.d.R. fallen Unternehmer:in und Rechteinhaber:in allerdings auseinander.[518] In diesem Fall gibt es wiederum drei verschiedene Konstellationen der

513 Die entsprechenden Definitionen in Art. 2 Nr. 5 und 6 DI-RL stimmen mit denen aus der Verbraucherrechte-RL und sonstigen verbrauchervertragsrechtlichen Vorschriften überein, *Schulze*, ZEuP 2019, 695, 700; *Staudenmayer*, ZEuP 2019, 663, 673.

514 *Beale* in Schulze/Staudenmayer/Lohsse, S. 37; *European Law Institute*, Statement on the European Commission's Proposed Directive on the Supply of Digital Content to Consumers, S. 25; vgl. auch *Kuschel/Rostam*, CR 2020, 393, 394.

515 *European Law Institute*, Statement on the European Commission's Proposed Directive on the Supply of Digital Content to Consumers, S. 25.

516 *Metzger* in MüKo BGB, § 327 Rn. 12.

517 Ebd.

518 *Beale* in Schulze/Staudenmayer/Lohsse, S. 37; *European Law Institute*, Statement on the European Commission's Proposed Directive on the Supply of Digital Content to Consumers, S. 25; *Metzger*, JZ 2019, 577, 578; S. schon o. Teil 1. B. II, III.

vertraglichen Nutzungsrechteeinräumung.[519] Zunächst kann die Unternehmer:in der Verbraucher:in mit der gem. § 34 Abs. 1 S. 1 UrhG erforderlichen Zustimmung der Rechteinhaber:in[520] ein Nutzungsrecht übertragen, das ihr zuvor – ggf. mittels einer Kette von Rechtsgeschäften – durch die Rechteinhaber:in eingeräumt oder übertragen wurde.[521] Des Weiteren kann die Unternehmer:in, sofern ihr – unter Umständen entlang einer Lizenzkette[522] – ein ausschließliches Nutzungsrecht eingeräumt wurde, der Verbraucher:in ein sog. Enkelrecht[523] bzw. eine Unterlizenz einräumen.[524] Hierfür bedarf es wiederum gem. § 35 Abs. 1 S. 1 UrhG der Zustimmung der Rechteinhaber:in.[525] Auch bei solchen Vertragskonstellationen fallen der Vertrag über die Bereitstellung des digitalen Inhaltes und das EULA zusammen, sodass die Vorschriften der DI-RL auch auf Letzteres Anwendung finden.

Die dritte, wohl gängigste Möglichkeit besteht darin, dass die Verbraucher:in das EULA mit der Rechteinhaber:in gesondert abschließt.[526] Während die Nutzer:innen die Ware in der analogen Situation von der Anbieter:in erhalten und sich für deren Nutzung nicht mit den Hersteller:innen bzw. Rechteinhaber:innen auseinandersetzen müssen, da keine Nutzungsrechte für den analogen privaten Werkgenuss erforderlich sind,[527] schließen sie in der digitalen Situation regelmäßig zwei Verträge, einen über den Erwerb des digitalen Inhalts als solchen mit der Anbieter:in und einen über den Erwerb der erforderlichen Nutzungsrechte mit der Rechteinhaber:in, das EULA.[528] Diese Vertragskonstellation liegt auch der folgenden Untersuchung der Beurteilung von Nutzungsbeschränkungen in EULAs durch das Urheberrecht und die DI-RL zugrunde. Bei einem solchen

---

519 *European Law Institute*, Statement on the European Commission's Proposed Directive on the Supply of Digital Content to Consumers, S. 25.
520 Hierzu *Loewenheim/Nordemann/Ohly* in Loewenheim, 1. Teil, § 28 Rn. 1.
521 *European Law Institute*, Statement on the European Commission's Proposed Directive on the Supply of Digital Content to Consumers, S. 25.
522 Zu dem Begriff der „Lizenzkette" *Hauck*, ZGE 2017, 47, 53.
523 *Loewenheim/Nordemann/Ohly* in Loewenheim, 1. Teil, § 28 Rn. 1.
524 *European Law Institute*, Statement on the European Commission's Proposed Directive on the Supply of Digital Content to Consumers, S. 25.
525 *Loewenheim/Nordemann/Ohly* in Loewenheim, 1. Teil, § 28 Rn. 2.
526 *Wiesemann* in Auer-Reinsdorff/Conrad, § 24 Rn. 117; *Beale* in Schulze/Staudenmayer/Lohsse, S. 37; *European Law Institute*, Statement on the European Commission's Proposed Directive on the Supply of Digital Content to Consumers, S. 25.
527 *Peukert* in Rehbinder/Peukert, 4. Teil, 1. Kap. Rn. 21; s. o. Teil 2. A. I. 2. b) aa).
528 *Spindler* in Schulze/Staudenmayer/Lohsse, S. 221.

Dreipersonenverhältnis finden die verbrauchervertragsrechtlichen Vorschriften der DI-RL nur im Verhältnis von Verbraucher:in und Unternehmer:in Anwendung, nicht aber auf das davon zu trennende EULA, dies besteht schließlich zwischen Rechteinhaber:in und Verbraucher:in.[529]

In einem ersten Schritt wird dementsprechend darauf eingegangen, dass die Richtlinie gem. EG 36 S. 2 sowie Art. 3 Abs. 9 DI-RL das Urheberrecht unberührt lassen soll. Daraus folgt jedoch – wie in einem zweiten Schritt aufzuzeigen ist – nicht, dass urheberrechtliche Lizenzbedingungen durch die Richtlinie vollständig ignoriert werden. Denn eine Beurteilung der Vertragsmäßigkeit von Lizenzbedingungen kann gem. Art. 10 DI-RL auch im Verhältnis von Unternehmer:in und Verbraucher:in erfolgen.

1. Art. 3 Abs. 9 DI-RL: Keine Beeinträchtigung des Urheberrechts durch die Vorgaben der DI-RL

Gem. Art. 3 Abs. 9 DI-RL sowie EG 36 S. 2 lässt die Richtlinie sowohl das EU- als auch das nationale Urheberrecht unberührt. Die einschlägigen urheberrechtlichen Regelungen gelten dementsprechend parallel zu denen der DI-RL.[530] Während im Gesetzgebungsprozess Einigkeit darüber bestand, dass die DI-RL das Urheberrecht grundsätzlich unberührt lassen sollte, machte das EU-Parlament einige Ergänzungsvorschläge hierzu.[531] So sollte die Unternehmer:in die Verbraucher:in im Vorfeld verpflichtend über erlaubte Nutzungshandlungen wie bspw. die Anfertigung von privaten Kopien informieren.[532] Außerdem sollte die Vertragsmäßigkeit auch die Einhaltung sämtlicher urheberrechtlicher Vorgaben umfassen, sofern der Vertragsgegenstand urheberrechtlich geschützt ist.[533] Weiterhin sollten Vertragsklauseln, welche Verbraucher:innen daran hindern, urheberrechtliche Ausnahmen oder Beschränkungen in Anspruch zu nehmen, als vertragswidrig eingeordnet werden.[534] Im Ergebnis wurden die Ergänzungsvorschläge des EU-Parlaments allerdings nicht in die Richtlinie übernommen, da

529 *Metzger* in MüKo BGB, § 327 Rn. 12; *Grünberger*, AcP 2018, 213, 286; *Oprysk/Sein*, IIC 2020, 594, 599; s. hierzu sogleich.

530 *Staudenmayer* in Schulze/Staudenmayer, EU Digital Law, DI-RL, Art. 3 Rn. 145.

531 *Staudenmayer* in Schulze/Staudenmayer, EU Digital Law, DI-RL, Art. 3 Rn. 146.

532 *Europäisches Parlament,* Bericht A8-0375/2017 über den Vorschlag einer Richtlinie über bestimmte vertragsrechtliche Aspekte der Bereitstellung digitaler Inhalte und digitaler Dienstleistungen v. 27.11.2017, Änderungsantrag 36.

533 Ebd.

534 Ebd.

sich darauf geeinigt wurde, dass Fragen in Bezug auf urheberrechtliche Ausnahmen und Beschränkungen durch das Urheberrecht und nicht durch die DI-RL geklärt werden sollten.[535] Ob die Vorgaben der DI-RL dennoch Auswirkungen auf das Urheberrecht haben, wird am Ende dieses Teils untersucht.

2. *Vertragsmäßigkeit urheberrechtlicher Lizenzbedingungen in der Vertragsbeziehung von Verbraucher:in und Unternehmer:in, Art. 10 DI-RL*

Die DI-RL lässt das Urheberrecht nach eigener Aussage unberührt. Daher wird auch die Praxis, EULAs zwischen der Rechteinhaber:in und der Verbraucher:in abzuschließen, grundsätzlich nicht von der DI-RL tangiert.[536] Allerdings werden Beschränkungen infolge der Ausübung von Urheberrechten durch die Rechteinhaber:in von der DI-RL gem. Art. 10 DI-RL, umgesetzt in § 327g BGB, aufgegriffen.[537] Gem. der Vorschrift liegt in dem Vertragsverhältnis von Unternehmer:in und Verbraucher:in ein Rechtsmangel vor, wenn eine „Beschränkung, die sich aus der Verletzung von Rechten Dritter – insbesondere von Rechten des geistigen Eigentums – ergibt, die Nutzung der digitalen Inhalte oder digitalen Dienstleistungen i.S.d. Art. 7 und 8 verhindert oder einschränkt".

Nutzungsbeschränkungen in EULAs weisen insofern eine Besonderheit gegenüber sonstigen Rechtsmängelkonstellationen auf, als die entgegenstehenden Rechte nicht dem Gesetz oder einer schuldrechtlichen Vereinbarungen zwischen der Dritten (also der Rechteinhaber:in) und der Vertragspartner:in entstammen.[538] Vielmehr resultieren sie aus einer vertraglichen Abrede zwischen der Dritten und der Erwerber:in (also der Verbraucher:in) selbst.[539] Art. 10 DI-RL trägt ebendieser Besonderheit aber Rechnung und berücksichtigt, dass digitale Inhalte regemäßig urheberrechtlichem Schutz unterliegen, Anbieter:in und Rechteinhaber:in häufig nicht identisch sind und der Vertrag zwischen Anbieter:in und Verbraucher:in keine bindende Wirkung gegenüber der Rechteinhaber:in als Dritter hat.[540] Die Regelung hat dementsprechend auch keine Auswirkungen auf die urheberrechtlichen Rechtspositionen, statuiert also bspw. kein urheberrechtliches Recht zur Nutzung des digitalen Inhaltes für die

535 *Staudenmayer* in Schulze/Staudenmayer, EU Digital Law, DI-RL, Art. 3 Rn. 146.
536 *Rosenkranz*, ZUM 2021, 195, 207.
537 *Spindler*, JIPITEC Vol. 12 No. 3 (2021), 111, Rn. 20.
538 S. hierzu *Westermann* in MüKo BGB, § 435 Rn. 7.
539 Zur nationalen Umsetzung *Metzger* in MüKo BGB, § 327g Rn. 4.
540 *Kuschel/Rostam*, CR 2020, 393, 395.

Verbraucher:in, das auch gegenüber der urheberrechtlichen Rechteinhaber:in gilt.[541] Auch enthält Art. 10 DI-RL keine Vorgaben hinsichtlich der Erteilung oder des Inhaltes von urheberrechtlichen Lizenzbedingungen.[542]

Vielmehr soll die Vorschrift dazu dienen, die Rechtsbeziehung zwischen Verbraucher:in und urheberrechtlicher Rechteinhaber:in an die vertragliche Beziehung zwischen Verbraucher:in und Unternehmer:in anzugleichen und damit in gewisser Weise einen Vorrang des Vertrages zwischen Verbraucher:in und Unternehmer:in zu statuieren.[543] Konkret sollen die von außerhalb der Vertragsbeziehung zwischen Verbraucher:in und Unternehmern:in herrührenden Beschränkungen, die sich aus (Urheber-)Rechten Dritter ergeben, in den Vertrag miteinbezogen und den geltenden Vorgaben innerhalb dieser Vertragsbeziehung angepasst werden.[544] Widersprechen die von außen auferlegten Beschränkungen diesen Vorgaben, so hat die Verbraucher:in keine Ansprüche gegenüber der urheberrechtlichen Rechteinhaber:in.[545] Sie kann jedoch gegenüber der Unternehmer:in, die dafür Sorge zu tragen hat, dass die Rechteinhaber:in die für die vertragsgemäße Nutzung erforderlichen (Urheber-)Rechte einräumt, Gewährleistungsrechte geltend machen.[546]

Unmittelbar wahrt die DI-RL damit also das im Vertragsrecht geltende Prinzip, dass an dem Vertrag unbeteiligte Dritte durch den Vertrag nicht beeinträchtigt werden.[547] Allerdings gilt es – am Ende dieses zweiten Teils der Arbeit – zu klären, ob die Vorgaben der DI-RL mittelbar zu einer inhaltlichen Angleichung von EULAs führen[548] und somit auch indirekte Auswirkungen auf die Rechtsposition der urheberrechtlichen Rechteinhaber:in haben.[549]

Gem. Art. 10 DI-RL liegt ein Rechtsmangel bei einer Beschränkung der Nutzung digitaler Inhalte vor, die sich aus einer *Verletzung* von Rechten Dritter ergibt. Nicht erforderlich ist in diesem Zusammenhang, dass eine Verletzung von Rechten Dritter tatsächlich erfolgt ist.[550] Ausreichend ist vielmehr nur die

---

541 *Rosenkranz* in Schulze/Staudenmayer, EU Digital Law, DI-RL, Art. 10 Rn. 3.
542 Ebd.
543 *Rosenkranz* in Schulze/Staudenmayer, EU Digital Law, DI-RL, Art. 10 Rn. 4.
544 *Rosenkranz* in Schulze/Staudenmayer, EU Digital Law, DI-RL, Art. 10 Rn. 5.
545 *Rosenkranz* in Schulze/Staudenmayer, EU Digital Law, DI-RL, Art. 10 Rn. 4; vgl. auch *Kuschel/Rostam*, CR 2020, 393, 395; *Spindler/Sein*, MMR 2019, 488, 489.
546 *Rosenkranz* in Schulze/Staudenmayer, EU Digital Law, DI-RL, Art. 10 Rn. 4; *Kuschel/Rostam*, CR 2020, 393, 395; *Spindler/Sein*, MMR 2019, 488, 489.
547 *Rosenkranz* in Schulze/Staudenmayer, EU Digital Law, DI-RL, Art. 10 Rn. 57.
548 Vgl. auch *Kuschel/Rostam*, CR 2020, 393, 400.
549 S. hierzu noch Teil 2. B. IX. 2.
550 Zur Parallelvorschrift im nationalen Recht *Metzger* in MüKo BGB, § 327g Rn. 9.

Möglichkeit einer Rechtsverletzung, die aufgrund einer Nutzung des digitalen Inhaltes i.S.d. Art. 7 und 8 DI-RL besteht.[551] Entspricht bspw. eine bestimmte Nutzungsmöglichkeit der vernünftigen Verbrauchererwartung,[552] wird jedoch durch eine Bestimmung im EULA der Rechteinhaber:in beschränkt, stellt dies bereits einen Rechtsmangel dar, auch wenn sich die Verbraucher:in an die Bestimmung in dem EULA hält.[553] Eine Verletzung eines Rechts der Rechteinhaber:in durch die Verbraucher:in ist daher auch nicht erforderlich, um einen Gewährleistungsanspruch aufgrund eines Rechtsmangels gegenüber der Unternehmer:in geltend machen zu können.[554]

Darüber hinaus stellt sich die Frage, ob ein Rechtsmangel nur dann vorliegt, wenn das EULA der Rechteinhaber:in bzw. die darin enthaltenen einzelnen Klauseln wirksam sind.[555] Der Wortlaut des Art. 10 DI-RL spricht für das Erfordernis einer tatsächlich möglichen Rechteverletzung,[556] die dementsprechend auch ein wirksames EULA voraussetzt. Dagegen spricht jedoch zum einen der Gesetzgebungsprozess. Denn während in der vergleichbaren Regelung in Art. 102 des GEKR-E, aus dem die DI-RL letztlich hervorgegangen ist,[557] geltend gemachte Verletzungen von Rechten Dritter, die offensichtlich unbegründet waren, ausdrücklich ausgeschlossen wurden, wurde diese Formulierung wider besseres Wissen des Gesetzgebers für Art. 10 DI-RL nicht übernommen.[558] Zum anderen soll die Vorschrift jegliche Beeinträchtigung der Verbraucher:in durch Dritte, die nicht am Vertrag beteiligt sind, unterbinden.[559] Dabei ist für die Verbraucher:in i.d.R. gar nicht erkennbar, ob EULAs gem. § 305 Abs. 2 BGB wirksam Bestandteil des Vertrages zwischen Rechteinhaber:in und Verbraucher:in geworden sind und einzelne Klauseln darin gegen die §§ 307–309 BGB verstoßen.[560] EULAs und die darin enthaltenen Klauseln bedeuten für juristische Laien vielmehr unabhängig von ihrer Wirksamkeit eine Beeinträchtigung der

551 Ebd.
552 S. hierzu sogleich Teil 2. B. V.
553 Vgl. zur Parallelvorschrift im nationalen Recht *Metzger* in MüKo BGB, § 327g Rn. 9.
554 Ebd.; s. zu den Gewährleistungsrechten noch Teil 2. B. VII.
555 S. hierzu zur Parallelvorschrift im nationalen Recht *Metzger* in MüKo BGB, § 327g Rn. 12.
556 *Rosenkranz* in Schulze/Staudenmayer, EU Digital Law, DI-RL, Art. 10 Rn. 31.
557 S.o. Einleitung. A. I.
558 *Rosenkranz* in Schulze/Staudenmayer, EU Digital Law, DI-RL, Art. 10 Rn. 31.
559 *Rosenkranz* in Schulze/Staudenmayer, EU Digital Law, DI-RL, Art. 10 Rn. 32.
560 Zur Parallelvorschrift im nationalen Recht *Metzger* in MüKo BGB, § 327g Rn. 12.

Nutzbarkeit, die Art. 10 DI-RL gerade verhindern soll.[561] Daher ist für das Vorliegen eines Rechtsmangels gem. Art. 10 DI-RL im Ergebnis nicht entscheidend, ob das EULA bzw. die darin enthaltenen Klauseln wirksam sind.[562]

II. Ausgangspunkt: Subjektive und objektive Vertragsmäßigkeit, Art. 7 und 8 DI-RL

Nutzungsbeschränkungen in EULAs können in der Beziehung zwischen Unternehmer:in und Verbraucher:in also über Art. 10 DI-RL überprüft werden, wonach ein Rechtsmangel vorliegt, sofern Rechte Dritter die Nutzung digitaler Inhalte durch die Verbraucher:in i.S.d. Art. 7 und 8 DI-RL beschränken. Grundsätzlich entscheidend dafür, ob Beschränkungen in EULAs einen Rechtsmangel i.S.d. Art. 10 DI-RL darstellen, ist, ob sie den Anforderungen an die subjektive und objektive Vertragsmäßigkeit gem. Art. 7 und 8 DI-RL, umgesetzt in § 327e Abs. 2, 3 BGB, entsprechen oder nicht.[563]

1. Gleichwertigkeit von subjektiver und objektiver Vertragsmäßigkeit

Dabei besteht eine Gleichwertigkeit der subjektiven und objektiven Vertragsmäßigkeit.[564]

Der ursprüngliche Vorschlag der EU-Kommission stellte hinsichtlich der Vertragsmäßigkeit allerdings noch maßgeblich auf den Inhalt des Vertrages ab[565] und verfolgte damit einen grundsätzlich subjektiven Ansatz.[566] Nur hilfsweise, also insbesondere bei einer unvollständigen oder ungenauen Leistungsbeschreibung in den Verträgen, sollten objektive Vertragsmäßigkeitskriterien herangezogen werden können, um die Verbraucher:in nicht zu benachteiligen.[567] Der grundsätzlich subjektive Ansatz war insbesondere folgenden Umständen geschuldet:

Zum einen sollte eine Kollision mit dem Urheberrecht verhindert werden.[568] Die Anbieter:in digitaler Inhalte und die urheberrechtliche Rechteinhaber:in sind regelmäßig nicht identisch. Ist die Anbieter:in Unterlizenznehmer:in, ggf. mit weiteren zwischengeschalteten Unterlizenznehmer:innen zwischen ihr

561 Vgl. ebd.

562 So im Ergebnis ebd.

563 *Kuschel/Rostam*, CR 2020, 393, 395.

564 Vgl. *Staudenmayer* in Schulze/Staudenmayer, EU Digital Law, DI-RL, Art. 10 Rn. 32.

565 S. Art. 6 Abs. 1 DI-RL, COM(2015) 634 final.

566 *Staudenmayer*, ZEuP 2019, 663, 678; *Staudenmayer*, NJW 2019, 2497, 2498.

567 *Staudenmayer*, NJW 2019, 2497, 2498.

568 Ebd.; *Staudenmayer*, NJW 2016, 2719, 2721.

und der Rechteinhaber:in,[569] werden entlang dieser Lizenzkette oftmals von der Rechteinhaber:in ausgehende vertragliche Beschränkungen weitergegeben. Auch die Anbieter:in als letzte Unterlizenznehmer:in muss diese Beschränkungen einhalten. Werden nun objektive Kriterien für die Vertragsmäßigkeit angesetzt, kann die Anbieter:in in die missliche Lage kommen, der Verbraucher:in gegenüber Leistungspflichten erfüllen zu müssen, die aber gleichzeitig den Beschränkungen in der Vertriebskette unterliegen und die sie in der Folge nicht vornehmen darf. Durch den subjektiven Ansatz sollte ein solches Szenario vermieden werden.[570]

Zum anderen sollte der subjektive Ansatz die Veröffentlichung von sog. Beta-Versionen nicht blockieren.[571] Diese Beta-Versionen unterliegen regelmäßig Fehlern, die aber erst durch Rückmeldungen von Nutzer:innen im Einzelnen identifiziert und beseitigt werden können. Da insbesondere kleinere, innovative Start-ups oftmals so verfahren, sollte diese Vorgehensweise nicht durch die DI-RL unterbunden werden.[572]

Der im Kommissionsvorschlag verfolgte subjektive Ansatz wurde allerdings deutlicher Kritik unterzogen, insbesondere dahingehend, dass er ein wesentlich geringeres Maß an Verbraucherschutz bedeuten würde.[573] Um Verbraucher:innen durch für sie ungünstige Leistungsbeschreibungen keine Benachteiligungen erwachsen zu lassen,[574] wurde der Kritik folgend in der DI-RL die Gleichrangigkeit subjektiver und objektiver Kriterien etabliert.[575] Für die Vertragsmäßigkeit müssen nun dementsprechend beide Kriterien kumulativ vorliegen.[576]

Die genannten Umstände, welche die ursprüngliche Entscheidung für den subjektiven Ansatz begründet hatten, gelten allerdings auch weiterhin fort. Um einen Konflikt mit dem Urheberrecht zu verhindern und die Veröffentlichung

---

569 S. zu dieser Konstellation o. Teil 2. B. I.

570 *Staudenmayer*, NJW 2016, 2719, 2721; vgl. auch EG 21 DI-RL, COM (2015) 634 final.

571 *Staudenmayer*, NJW 2019, 2497, 2498; *Staudenmayer*, NJW 2016, 2719, 2721.

572 *Staudenmayer*, NJW 2016, 2719, 2721.

573 U.a. *European Law Institute*, Statement on the European Commission's Proposed Directive on the Supply of Digital Content to Consumers, S. 18 ff.; *Mak*, The new proposal for harmonized rules on certain aspects concerning contracts for the supply of digital content, S. 15 ff., abrufbar unter http://www.epgencms.europarl.europa.eu/cmsdata/upload/a6bdaf0a-d4cf-4c30-a7e8-31f33c72c0a8/pe_536.494_en.pdf (zuletzt abgerufen am 23.4.2023).

574 EG 45 DI-RL; *Heiderhoff*, § 7 Rn. 653; *Staudenmayer*, ZEuP 2019, 663, 678.

575 *Spindler/Sein*, MMR 2019, 488, 488.

576 *Metzger*, JZ 2019, 577, 581.

von Beta-Versionen zulassen zu können, wurde deshalb der später noch genauer zu erläuternde Art. 8 Abs. 5 DI-RL eingeführt.[577] Die Vorschrift erlaubt eine abweichende Leistungsbeschreibung, sofern die Verbraucher:in zuvor darüber informiert und eine ausdrückliche und gesonderte Vereinbarung diesbezüglich geschlossen wurde.[578] Insbesondere die Praktikabilität dieser negativen Beschaffenheitsvereinbarung ist an späterer Stelle genauer zu beleuchten.[579]

Da sich die Vertragsmäßigkeitskriterien in Art. 7 und 8 DI-RL z.T. thematisch decken,[580] kann es hinsichtlich der sich überschneidenden Bereiche zu unterschiedlichen Ergebnissen bei der Beurteilung der subjektiven und der objektiven Vertragsmäßigkeit kommen.[581] Gehen die vertraglich vereinbarten Anforderungen, welche der subjektiven Vertragsmäßigkeit unterliegen,[582] über diejenigen der objektiven Vertragsmäßigkeit hinaus, so sind die ersteren einzuhalten. Die objektiven Vertragsmäßigkeitsanforderungen sind dann ohnehin erfüllt.[583] Ergibt sich aus den vertraglich vereinbarten Anforderungen hingegen ein niedrigerer Standard als der den Anforderungen der objektiven Vertragsmäßigkeit entsprechende, würden die vertraglich vereinbarten Anforderungen nur dann Vorrang genießen, wenn hierüber eine abweichende Vereinbarung gem. Art. 8 Abs. 5 DI-RL geschlossen wurde.[584] Ansonsten sind die Anforderungen der objektiven Vertragsmäßigkeit maßgeblich.

2. *Subjektive Vertragsmäßigkeit, Art. 7 DI-RL*

Die subjektive Vertragsmäßigkeit in Art. 7 DI-RL, umgesetzt in § 327e Abs. 2 BGB, nimmt die vertraglich vereinbarten Anforderungen in den Blick. So sind digitale Inhalte und Dienstleistungen gem. Art. 7 Buchst. a DI-RL subjektiv vertragsgemäß, wenn sie „hinsichtlich der Beschreibung, Quantität und Qualität, der Funktionalität, der Kompatibilität, der Interoperabilität und sonstiger Merkmale den Anforderungen entsprechen, die sich aus dem Vertrag ergeben". Neben allgemeinen Kriterien zur Leistungsbeschreibung wie der Quantität und Qualität greift die Vorschrift damit auch „digital-spezifische Elemente" wie die

577 *Staudenmayer*, NJW 2019, 2497, 2498; s. hierzu noch Teil 2. B. IX. 1.
578 *Staudenmayer*, NJW 2019, 2497, 2498.
579 S. hierzu Teil 2. B. IX. 1. c).
580 S. zu den subjektiven und objektiven Vertragsmäßigkeitskriterien sogleich.
581 *Staudenmayer* in Schulze/Staudenmayer, EU Digital Law, DI-RL, Art. 6 Rn. 30.
582 *Kipker*, MMR 2020, 71, 71.
583 *Staudenmayer* in Schulze/Staudenmayer, EU Digital Law, DI-RL, Art. 6 Rn. 30.
584 Ebd.; s. zur abweichenden Vereinbarung gem. Art. 8 Abs. 5 DI-RL noch Teil 2. B. IX. 1.

Funktionalität, Kompatibilität und Interoperabilität auf.[585] Die Regelung des Buchst. b stellt daneben auf den zwischen Verbraucher:in und Unternehmer:in vertraglich vereinbarten Zweck ab.

Die subjektive Vertragsmäßigkeit beurteilt sich folglich nach den Vereinbarungen zwischen Unternehmer:in und Verbraucher:in, i.d.R. also maßgeblich anhand der AGB, welche die Unternehmer:in aufgestellt hat.[586] Die Geschäftsbedingungen sind allerdings für gewöhnlich mit den EULAs der Rechteinhaber:in abgestimmt, sodass diese regelmäßig subjektiv vertragsgemäß sein dürften.[587]

3. *Objektive Vertragsmäßigkeit, Art. 8 DI-RL*

Entscheidender ist deshalb das Kriterium der objektiven Vertragsmäßigkeit gem. Art. 8 DI-RL, umgesetzt in § 327e Abs. 3 BGB. Nach Art. 8 Abs. 1 DI-RL ist ein digitaler Inhalt u.a. dann objektiv vertragsgemäß, wenn er sich für die Zwecke eignet, für die digitale Inhalte derselben Art i.d.R. genutzt werden, sog. fit-for-purpose-Test (Buchst. a),[588] und hinsichtlich seiner wesentlichen Merkmale denjenigen Anforderungen entspricht, die bei digitalen Inhalten derselben Art üblich sind und die die Verbraucher:in vernünftigerweise erwarten darf (Buchst. b). Die vernünftige Verbrauchererwartung dient daher auch in der DI-RL als ein maßgebliches Kriterium dafür, die Vertragsmäßigkeit des Leistungsgegenstandes zu bestimmen.[589]

III. Kriterium der vernünftigen Verbrauchererwartung gem. Art. 8 Abs. 1 Buchst. b DI-RL

Im Wesentlichen geht dasjenige, was die Verbraucher:in vernünftigerweise erwarten kann, grundsätzlich aus vorvertraglichen Informationen bzw. den vertraglichen Vereinbarungen mit der Unternehmer:in hervor, welche den Anforderungen der subjektiven Vertragsmäßigkeit genügen müssen.[590] Die Quantität, Eigenschaften und Leistungsmerkmale, die Verbraucher:innen gem. Art. 8 Abs. 1 Buchst. b DI-RL *objektiv* vernünftigerweise erwarten können,

---

585 *Staudenmayer*, NJW 2019, 2497, 2498.
586 *Kuschel/Rostam*, CR 2020, 393, 395.
587 Ebd.; vgl. auch *Rosenkranz*, ZUM 2021, 195, 207.
588 *Spindler/Sein*, MMR 2019, 488, 488.
589 S. zur vernünftigen Verbrauchererwartung allgemein schon o. Teil 2. A. III. 1.
590 Zur Parallelvorschrift im nationalen Recht *Metzger* in MüKo BGB, § 327e Rn. 42; vgl. auch *Rosenkranz* in Schulze/Staudenmayer, EU Digital Law, DI-RL, Art. 10 Rn. 6.

resultieren im Unterschied dazu aus objektiven Faktoren abseits der vertraglichen Vereinbarungen.[591]

Bei der Beurteilung der vernünftigen Verbrauchererwartung soll auch nicht auf den Erwartungshorizont der jeweiligen Verbraucher:in abgestellt werden, sondern gem. EG 46 DI-RL ein objektiver Maßstab „unter Berücksichtigung der Art und des Zwecks des jeweiligen Inhalts [...], der Umstände des Einzelfalls und der Gebräuche und Gepflogenheiten der Vertragsparteien" herangezogen werden.[592] Dementsprechend ist die Erwartung einer vernünftigen Durchschnittsverbraucher:in entscheidend.[593]

EG 53 DI-RL erwähnt im Zusammenhang mit der objektiven Vertragsmäßigkeit explizit auch die Möglichkeit, dass bestimmte Beschränkungen in EULAs den objektiven Anforderungen widersprechen.[594] Demnach können sich Beschränkungen i.S.d. Art. 10 DI-RL „aus der Lizenzvereinbarung für Endnutzer ergeben, gemäß der die digitalen Inhalte [...] für den Verbraucher bereitgestellt werden. Dies kann bspw. der Fall sein, wenn dem Verbraucher durch eine Lizenzvereinbarung für Endnutzer untersagt ist, bestimmte Merkmale im Zusammenhang mit der Funktionalität der digitalen Inhalte zu nutzen. Eine solche Beschränkung könnte dazu führen, dass die digitalen Inhalte [...] die in dieser Richtlinie festgelegten objektiven Anforderungen an die Vertragsmäßigkeit nicht erfüllen, sofern sie Merkmale betreffen, die digitale Inhalte [...] desselben Typs für gewöhnlich aufweisen und die der Verbraucher vernünftigerweise erwarten kann. In solchen Fällen sollte der Verbraucher in der Lage sein, gegenüber dem Unternehmer, der die digitalen Inhalte [...] geliefert hat, die in dieser Richtlinie festgelegten Abhilfen für Vertragswidrigkeit geltend zu machen."

Damit trifft EG 53 DI-RL allerdings nur eine Aussage darüber, *dass* bestimmte Beschränkungen in EULAs möglicherweise den Anforderungen an die objektive Vertragsmäßigkeit nicht entsprechen.[595] Es werden jedoch keine Beispiele für derartige der objektiven Vertragsmäßigkeit widersprechende Beschränkungen genannt. An den fehlenden Beispielen zeigen sich auch schon die Schwierigkeiten, welche die Konkretisierung der Anforderungen an die objektive

---

591 Zur Parallelvorschrift im nationalen Recht *Metzger* in MüKo BGB, § 327e Rn. 42.

592 S. auch *Staudenmayer* in Schulze/Staudemayer, EU Digital Law, DI-RL, Art. 8 Rn. 96; *Staudenmayer*, ZEuP 2019, 663, 682.

593 Zur Parallelvorschrift im nationalen Recht *Metzger* in MüKo BGB, § 327e Rn. 42.

594 Vgl. *Spindler*, JIPITEC Vol. 12 No. 3 (2021), 111, Rn. 25.

595 *Spindler*, JIPITEC Vol. 12 No. 3 (2021), 111, Rn. 25.

Vertragsmäßigkeit mit sich bringen.[596] Denn zum einen stellen digitale Inhalte neuartige Vertragsgegenstände dar, unterliegen ständigen Änderungen und werden zudem auf verschiedenste Art und Weise bereitgestellt, sodass es – jedenfalls bislang – an ausreichend gefestigten normativen Verbrauchererfahrungen und dementsprechenden -erwartungen fehlt.[597] Dies gilt umso mehr, je komplexer ein digitaler Inhalt beschaffen ist.[598] Zum anderen hängt die Bestimmung der objektiven Vertragsmäßigkeit maßgeblich von der – subjektiven – Leistungsbeschreibung der Anbieter:in ab, da hierdurch die Leistung erst bestimmt wird.[599] Es besteht deshalb die Befürchtung, Unternehmen könnten so die Verbrauchererwartung manipulieren.[600] Fehlende Standards, anhand derer sich die vernünftige Verbrauchererwartung konkretisieren lässt, führen also im Ergebnis insbesondere zu einem geringeren Schutz von Verbraucher:innen, können aber auch für Unternehmer:innen Unsicherheiten darüber, ob der von ihnen bereitgestellte digitale Inhalt der Verbrauchererwartung entspricht, zur Folge haben.[601]

1. *Berücksichtigung urheberrechtlicher Wertungen bei der Beurteilung der vernünftigen Verbrauchererwartung*

In Bezug auf Nutzungsbeschränkungen in EULAs stellt sich aufgrund der Herausforderungen, die mit der Konkretisierung der vernünftigen Verbrauchererwartung verbunden sind, die Frage, ob nicht urheberrechtliche Wertungen einen Maßstab bilden können, anhand dessen sich die vernünftige Verbrauchererwartung hinsichtlich dieser Nutzungsbeschränkungen beurteilen lässt oder ob für die Beurteilung vielmehr vertragsrechtliche Leitbilder herangezogen werden können.[602] Diese Frage wird insbesondere dort relevant, wo die urheberrechtlichen Wertungen von denen des Vertragsrechts abweichen. Das wichtigste und anschaulichste Beispiel hierfür dürfte die an späterer Stelle noch zu vertiefende Frage der Weiterveräußerbarkeit digitaler Inhalte als vernünftige

596 Vgl. *Kuschel/Rostam*, CR 2020, 395, 396; *Spindler*, JIPITEC Vol. 12 No. 3 (2021), 111, Rn. 26.

597 *Grünberger*, AcP 2018, 213, 259; *Kuschel/Rostam*, CR 2020, 395, 396; *Loos et al.*, S. 104; *Oprysk/Sein*, IIC 2020, 594, 611; *Spindler*, JIPITEC Vol. 12 No. 3 (2021), 111, Rn. 26.

598 Vgl. *Witzel*, ITRB 2021, 289, 292.

599 *Grünberger*, AcP 2018, 213, 250 f.; *Kuschel/Rostam*, CR 2020, 395, 396; *Spindler*, JIPITEC Vol. 12 No. 3 (2021), 111, Rn. 26.

600 *Loos et al.*, S. 104.

601 *Helberger*, info Vol. 13 No. 6 (2011), 69, 72.

602 Vgl. *Grünberger*, ZUM 2020, 175, 190; *Hofmann*, ZUM 2020, 136, 138.

Verbrauchererwartung und die daraus folgende Beurteilung von Beschränkungen ebendieser Weiterveräußerbarkeit in EULAs nach der DI-RL sein.[603]

Den Ansatz, dass die urheberrechtliche Beurteilung die objektive Erwartung einer „normativen" Verbraucher:in (mit) beeinflusst, haben in der Vergangenheit mehrere Instanzgerichte verfolgt.[604] Die Gerichte nahmen in ihren Entscheidungen eine AGB-Kontrolle von im Weiteren noch zu behandelnden Klauseln in EULAs vor, die Weiterveräußerungsverbote enthielten. Dabei mussten sie sich entscheiden, ob sie bei der Frage, ob eine solche Klausel gem. § 307 Abs. 2 Nr. 1 BGB unvereinbar ist mit wesentlichen Grundgedanken einer gesetzlichen Regelung, von der sie abweicht, dem vertrags- oder dem urheberrechtlichen Leitbild folgen.[605] Die Instanzgerichte entschieden sich in den Urteilen gegen das Vertragsmodell des (Rechts-)Kaufs als einschlägiges gesetzliches Leitbild und zogen stattdessen den urheberrechtlichen Erschöpfungsgrundsatz heran.[606] War danach die Erschöpfung des Verbreitungsrechts eingetreten,[607] so lag in einem Weiterveräußerungsverbot eine unzulässige Abweichung von diesem gesetzlichen Leitbild.[608] Lag hingegen keine Erschöpfung vor, so verstieß die Klausel auch nicht gegen § 307 Abs. 2 Nr. 1 BGB.[609]

Allerdings muss dieser von der Mehrheit der Instanzgerichte verfolgte Ansatz nicht zwingend dazu führen, dass auch die vernünftige Verbraucherwartungen im Rahmen des Art. 8 Abs. 1 Buchst. b DI-RL bzw. dessen Umsetzung in § 327e Abs. 3 Nr. 2 BGB durch urheberrechtliche Wertungen (mit) beeinflusst wird.[610] Gegen die Übertragbarkeit dieser bisherigen Instanzrechtsprechung

---

603 S. hierzu noch Teil 2. B. V. 1.

604 *Spindler* in Fischer et al., S. 230 m.V.a. *OLG Hamburg*, Hinweisbeschl. v. 4.12.2014 u. Beschl. v. 24.3.2015 – 10 U 5/11, MMR 2015, 740; *OLG Hamm*, Urt. v. 15.5.2014 – I-22 U 60/13, MMR 2014, 689; *OLG Hamburg*, Urt. v. 30.4.2013 – 5 W 35/13, ZUM-RD 2014, 290; *OLG Stuttgart*, Urt. v. 3.11.2011 – 2 U 49/11, MMR 2012, 834; s.a. *Hofmann*, ZUM 2020, 136, 138.

605 *Druschel/Engert*, ZUM 2018, 97, 101.

606 *Spindler*, JIPITEC Vol. 12 No. 3 (2021), 111, Rn. 43 m.V.a. *OLG Hamburg*, Hinweisbeschl. v. 4.12.2014 u. Beschl. v. 24.3.2015 – 10 U 5/11, MMR 2015, 740, 741; *OLG Hamm*, Urt. v. 15.5.2014 – I-22 U 60/13, MMR 2014, 689, 690; *OLG Stuttgart*, Urt. v. 3.11.2011 – 2 U 49/11, MMR 2012, 834, 836.

607 S. zur Erschöpfung des Verbreitungsrechts sogleich unter Teil 2. B. V. 1. a).

608 So *OLG Hamburg*, Urt. v. 30.4.2013 – 5 W 35/13, ZUM-RD 2014, 290.

609 So *OLG Hamburg*, Hinweisbeschl. v. 4.12.2014 u. Beschl. v. 24.3.2015 – 10 U 5/11, MMR 2015, 740, 741; *OLG Hamm*, Urt. v. 15.5.2014 – I-22 U 60/13, MMR 2014, 689, 690; *OLG Stuttgart*, Urt. v. 3.11.2011 – 2 U 49/11, MMR 2012, 834, 836.

610 Vgl. *Hofmann*, ZUM 2020, 136, 138.

spricht insbesondere, dass die Gerichte in den betreffenden Entscheidungen die Wirksamkeit von Klauseln in EULAs unmittelbar im Verhältnis von Rechteinhaber:innen und Endnutzer:innen überprüft und sich bei dieser Überprüfung – jedenfalls auch – im Bereich des Urhebervertragsrechts bewegt haben. Hier, also im Urhebervertragsrecht, umfasst die Inhaltskontrolle nach § 307 Abs. 2 Nr. 1 BGB durchaus auch Grundgedanken urheberrechtlicher Vorschriften.[611] Vorliegend geht es hingegen um die Vertragsmäßigkeit von Nutzungsbedingungen in EULAs im Verhältnis von Unternehmer:in und Verbraucher:in. Diese Vertragsmäßigkeit beurteilt sich allerdings nach der DI-RL und damit nach Verbrauchervertragsrecht. Die angeführte Rechtsprechung kann daher nicht ohne Weiteres auf diese Konstellation übertragen werden.

Für die Berücksichtigung urheberrechtlicher Wertungen bei der Beurteilung der vernünftigen Verbrauchererwartung spricht allerdings, dass die Haftung für Rechtsmängel ansonsten für die Unternehmer:in unkalkulierbar wird und damit zu erheblicher Rechtsunsicherheit führt.[612] Wird die Erwartung der Verbraucher:innen durch urheberrechtliche Vorgaben mitbestimmt,[613] kann sich die Unternehmer:in hieran orientieren. Wird die Verbrauchererwartung hingegen rein vertragsrechtlich beurteilt, kann dies aufgrund des jedenfalls bislang fehlenden „Referenzmaßstabs"[614] und der in anderer Hinsicht vorteilhaften Flexibilität dieses Vertragsmäßigkeitskriteriums zur Unvorhersehbarkeit einer potenziellen Rechtsmängelhaftung für die Unternehmer:in führen.[615] Dieser Unkalkulierbarkeit kann die Unternehmer:in zwar zumindest teilweise entgehen, indem sie mit der Verbraucher:innen ausdrückliche vertragliche Vereinbarungen über die an dem digitalen Inhalt bestehenden Urheberrechte trifft und insbesondere die Lizenzbedingungen offenlegt, welche die Verbraucher:in akzeptieren soll.[616] Allerdings gelten die subjektiven und objektiven Vertragsmäßigkeitskriterien nebeneinander.[617] Daher können die urheberrechtlichen Eigenschaften eines digitalen Inhaltes auch dann einen Rechtsmangel i.S.d. Art. 10 DI-RL darstellen, wenn sie zwar subjektiv, aber nicht objektiv vertragsgemäß sind, weil sie nicht

---

611 *LG Bielefeld*, Urt. v. 5.3.2013 – 4 O 191/11, ZUM 2013, 688, 692; vgl. auch *Lehmann/Spindler* in Loewenheim, 2. Teil, § 82 Rn. 22.
612 In diese Richtung auch *Rieländer*, GPR 2021, 257, 270.
613 Vgl. *Rosenkranz*, ZUM 2021, 195, 207.
614 *Grünberger*, AcP 2018, 213, 259.
615 S. zur Haftung der Unternehmer:in noch Teil 2. B. VII.
616 *Rosenkranz*, ZUM 2021, 195, 207.
617 S.o. Teil 2. B. II. 1.

der vernünftigen Verbrauchererwartung entsprechen.[618] In diesem Fall bleibt der Unternehmer:in nur noch eine, an späterer Stelle noch zu behandelnde, negative Beschaffenheitsvereinbarung mit der Verbraucher:in nach Art. 8 Abs. 5 DI-RL über diese urheberrechtlichen Eigenschaften, um einer Haftung zu entgehen.[619]

Gegen die Berücksichtigung urheberrechtlicher Wertungen bei der Bestimmung der objektiven Vertragsmäßigkeit spricht indes die gesetzgeberische Entwicklung bei der Umsetzung der DI-RL. Wie oben beschrieben, sah der erste Gesetzesentwurf hinsichtlich der Vertragsmäßigkeit noch einen grundsätzlich subjektiven Ansatz vor, der nur hilfsweise durch objektive Vertragsmäßigkeitskriterien ergänzt werden sollte.[620] Der Ansatz wurde, wie ebenfalls bereits ausgeführt, u.a. gewählt, um einen Konflikt mit den durch das Urheberrecht eingeräumten Möglichkeiten vertraglicher Beschränkungen durch die Rechteinhaber:in zu vermeiden. Dieser wurde durch den Gesetzgeber antizipiert, sofern objektive Vertragsmäßigkeitskriterien jedenfalls gleichwertig neben der subjektiven Vertragsmäßigkeit gelten würden.[621] Ein solcher Konflikt kann allerdings nur dann angenommen werden, wenn davon ausgegangen wird, dass urheberrechtliche Wertungen die vernünftige Verbrauchererwartung nicht bestimmen. Denn würde sich die Verbrauchererwartung (auch) nach dem Urheberrecht richten, würden Nutzungsbeschränkungen, die urheberrechtlich zulässig sind, auch nach der DI-RL objektiv vertragsgemäß sein. Ein Konflikt zwischen beiden Rechtsgebieten würde daher nicht entstehen.[622] Zwar wurde sich letztlich, wie oben erwähnt, doch für einen gemischt objektiv-subjektiven Vertragsmäßigkeitsansatz entschieden, allerdings mit dem Ziel, ein höheres Verbraucherschutzniveau zu erreichen. Ein Konflikt mit dem Urheberrecht wurde daher in Kauf genommen bzw. soll in der endgültigen Richtlinienfassung durch die Möglichkeit einer negativen Beschaffenheitsvereinbarung gem. Art. 8 Abs. 5 DI-RL verhindert werden, wie sich auch aus EG 53 S. 6 DI-RL eindeutig ergibt.[623] Dieser besagt, dass eine abweichende Vereinbarung i.S.d. Art. 8 Abs. 5 DI-RL auch hinsichtlich urheberrechtlicher Beschränkungen der Werknutzung getroffen werden kann.[624]

618 Vgl. *Staudenmayer* in Schulze/Staudenmayer, EU Digital Law, DI-RL, Art. 8 Rn. 29.
619 Vgl. *Sattler*, NJW 2020, 3623, 3626.
620 S.o. Teil 2. B. II. 1.
621 Ebd.
622 So auch die Deutung von *Grünberger*, AcP 2018, 213, 249, Fn. 240.
623 S.o. Teil 2. B. II. 1.
624 Dazu *Sattler*, NJW 2020, 3623, 3626; s. hierzu ausführlich noch Teil 2. B. IX. 1.

Das Verständnis des Gesetzgebers muss dementsprechend dahingehend gedeutet werden, dass sich die vernünftige Verbrauchererwartung allein vertragsrechtlich und nicht anhand urheberrechtlicher Wertungen beurteilt.

Ein weiteres Argument dagegen, dass die vernünftige Verbrauchererwartung anhand urheberrechtlicher Wertungen beurteilt wird, ist, dass das Regelungsziel des Urheberrechts die Interessen von Verbraucher:innen nicht oder jedenfalls nicht ausdrücklich berücksichtigt,[625] sondern primär den Schutz der Urheber:in verfolgt.[626] Würde sich die vernünftige Verbrauchererwartung nach dem Urheberrecht bestimmen, stünde dies aufgrund der Fokussierung des Urheberrechts auf die Urheber:in und das Außenvorlassen von Verbraucherinteressen im Widerspruch zu den Zielen des Verbraucherschutzrechtes und konkret der DI-RL, ein hohes Verbraucherschutzniveau zu gewährleisten.[627] Dieses Ziel soll innerhalb der DI-RL erklärtermaßen gerade auch durch die Gleichwertigkeit der objektiven Vertragsmäßigkeit, zu der die vernünftige Verbrauchererwartung zählt, mit der subjektiven Vertragsmäßigkeit erreicht werden.[628]

Zwar bestünde die Möglichkeit, lediglich die urheberrechtlichen Schranken als einen Maßstab für die Beurteilung der vernünftigen Verbrauchererwartung heranzuziehen und zu argumentieren, dass Verbraucher:innen die Nutzungsmöglichkeiten digitaler Inhalte, die durch urheberrechtliche Schranken ausdrücklich erlaubt sind, stets vernünftigerweise erwarten dürften.[629] Folgt man diesem Argumentationsansatz, so hätte der EU-Gesetzgeber allerdings auch schlichtweg gesetzlich festlegen können, dass Nutzungsbeschränkungen in EULAs, die im Widerspruch zu urheberrechtlichen Schranken stehen, einen Rechtsmangel i.S.d. Art. 10 DI-RL darstellen. Der Gesetzgeber hatte aber im Gesetzgebungsprozess der DI-RL eindeutig abgelehnt, eine Vertragswidrigkeit solcher Klauseln zu statuieren und klargestellt, dass die Klärung von Fragestellungen im Zusammenhang mit urheberrechtlichen Schranken Aufgabe des Urheberrechts, nicht aber der DI-RL sei.[630] Würden Bedingungen in EULAs, die mittels urheberrechtlicher Schranken erlaubte Nutzungshandlungen beschränken oder verbieten, pauschal der vernünftigen Verbrauchererwartung widersprechen, so stünde dies im Ergebnis im Widerspruch zum Willen des Gesetzgebers.

---

625 In diese Richtung auch *Oprysk*, GRUR Int 2021, 943, 952, Fn. 107.
626 S.o. Teil 2. A. I.
627 Zum Ziel der DI-RL s.o. Teil 2. A. II. 2. b).
628 S.o. Teil 2. B. II. 1.
629 So vertreten von *Metzger* in MüKo BGB, § 327g Rn. 14.
630 *Staudenmayer* in Schulze/Staudenmayer, EU Digital Law, DI-RL, Art. 3 Rn. 146.

Dagegen, dass das Urheberrecht als Maßstab für die Beurteilung der vernünftigen Verbrauchererwartung herangezogen werden sollte, lässt sich im Ergebnis zum einen das gesetzgeberische Verständnis des Begriffs der vernünftigen Verbrauchererwartung anführen, das anhand des Gesetzgebungsprozesses der DI-RL deutlich wird. Zum anderen sprechen auch die Zielsetzung der DI-RL, ein hohes Verbraucherschutzniveau im digitalen Binnenmarkt zu erreichen, sowie die eindeutige Aussage des Gesetzgebers, urheberrechtliche Fragestellungen nicht durch die DI-RL klären zu wollen, dagegen. Das Argument einer unkalkulierbaren Rechtsmängelhaftung für die Unternehmer:in, das für die Berücksichtigung urheberrechtlicher Wertungen spricht, lässt sich jedenfalls teilweise durch die Möglichkeit einer von der Vertragsmäßigkeit abweichenden Vereinbarung gem. Art. 8 Abs. 5 DI-RL entkräften.

Die überzeugenderen Argumente sprechen im Ergebnis gegen die Beurteilung der vernünftigen Verbrauchererwartung anhand urheberrechtlicher Wertungen.

2. *Bestimmung der vernünftigen Verbrauchererwartung anhand vertragsrechtlicher Leitbilder*

Nachdem festgestellt wurde, dass das Kriterium der vernünftigen Verbrauchererwartung gem. Art. 8 Abs. 1 Buchst. b DI-RL nicht anhand urheberrechtlicher Wertungen beurteilt wird, stellt sich die Frage, ob sich die vernünftige Verbrauchererwartung im Hinblick auf Nutzungsbeschränkungen in EULAs aus bestimmten Vertragstypen der Bereitstellung digitaler Inhalte ableiten lässt.[631] Denn die Zuordnung eines Vertrages zu einem bestimmten Vertragstypen bestimmt über die anzuwendenden Gesetzesregelungen,[632] die wiederum einen Leitbildcharakter aufweisen.[633] Diese vertraglichen Leitbilder können zur Klärung der Frage genutzt werden, welche Verbrauchererwartungen im Hinblick auf bestimmte Vertragstypen bestehen und gefestigt werden.[634] So ist bspw. das verkehrstypische Leitbild eines Kaufvertrages nach § 433 BGB dadurch geprägt, dass der Käufer:in dauerhaftes und uneingeschränktes Eigentum verschafft wird, wovon auch die freie Verfügungsmöglichkeit über den erworbenen Gegenstand umfasst ist.[635] Aus diesem Leitbild wiederum lässt sich dann auch

---

631 So *Kuschel/Rostam*, CR 2020, 395, 396.

632 Vgl. *Ernst* in MüKo BGB, Einl. SchuldR (Band 2), Rn. 40.

633 *Stieper* in Alexander et al., S. 730.

634 Vgl. *Grünberger*, AcP 2018, 213, 249.

635 *OLG Hamm*, Urt. v. 28.11.2012 – 12 U 115/12, CR 2013, 214, 216; *LG Frankfurt a.M.*, Urt. v. 6.6.2013 – 2.24 O 246/12, MMR 2013, 645, 646.

eine vernünftige Verbrauchererwartung ableiten, als Käufer:in dauerhaftes und uneingeschränktes Eigentum verschafft zu bekommen und frei über den erworbenen Gegenstand verfügen zu können.

a) *Fehlende vertragstypologische Einordnung durch die DI-RL*

Eine Ableitung der vernünftigen Verbrauchererwartung hinsichtlich der Nutzung digitaler Inhalte aus bestimmten Vertragstypen scheint auf den ersten Blick jedoch kaum möglich. Denn die DI-RL verwendet als Beschreibung der von der Unternehmer:in geschuldeten Leistungshandlung den Begriff des Bereitstellens. Durch die Verwendung dieses neutralen und durch das nationale Recht der Mitgliedstaaten nicht vorgeprägten Terminus nimmt die DI-RL keine vertragstypologische Einordnung von Verträgen über die Bereitstellung digitaler Inhalte vor.[636] Diese ist gem. EG 12 DI-RL vielmehr den Mitgliedsstaaten vorbehalten.[637] Die Vorgaben der Richtlinie gelten dementsprechend unabhängig davon, ob ein Vertrag über die Bereitstellung eines digitalen Inhaltes im nationalen Recht als Kauf-, Miet-, Werk- oder Dienstleistungs- oder Vertrag sui generis eingeordnet wird.[638] Auch der nationale Gesetzgeber hat bei der Umsetzung ins BGB, wie erwähnt, auf eine vertragstypologische Einordnung von Verträgen über die Bereitstellung digitaler Inhalte verzichtet.[639]

b) *Unterscheidung zwischen dauerhafter und vorübergehender Bereitstellung*

Allerdings nimmt die Richtlinie in Art. 8 Abs. 2 DI-RL sowie in Art. 11 Abs. 2 und 3 DI-RL zumindest eine konzeptionelle Unterscheidung zwischen „eine[r] einmalige[n] Bereitstellung oder eine[r] Reihe einzelner Bereitstellungen" und der „fortlaufende[n] Bereitstellung über einen Zeitraum" vor.[640] Somit können in Bezug auf die Bereitstellung digitaler Inhalte jedenfalls zwei Vertragskonstellationen unterschieden werden.[641]

---

636 *Kumkar*, ZfPW 2020, 306, 310; *Sattler,* NJW 2020, 3623, 3626; *Sattler,* CR 2020, 145, 150; *Wendland*, ZVglRWiss 2019, 191, 210.

637 *Sattler,* NJW 2020, 3623, 3626.

638 *Kumkar*, ZfPW 2020, 306, 310; *Staudenmayer*, ZEuP 2019, 663, 669.

639 S.o. Einleitung. A. I.

640 *Wendland*, ZVglRWiss 2019, 191, 210.

641 Ebd.

aa) Kaufähnliche Vertragskonstellationen

Die DI-RL greift zum einen die Konstellation der dauerhaften und endgültigen Überlassung digitaler Inhalte mitsamt der sie betreffenden Nutzungsrechte auf. Hierbei unerheblich ist, ob es sich um eine einmalige Bereitstellung oder eine Reihe einzelner Bereitstellung handelt, wie sich aus Art. 8 Abs. 2 Buchst. b und Art. 11 Abs. 2 DI-RL ergibt.[642] Charakteristisch für diese Form der Bereitstellung ist gem. EG 56 S. 3, dass die Verbraucher:innen „unbefristeten Zugang auf *(sic)* und unbefristete Nutzungsrechte für die digitalen Inhalte [...] haben." Die Unternehmer:in trifft dementsprechend die Verpflichtung, der Verbraucher:in den digitalen Inhalt zur Verfügung zu stellen und die Nutzungsrechte daran endgültig und dauerhaft zu verschaffen,[643] ihr also die vollumfängliche und dauerhafte Verfügungsbefugnis über den digitalen Inhalt zu übertragen.[644] Die Nutzungsrechte kann die Unternehmer:in ihr dabei, wie bereits erläutert, entweder selbst einräumen, sofern sie auch Inhaber:in der Rechte an dem digitalen Inhalt ist oder ihr zuvor ein Nutzungsrecht daran eingeräumt wurde, das sie – mit Zustimmung der Rechteinhaber:in – dann wiederum der Verbraucher:in überträgt.[645] Die Nutzungsrechte können der Verbraucher:in allerdings auch mittels eines EULAs, welches direkt zwischen der Rechteinhaber:in und der Verbraucher:in abgeschlossen wird, eingeräumt werden, wobei dies die gängigste Form der Rechteeinräumung ist,[646] die auch der weiteren Untersuchung zugrunde liegt.

Die Konstellation der dauerhaften und endgültigen Überlassung digitaler Inhalte (inkl. der betreffenden Nutzungsrechte) kann vertragstypologisch dem Kaufvertrag „als Grundtyp der dauerhaften Übertragung von Gegenständen"[647] zugeordnet werden und betrifft damit Kauf- bzw. kaufähnliche Vertragsverhältnisse.[648] So wird die dauerhafte Überlassung von Software auf einem Datenträger als ein Vertrag über eine bewegliche Sache und dementsprechend als

642 *Wendland*, ZVglRWiss 2019, 191, 211.

643 *Kindl* in Kindl/Vendrell/Gsell, S. 71.

644 *Wendland*, ZVglRWiss 2019, 191, 211.

645 S.o. Teil 2. B. I.

646 *Wiesemann* in Auer-Reinsdorff/Conrad, § 24 Rn. 117; *Beale* in Schulze/Staudenmayer/Lohsse, S. 37; *European Law Institute*, Statement on the European Commission's Proposed Directive on the Supply of Digital Content to Consumers, S. 25; s.o. Teil 2. B. I.

647 *Grünberger*, AcP 2018, 213, 237.

648 *Kuschel/Rostam*, CR 2020, 393, 396; *Wendland*, ZVglRWiss 2019, 191, 211; zum Richtlinienvorschlag auch *Grünberger*, AcP 2018, 213, 237; *Kindl* in Kindl/Vendrell/Gsell, S. 71.

Kaufvertrag eingeordnet.[649] Wird ein digitaler Inhalt, ob Software oder E-Book, hingegen in unkörperlicher Form dauerhaft überlassen, kann zwar an dem Inhalt, da er selbst ein unkörperliches Gut ist, kein Eigentum bestehen, welches im Rahmen eines Kaufvertrages übertragen wird.[650] Allerdings können auch unkörperliche Güter Gegenstand eines Kaufvertrags sein, wie sich im deutschen Recht aus § 453 BGB ergibt.[651]

Die dauerhafte Bereitstellung nach der DI-RL zeichnet sich also dadurch aus, dass die Verbraucher:innen unbefristeten Zugang erhalten und ihnen unbefristete Nutzungsrechte für die digitalen Inhalte eingeräumt werden. Die Pflicht der Unternehmer:in zur Übertragung der vollumfänglichen und dauerhaften Verfügungsbefugnis über den digitalen Inhalt[652] gleicht damit der Pflicht einer Verkäufer:in im Rahmen eines „klassischen" analogen Kaufvertrages. Bei der Bereitstellung digitaler Inhalte zum Zwecke des dauerhaften Verbleibs bei der Verbraucher:in kann somit weiterhin am kaufrechtlichen Leitbild festgehalten werden.[653] Dieses Leitbild kann auch dazu dienen, die vernünftige Verbrauchererwartung hinsichtlich Nutzungsbeschränkungen in EULAs zu bestimmen, die begleitend zu einem Vertrag über die dauerhafte Bereitstellung eines digitalen Inhaltes abgeschlossen werden.

bb) Mietähnliche Vertragskonstellationen

Das Charakteristikum des unbefristeten Zugangs und der unbefristeten Nutzungsrechte bei der dauerhaften Bereitstellung digitaler Inhalte dient auch der Abgrenzung gegenüber der Konstellation der nur vorübergehenden Bereitstellung und dementsprechend einer Gebrauchsüberlassung digitaler Inhalte,[654] die von der DI-RL ebenfalls aufgegriffen wird. Diese Konstellation kann dem Mietvertrag, der klassischerweise die vorübergehende Gebrauchsüberlassung betrifft,[655] zugeordnet werden und umfasst damit i.d.R. mietähnliche

---

649 *BGH*, Urt. v. 15.11.2006 – XII ZR 120/04, CR 2007, 75, 75 f.; *BGH*, Urt. v. 22.12.1999 – VIII ZR 299/98, NJW 2000, 1415, 1415; *BGH*, Urt. v. 18.10.1989 – VIII ZR 325/88, NJW 1990, 320, 321; *Hoeren*, GRUR 1987, 779, 779 ff.; ausführlich hierzu *Hoeren*, Softwareüberlassung als Sachkauf.

650 *Stieper* in Alexander et al., S. 736.

651 *Stieper* in Alexander et al., S. 737.

652 *Wendland*, ZVglRWiss 2019, 191, 211.

653 *Stieper* in Alexander et al., S. 742.

654 *Wendland*, ZVglRWiss 2019, 191, 211, 213.

655 *Grünberger*, AcP 2018, 213, 237.

Vertragskonstellationen.[656]

Die Fallgruppe schließt sowohl befristete als auch unbefristete Verträge ein, solange diese kündbar sind, also nicht dauerhaft abgeschlossen werden.[657] Ob die Unternehmer:in bei dieser Fallgruppe die Möglichkeit der Nutzung des digitalen Inhaltes ohne eine Verschaffungspflicht schuldet oder aber die Übermittlung des digitalen Inhaltes mit einer Löschungspflicht der Verbraucher:in bei Beendigung des Vertrages, ist von der Ausgestaltung des jeweiligen Vertrages, insbesondere der AGB, sowie von der spezifischen Nutzungssituation abhängig.[658]

c) Zwischenfazit

Durch die Verwendung des Begriffes des Bereitstellens nimmt die Richtlinie keine vertragstypologische Einordnung vor, sondern überlässt diese vielmehr den Mitgliedstaaten. Allerdings wird in einigen Vorschriften zumindest konzeptionell zwischen der dauerhaften Bereitstellung, die als Kauf- bzw. kaufähnliches Vertragsverhältnis eingeordnet werden kann, und der nur vorübergehenden Bereitstellung als einem mietähnlichen Vertragsverhältnis unterschieden. Infolge dieser Einordnung kann zur Untersuchung der vernünftigen Verbrauchererwartung hinsichtlich Nutzungsbeschränkungen in EULAs – je nachdem, ob diese begleitend zu einem Vertrag über die dauerhafte oder einem Vertrag über die vorübergehende Bereitstellung eines digitalen Inhaltes abgeschlossen wurden – das kauf- bzw. mietvertragsrechtliche Leitbild herangezogen werden.

Im Rahmen der sogleich unter Teil 2. B. V. folgenden Untersuchung wird die Konstellation der dauerhaften Bereitstellung betrachtet. Denn bei der dauerhaften Bereitstellung digitaler Inhalte als Kauf- bzw. kaufähnlichem Vertragsverhältnis zeigen sich, wie die folgende Untersuchung demonstrieren wird, besonders deutliche Wertungswidersprüche zwischen Urheber- und Verbrauchervertragsrecht bei der Beurteilung von Nutzungsbeschränkungen in begleitend abgeschlossenen EULAs.

Die vernünftige Verbrauchererwartung hinsichtlich Nutzungsbeschränkungen in EULAs, die begleitend zu einem Vertrag über die *vorübergehende*

---

656 *Kuschel/Rostam*, CR 2020, 393, 396; *Wendland*, ZVglRWiss 2019, 191, 210, 213; zum Richtlinienentwurf auch *Grünberger*, AcP 2018, 213, 237; *Schmidt-Kessel* et al., GPR 2016, 54, 61.

657 *Wendland*, ZVglRWiss 2019, 191, 213; Zum Richtlinienentwurf *Schmidt-Kessel* et al., GPR 2016, 54, 61.

658 *Wendland*, ZVglRWiss 2019, 191, 213; Zum Richtlinienentwurf *Schmidt-Kessel* et al., GPR 2016, 54, 62.

Bereitstellung eines digitalen Inhaltes abgeschlossen werden, lässt sich anhand des mietvertragsrechtlichen Leitbildes untersuchen. Diese Untersuchung wird im Rahmen der Ermittlung mögliche Konsequenzen vorgenommen, die sich aus einer wertungswidersprüchlichen Beurteilung von Nutzungsbeschränkungen in EULAs im Rahmen der dauerhaften Bereitstellung eines digitalen Inhaltes durch das Urheberrecht und die DI-RL ergeben.[659] Denn eine potenzielle Konsequenz dieser Wertungswidersprüche zwischen Urheber- und Verbrauchervertragsrecht ist, wie aufzuzeigen sein wird, die Zunahme von Geschäftsmodellen mit der nur vorübergehenden Bereitstellung.[660]

Im Folgenden wird zudem vornehmlich die Konstellation der unkörperlichen Bereitstellung eines digitalen Inhaltes mittels Downloads untersucht. Zwar gilt die DI-RL gem. EG 19 S. 3 unabhängig von der Art des Zugangs zu den digitalen Inhalten, sodass unerheblich ist, ob diese bspw. mittels eines körperlichen Datenträgers, Downloads oder via Streaming gewährt wird (sog. Medienneutralität).[661] Allerdings werden sowohl E-Books als auch Software, zwischen denen in der folgenden Untersuchung – jedenfalls hinsichtlich der urheberrechtlichen Beurteilung von Nutzungsbeschränkungen in EULAs – unterschieden wird, im Rahmen des Erwerbs zu privaten Zwecken regelmäßig mittels Downloads aus dem Internet auf einen eigenen Datenträger zur Verfügung gestellt.[662]

IV. Beurteilung von Nutzungsbeschränkungen in EULAs in der Beziehung von Verbraucher:in und Rechteinhaber:in anhand urheberrechtlicher Wertungen

Urheberrechtliche Wertungen werden bei der Beurteilung der vernünftigen Verbrauchererwartung gem. Art. 8 Abs. 1 Buchst. b DI-RL nach hier vertretener Auffassung nicht berücksichtigt. Allerdings spielen sie bei der Überprüfung der Zulässigkeit von Nutzungsbeschränkungen in EULAs in der Rechtsbeziehung von Verbraucher:in und Rechteinhaber:in eine Rolle. Auch in dieser Beziehung kann eine solche Überprüfung erfolgen.[663] EULAs sind standardisierte Verträge

---

659 S. hierzu noch Teil 2. B. IX. 3. a).

660 Vgl. *Sattler*, NJW 2020, 3623, 3626 f.; *Sattler*, CR 2020, 145, 151; s. hierzu noch Teil 2. B. IX. 3. a).

661 *Kumkar*, ZfPW 2020, 306, 310; *Rosenkranz*, ZUM 2021, 195, 196; *Spindler/Sein*, MMR 2019, 415, 416; *Staudenmayer*, ZEuP 2019, 663, 671.

662 Zu E-Books *Schippel*, MMR 2016, 802; *Stieper*, AfP 2010, 89, 89; zu Software vgl. *Wiesemann* in Auer-Reinsdorff/Conrad, Teil D, § 24 Rn. 179.

663 Vgl. *Kuschel/Rostam*, CR 2020, 393, 394.

zur Rechteeinräumung,[664] bei denen es sich dementsprechend um Vertragsbedingungen handelt, die für eine Vielzahl von Verträgen vorformuliert sind.[665] Per definitionem stellen EULAs daher AGB (§ 305 Abs. 1 S. 1 BGB) dar, die einer AGB-Kontrolle der §§ 305 ff. BGB unterzogen werden können.[666] Bei einer solchen AGB-Kontrolle von Nutzungsbeschränkungen in EULAs stellt sich insbesondere die Frage, ob die jeweiligen Klauseln gem. § 307 Abs. 2 Nr. 1 BGB mit wesentlichen Grundgedanken der gesetzlichen Regelung, von der abgewichen wird, vereinbar sind.[667] Als gesetzliches Leitbild gem. § 307 Abs. 2 Nr. 1 BGB können in diesem Fall dann die Vorschriften des Urheberrechts dienen.[668]

Bei der Beurteilung, ob Nutzungsbeschränkungen in EULAs mit Grundgedanken der jeweiligen gesetzlichen Regelung, von der sie abweichen, vereinbar sind, muss zwischen Computerprogrammen und sonstigen digitalen Inhalten – hier am Beispiel des E-Books – unterschieden werden.[669] Denn Computerprogramme unterliegen gesonderten Vorgaben im Urheberrecht, während es für sonstige digitale Inhalte an entsprechenden ausdrücklichen Regelungen fehlt.[670]

Es können sich im Ergebnis also, wie im Folgenden zu untersuchen sein wird, Wertungswidersprüche zwischen der Beurteilung von Nutzungsbeschränkungen in EULAs in der Beziehung von Verbraucher:in und Unternehmer:in, die anhand der DI-RL erfolgt, und der Beurteilung in der Beziehung von Verbraucher:in und Rechteinhaber:in, die anhand urheberrechtlicher Wertungen erfolgt, ergeben.

V. Urheberrechtliche Zulässigkeit und objektive Vertragsmäßigkeit von Nutzungsbeschränkungen in EULAs

Im Folgenden werden unter Berücksichtigung der Vertragskonstellation der dauerhaften Bereitstellung digitaler Inhalte gängige Beschränkungen in EULAs auf ihre objektive Vertragsmäßigkeit nach der DI-RL, die im Verhältnis von Verbraucher:in und bereitstellender Unternehmer:in Anwendung findet, überprüft. Hierzu wird untersucht, inwiefern diese Beschränkungen der vernünftigen Verbrauchererwartung widersprechen. Vorab wird die urheberrechtliche

---

664 *Wiesemann* in Auer-Reinsdorff/Conrad, Teil D, § 24 Rn. 117; s.o. Teil 2. A. I. 2. c.
665 *Kuschel/Rostam*, CR 2020, 393, 394.
666 Ebd.; vgl. *Ganzhorn*, S. 294; *Ohly* in Dreier/Hilty, S. 389 ff.
667 *Kuschel/Rostam*, CR 2020, 393, 394.
668 Vgl. *Metzger* in MüKo BGB, § 327g Rn. 18.
669 *Kuschel/Rostam*, CR 2020, 393, 394.
670 *Kuschel/Rostam*, CR 2020, 393, 394 f.; s. schon o. Teil 1. A. IV.

Beurteilung der jeweiligen Nutzungsbeschränkung, die im Rahmen einer AGB-Kontrolle von Vertragsbedingungen in EULAs in der Beziehung von Verbraucher:in und Rechteinhaber:in relevant ist, dargestellt.

Dabei soll untersucht werden, inwiefern urheberrechtliche und verbrauchervertragsrechtliche Wertungen nach der DI-RL bei der Beurteilung von Nutzungsbeschränkungen in EULAs voneinander abweichen und sich daher ein Wertungswiderspruch der beiden Rechtsgebiete ergibt. In einem nächsten Schritt wird untersucht, welche Auswirkungen sich ggf. aus diesem Wertungswiderspruch ergeben.

1. Beschränkung der Weiterveräußerung digitaler Inhalte

EULAs enthalten häufig eine Klausel, wonach die Weiterveräußerung digitaler Inhalte beschränkt bzw. verboten wird.[671]

Im Folgenden wird die Frage geklärt, wie derartige Beschränkungen der Weiterveräußerung digitaler Inhalte in EULAs nach dem Urheberrecht und nach dem Verbrauchervertragsrecht beurteilt werden.

Hierfür wird zunächst die urheberrechtliche Beurteilung der Weiterveräußerbarkeit digitaler Inhalte dargestellt. Dazu ist vorab zu erläutern, warum der insoweit einschlägige Erschöpfungsgrundsatz bei digitalen anders als bei analogen Werkexemplaren an Wirkungskraft verliert.[672] Im Anschluss wird die Rechtsprechung des *EuGHs*, welche die Erschöpfung im digitalen Umfeld wesentlich geprägt hat,[673] dargestellt.

Darauffolgend wird beleuchtet, ob die vertragsrechtliche Beurteilung anhand des Kriteriums der objektiven Verbrauchererwartung gem. Art. 8 Abs. 1 Buchst. b DI-RL dieser urheberrechtlichen Bewertung entspricht oder nicht. Zudem soll die ebenfalls zu berücksichtigende Frage untersucht werden, inwiefern die in Art. 8 Abs. 2 DI-RL geregelte Aktualisierungspflicht eine Neubewertung der urheberrechtlichen Erschöpfung der unkörperlichen Verbreitung von Computerprogrammen erforderlich macht.

---

671 *Oprysk/Sein*, IIC 2020, 594, 609; *Spindler*, JIPITEC Vol. 12 No. 3 (2021), 111, Rn. 30.
672 So auch *Ohly* in Grigoleit/Petersen et al., S. 996.
673 Vgl. *Loewenheim* in Schricker/Loewenheim, UrhG, § 17 Rn. 37.

a) Urheberrechtliche Wertungen

aa) Der Erschöpfungsgrundsatz bei analogen Werkexemplaren

Im Unterschied zur Beurteilung der Zulässigkeit der Weiterveräußerung digitaler Inhalte lässt sich die Frage, ob analoge Werkexemplare weiterveräußert werden dürfen, urheberrechtlich i.d.R. unproblematisch beantworten. Die Antwort hierzu liefert der bereits mehrfach erwähnte urheberrechtliche Erschöpfungsgrundsatz gem. § 17 Abs. 2 UrhG, der Art. 4 Abs. 2 InfoSoc-RL umsetzt,[674] für Computerprogramme in Umsetzung des Art. 4 Abs. 2 Computerprogramm-RL in § 69c Nr. 3 S. 2 UrhG geregelt. Danach ist die Weiterverbreitung, sofern entweder das Original oder das Vervielfältigungsstück eines urheberrechtlich geschützten Werkes mit Zustimmung der Rechteinhaber:in in den Verkehr gebracht worden ist, zulässig. Die Erschöpfung betrifft dabei nicht das Immaterialgut, also das urheberrechtlich geschützte Werk, sondern den konkreten Gegenstand, in dem das Werkoriginal bzw. das Vervielfältigungsstück verkörpert ist.[675] Deutlich geht dies aus Art. 4 Abs. 2 InfoSoc-RL hervor, welcher die Erschöpfung des Verbreitungsrechts für die EU-Mitgliedsstaaten vollharmonisiert.[676] Darin heißt es: „Das Verbreitungsrecht erschöpft sich in der Gemeinschaft in Bezug auf das Original oder auf Vervielfältigungsstücke eines Werkes nur, wenn der Erstverkauf dieses *Gegenstandes* oder eine andere erstmalige *Eigentumsübertragung* in der Gemeinschaft durch den Rechtsinhaber oder mit dessen Zustimmung erfolgt".[677] So kann bspw. ein Verlag als Rechteinhaber keine Kontrollrechte mehr über die Weiterverbreitung eines (gedruckten) Buches ausüben, sofern er es zum Verkauf angeboten hat. Jede, die ein solches Buch erworben hat, darf es daher weiterveräußern.[678]

Aus dem Vorangegangenen wird deutlich, dass der Erschöpfungsgrundsatz dazu dienen soll, den Konflikt zwischen der immaterialgüterrechtlichen Berechtigung der Urheber:in zur Verwertung und dem Sacheigentum der Erwerber:in zu lösen.[679] Das ausschließliche Recht, ihr Werk zu verwerten und andere zuweilen von der Verwertung auszuschließen, liegt gem. § 15 UrhG bei der Urheber:in.[680] Gleichzeitig stehen gem. § 903 BGB die Rechte an dem jeweiligen

674 *Ohly* in Grigoleit/Petersen et al., S. 995.

675 *BGH*, Urt. v. 10.10.1991 – I ZR 147/89, GRUR 1993, 34, 36.

676 *EuGH*, Urt. v. 22.5.2015 – C-419/13, GRUR 2015, 256, 257 – Allposters/Pictoright.

677 Hervorhebungen durch Verfasserin.

678 *Hoeren*, Internetrecht, S. 68.

679 *Hauck*, EuZW 2017, 645, 647; *Peter*, ZUM 2019, 490, 490.

680 *Peter*, ZUM 2019, 490, 490.

Sacheigentum deren Eigentümer:in zu, welche die Verfügungsmacht über ihr Eigentum hat und es verkehrsfähig halten kann.[681] Ebendieser Widerspruch wird – jedenfalls für körperliche Werkexemplare – durch die Erschöpfung gem. § 17 Abs. 2 UrhG aufgelöst.[682] Sobald die Rechteinhaber:in den entsprechenden Gegenstand, der das urheberrechtlich geschützte Werk verkörpert, berechtigterweise in Verkehr gebracht hat und hierfür eine angemessene Vergütung erzielen konnte, erschöpft sich ihr ausschließliches Verbreitungsrecht hinsichtlich dieses einen Gegenstandes. Aus zivilrechtlicher Perspektive ist die Erwerber:in dauerhafte Rechteinhaber:in an dem konkreten Gegenstand geworden, sodass ausschließlich sie über die Weiterverbreitung bestimmen kann, ohne urheberrechtliche Ansprüche gegen sie befürchten zu müssen.[683]

Es gilt allerdings zu berücksichtigen, dass das Verbreitungsrecht voraussetzt, dass das Original oder Vervielfältigungsstück in der Öffentlichkeit angeboten bzw. in Verkehr gebracht werden muss, wobei hier auf den Öffentlichkeitsbegriff in § 15 Abs. 3 UrhG Bezug genommen wird.[684] Danach gehört zur Öffentlichkeit jede Person, die „nicht mit demjenigen, der das Werk verwertet, [...] durch persönliche Beziehung verbunden ist". Sofern daher Werkexemplare im privaten Bereich, also bspw. im Bekannten-, Freundes- oder Familienkreis weitergegeben werden, liegt ohnehin keine Verbreitung i.S.d. § 17 Abs. 1 UrhG vor,[685] sodass auch unerheblich ist, ob Erschöpfung an dem jeweiligen Vervielfältigungsstück eingetreten ist oder nicht.[686]

bb) Der Erschöpfungsgrundsatz bei digitalen Inhalten

Der Erschöpfungsgrundsatz stößt in der digitalen Welt allerdings vielfach an seine Grenzen.[687]

Eindeutig ist dessen Anwendbarkeit noch auf jenen Fall zu beurteilen, in dem ein digitaler Inhalt mittels Übergabe eines körperlichen Speichermediums (bspw. eines USB-Sticks oder einer CD-ROM) dauerhaft übertragen wird. Denn diese Datenträger stellen körperliche Vervielfältigungsstücke dar, auf die das Verbreitungsrecht und damit auch der Erschöpfungsgrundsatz unproblematisch

---

681 *Peter*, ZUM 2019, 490, 490 f.

682 Ebd.

683 *Hauck*, EuZW 2017, 645, 647; *Peter*, ZUM 2019, 490, 491.

684 *BGH*, Urt. v. 3.7.1981 – I ZR 106/79, GRUR 1982, 102, 103 – Masterbänder.

685 *Schulze* in Dreier/Schulze, UrhG, § 17 Rn. 8.

686 Vgl. auch *Kuschel*, S. 42 f.

687 Vgl. *Ohly* in Grigoleit/Petersen et al., S: 996.

Anwendung finden.[688] Dies ergibt sich hinsichtlich E-Books eindeutig auch aus EG 29 InfoSoc-RL, welcher eine CD-ROM oder ein CD-I als materiellen Träger explizit als Beispiele für die Anwendung des Erschöpfungsgrundsatzes erwähnt.[689] Für Computerprogramme, für die das Verbreitungsrecht und dessen Erschöpfung in § 69c Nr. 3 UrhG statuiert sind, gilt insoweit nichts anderes, da der Regelungsgehalt sich mit demjenigen des § 17 UrhG weitestgehend deckt.[690] Auch hier tritt bei einer solchen dauerhaften körperlichen Überlassung daher Erschöpfung ein.[691]

Im Hinblick auf die hier im Weiteren zu untersuchende dauerhafte Online-Übertragung digitaler Inhalte lässt sich die Frage der Erschöpfung keineswegs mehr so eindeutig beantworten. Denn im digitalen Umfeld werden Medien wie Bücher, Filme, Musik und Computerprogramme entmaterialisiert.[692] Dementsprechend fehlt es für digitale Inhalte – jedenfalls bis zur Speicherung eines heruntergeladenen Werkes bei der Empfänger:in – an einem körperlichen Vervielfältigungsstück, welches als eine nach § 903 BGB eigentumsfähige Sache i.S.d. § 90 BGB eingeordnet werden könnte.[693] Deshalb werden – so jedenfalls lange Zeit die Annahme – digitale Inhalte auch nicht mittels einer Verbreitungshandlung i.S.d. § 17 Abs. 1 UrhG erst- und weiterveräußert.[694] Die Online-Übertragung ist vielmehr dem Recht der öffentlichen Zugänglichmachung gem. § 19a UrhG bzw. Art. 3 Abs. 1 der InfoSoc-RL zuzuordnen.[695] Durch das Herunterladen eines urheberrechtlich geschützten Werkes und als Voraussetzung für jede weitere Nutzung einer digitalen Kopie findet außerdem stets eine

---

688 *Dustmann* in Fromm/Nordemann, UrhG § 17 Rn. 28; *Heerma* in Wandtke/Bullinger, UrhG § 17 Rn. 30; *Loewenheim* in Loewenheim, 1. Teil, § 20 Rn. 23; *Schulze* in Dreier/Schulze, UrhG § 17 Rn. 6; *Wiebe* in Spindler/Schuster, UrhG § 17 Rn. 2.

689 *Sesing*, 344 f.

690 BT-Drs. 12/4022, S. 11; *Dreier* in Dreier/Schulze, UrhG, § 69c Rn. 20; *Grützmacher* in Wandtke/Bullinger, UrhG, § 69c Rn. 27; *Spindler* in Schricker/Loewenheim, UrhG, § 69c Rn. 21.

691 *BGH*, Urt. v. 19.3.2015 – I ZR 4/14, GRUR 2015, 1108, 1110 – Green-IT; *BGH*, Urt. v. 11.2.2010 – I ZR 178/08, NJW 2010, 2661, 2663 – Half-Life 2; *Dreier* in Dreier/Schulze, UrhG, § 69c Rn. 20; *Grützmacher* in Wandtke/Bullinger, UrhG, § 69c Rn. 33; *Kaboth/Spies* in BeckOK UrhR, UrhG, § 69c Rn. 20; *Krüger/Biehler/Apel*, MMR 2013, 760, 763.

692 *Ohly* in Grigoleit/Petersen et al., S. 996; *Zech*, S. 175 ff.

693 *Peter*, ZUM 2019, 490, 491; *Rauer/Bibi*, GRUR-Prax 2020, 55, 55; *Zech*, ZGE 2013, 368, 375.

694 *Peter*, ZUM 2019, 490, 491.

695 *Loewenheim* in Schricker/Loewenheim, UrhG, § 17 Rn. 38.

Vervielfältigung i.S.d. § 16 Abs. 1 UrhG statt.[696] Da diese Ausschließlichkeitsrechte allerdings keiner Erschöpfung unterliegen,[697] kann die Rechteinhaber:in sie gegenüber der Zweitverwerter:in geltend machen und hat damit uneingeschränkte Kontrolle über die Weiterverwertung.[698]

(1) Erschöpfung aufgrund des Downloads eines Computerprogramms - EuGH: „UsedSoft"

Entsprechend dem soeben Dargelegten wurde bis zum Jahr 2012 überwiegend davon ausgegangen, dass eine Erschöpfung bei *allen* digitalen Inhalten, also sowohl bei Software als auch bei sonstigen digitalen Inhalten, nicht möglich ist.[699] Dieser Annahme trat der *EuGH* mit seiner „UsedSoft"-Entscheidung[700] aus 2012 allerdings entgegen.[701]

Dem Urteil zugrunde lag ein Rechtsstreit zwischen dem Software-Hersteller Oracle und dem Gebrauchtsoftware-Händler UsedSoft.[702] Der Software-Hersteller Oracle vertrieb u.a. Client-Server-Datenbanksoftware, an der das Unternehmen ein ausschließliches Nutzungsrecht innehatte, größtenteils über das Internet mittels Downloads. Die Erwerber:innen luden eine Kopie der Software von der Internetseite des Softwareherstellers auf ihre Computer.[703] Ein Software-Pflegevertrag ermöglichte es den Erwerber:innen außerdem, über die Internetseite Updates der Software herunterzuladen.[704]

UsedSoft verkaufte gebrauchte Lizenzen an der Datenbanksoftware von Oracle. Dazu erwarb das Unternehmen Lizenzen von Oracle-Kund:innen, welche die Lizenzen entweder nicht mehr oder nicht vollständig benötigten.[705] UsedSoft wies seine Kund:innen an, die aktuelle Version der Software von der Internetseite Oracles herunterzuladen oder, sofern die Kund:innen bereits über die Software verfügten und lediglich Lizenzen für weitere Nutzer:innen

---

696 *Wandtke*, MMR 2017, 367, 372; s. hierzu schon Teil 2. A. I. 2. b) aa).

697 Zu § 19a UrhG s. *Dreier* in Dreier/Schulze, UrhG, § 19a Rn. 11; Zu § 16 UrhG s. *Schulze* in Dreier/Schulze, UrhG, § 16 Rn. 4.

698 *Peter*, ZUM 2019, 490, 491; *Rauer/Bibi*, GRUR-Prax 2020, 55, 55.

699 *Weisser/Färber*, MMR 2014, 364, 364 m.w.N.; a.A. *Hoeren*, CR 2006, 573, 574; *ders.*, MMR 2010, 447, 448.

700 *EuGH*, Urt. v. 3.7.2012 - C-128/11, ZIP 2012, 1610 - UsedSoft.

701 *Peter*, ZUM 2019, 490, 491.

702 *Hansen/Wolff-Rojczyk*, GRUR 2012, 908, 909.

703 *EuGH*, Urt. v. 3.7.2012 - C-128/11, ZIP 2012, 1610, 1610 - UsedSoft.

704 *EuGH*, Urt. v. 3.7.2012 - C-128/11, ZIP 2012, 1610, 1611 - UsedSoft.

705 Ebd.

erwarben, die Software auf den Arbeitsplatzrechnern der zusätzlichen Nutzer:innen zu installieren.[706]

Der *EuGH* hatte in seinem Urteil insbesondere die Vorlagefrage zu klären, ob der für Computerprogramme geltende Erschöpfungsgrundsatz auch dann Anwendung findet, wenn die Computerprogrammkopie nicht auf einem körperlichen Datenträger, sondern unkörperlich mittels Downloads über das Internet in den Verkehr gebracht wurde.[707] Diese Frage bejahte der *EuGH* im Ergebnis mit folgender Begründung:

Das Verbreitungsrecht sei dann erschöpft, wenn ein Erstverkauf einer Programmkopie i.S.d. Art. 4 Abs. 2 Computerprogramm-RL, im deutschen Recht in § 69c Nr. 3 S. 2 UrhG umgesetzt, stattgefunden habe. Unter dem Begriff des „Verkaufs“ begreift der *EuGH* „eine Vereinbarung, nach der eine Person ihre Eigentumsrechte an einem ihr gehörenden körperlichen oder unkörperlichen Gegenstand gegen Zahlung eines Entgelts an eine andere Person abtritt“.[708] Für einen Erstverkauf einer Programmkopie i.S.d. Richtlinie müsse daher insbesondere das Eigentum an einer solchen Kopie übertragen worden sein.[709] Eine Eigentumsübertragung finde auch im Rahmen der Rechtsgeschäfte zwischen Oracle und seinen Kund:innen statt.[710] Kund:innen, die eine Computerprogrammkopie herunterladen und einen Lizenzvertrag mit Oracle abschließen, würden „gegen Zahlung eines Entgelts, das es dem Inhaber des Urheberrechts ermöglichen soll, eine dem wirtschaftlichen Wert der Kopie des ihm gehörenden Werkes entsprechende Vergütung zu erzielen, ein unbefristetes Nutzungsrecht an einer Programmkopie“ erhalten.[711] Dabei würden der Download der Programmkopie und der Abschluss des Lizenzvertrages „ein unteilbares Ganzes bilden“, denn der Download würde ohne eine Erlaubnis zur Nutzung der Programmkopie sinnlos sein. Sie müssten daher auch rechtlich einheitlich bewertet werden.[712] Diese Umstände führen dem *EuGH* zufolge dazu, dass durch die

706 Ebd.

707 *BGH*, Beschl. v. 3.2.2011 – I ZR 129/08, MMR 2011, 305, 307 f. – UsedSoft (mit. Anm. *Heydn*); *Ohrtmann/Kuß*, BB 2012, 2262, 2262.

708 *EuGH*, Urt. v. 3.7.2012 – C-128/11, ZIP 2012, 1610, 1611 – UsedSoft.

709 Ebd.

710 *Ohrtmann/Kuß*, BB 2012, 2262, 2263.

711 *EuGH*, Urt. v. 3.7.2012 – C-128/11, ZIP 2012, 1610, 1612 – UsedSoft.

712 Ebd. m.V.a. *EuGH*, Urt. v. 6.5.2010 – C-145/08 u. C-149/08, EuZW 2010, 620, 622 – Club Hotel Loutraki AE u.a.

Rechtsgeschäfte zwischen Oracle und ihren Kunden eine Eigentumsübertragung an der Kopie des jeweiligen Computerprogramms stattfinden würde.[713]

Für die rechtliche Bewertung unerheblich sei, so der *EuGH*, dass die Kund:innen die Programmkopie per Download von der Internetseite und nicht mittels eines körperlichen Speichermediums wie einer CD-ROM oder DVD erhalten hätten. Denn aus Art. 4 Abs. 2 Computerprogramm-RL ergebe sich nicht, dass die Erschöpfung auf die Verbreitung von Programmkopien auf einem körperlichen Datenträger beschränkt ist. Eine Unterscheidung zwischen einer Kopie in körperlicher oder unkörperlicher Form finde im Gegenteil nicht statt. Dies ergebe sich auch aus EG 7 Computerprogramm-RL, wonach der Begriff „‚Computerprogramm' Programme in jeder Form umfassen [soll], auch solche, die in die Hardware integriert sind".[714] Zudem seien die Veräußerung eines Computerprogramms auf CD oder DVD wirtschaftlich betrachtet vergleichbar mit der eines Computerprogramms mittels Downloads aus dem Internet, da die Online-Übertragung die Hergabe eines körperlichen Datenträgers funktionell ersetze. Eine andere Bewertung würde dem Zweck des Erschöpfungsgrundsatzes, die Begrenzung der Verbreitung urheberrechtlich geschützter Werke auf das zum Schutz des Urheberrechts Erforderliche zu beschränken, zuwiderlaufen. Denn wenn die Erschöpfungswirkung nur bei der Verbreitung von Programmkopien auf körperlichen Datenträgern eintrete, könnte die Rechteinhaber:in für jede Weiterveräußerung von aus dem Internet heruntergeladenen Programmkopien erneut die Zahlung eines Entgelts verlangen. Da sie aber bereits mit dem Erstverkauf der entsprechenden Kopie die Möglichkeit erlangt habe, eine angemessene Vergütung zu erhalten, würde dies den Zweck des Erschöpfungsgrundsatzes konterkarieren.[715]

Hinzu komme, dass die Regelungen der Computerprogramm-RL leges speciales im Verhältnis zur InfoSoc-RL seien, sodass die Erschöpfung des Verbreitungsrechts an einer Computerprogrammkopie auch dann eintrete, wenn – wie Oracle vorgetragen hatte – die Vertragsbeziehungen oder Teile davon dem Begriff der öffentlichen Zugänglichmachung i.S.d. Art. 3 Abs. 1 InfoSoc-RL unterfallen würden.[716]

Dem *EuGH* zufolge ist die Erschöpfungswirkung außerdem nicht begrenzt auf die ursprünglich gekaufte Programmkopie, sondern erstreckt sich auch auf

713 *EuGH*, Urt. v. 3.7.2012 – C-128/11, ZIP 2012, 1610, 1612 – UsedSoft.
714 *EuGH*, Urt. v. 3.7.2012 – C-128/11, ZIP 2012, 1610, 1613 – UsedSoft.
715 Ebd.
716 *EuGH*, Urt. v. 3.7.2012 – C-128/11, ZIP 2012, 1610, 1612 – UsedSoft.

die aufgrund des Wartungsvertrages aktualisierten Fassungen. Denn diese Versionen sind Teil der ursprünglich erworbenen Kopie, zu deren zeitlich unbegrenzter Nutzung die Erwerber:in berechtigt ist, und zwar auch dann, wenn der Wartungsvertrag nicht verlängert wird.[717]

Einschränkend führt das Gericht allerdings aus, dass die Erschöpfung keine Erlaubnis dazu biete, die erworbene Lizenz aufzuspalten und nicht benötigte Nutzungsrechte weiterzuveräußern. Denn sofern die Erwerber:in die eigene Programmkopie zum Zeitpunkt der Weiterveräußerung nicht unbrauchbar mache, würde dies eine unzulässige Vervielfältigung darstellen. Bei der Aufspaltung der Lizenzen und der Weiterveräußerung der nicht mehr benötigten Nutzungsrechte könne die Erwerber:in – jedenfalls, wenn es sich wie in diesem Fall um Client-Server-Software handelt – die Programmkopie, die auf ihrem Server installiert ist, jedoch weiternutzen, sodass keine Unbrauchbarmachung stattfinde.[718]

Im Ergebnis kann der Erschöpfungsgrundsatz bei der Online-Überlassung von Computerprogrammen mittels Downloads also mit urheberrechtlicher Wirkung nicht beschränkt werden.[719] Auch die Zulässigkeit einer schuldrechtlich wirkenden Einschränkung des Erschöpfungsgrundsatzes in AGB wird von der Rechtsprechung weitgehend verneint, da eine solche Klausel unvereinbar mit wesentlichen Grundgedanken des § 69c Nr. 3 S. 2 UrhG sei, der den Art. 4 Abs. 2 Computerprogramm-RL ins nationale Recht umsetzt, und daher gegen § 307 Abs. 2 Nr. 1 BGB verstoße.[720]

(2) Keine Erschöpfung aufgrund des Downloads eines E-Books – EuGH: „Tom Kabinet“

Mit der Entscheidung des *EuGHs* war zwar die Frage geklärt, ob der Erschöpfungsgrundsatz auch beim unkörperlichen Inverkehrbringen von Software durch einen Download aus dem Internet eingreift. Nicht geklärt war hingegen, wie diese Frage für sonstige digitale Inhalte, die keine Software sind, zu beurteilen ist. Denn der *EuGH* bezog sich im „UsedSoft“-Urteil auf die Regelungen der

717 *EuGH*, Urt. v. 3.7.2012 – C-128/11, ZIP 2012, 1610, 1614 – UsedSoft.

718 Ebd.

719 *Specht* in Bräutigam/Rücker, 6. Teil, Kap. G, Rn. 49.

720 *OLG Hamburg*, Urt. v. 25.10.2013 – 315 O 449/12, ZUM 2014, 69, 72 ff.; *OLG Hamburg*, Urt. v. 30.4.2013 – 5 W 35/13, ZUM-RD 2014, 290; *Specht* in Bräutigam/Rücker, 6. Teil, Kap. G, Rn. 49; vgl. auch *OLG Frankfurt*, Urt. v. 5.11.2013 – 11 U 92/12, NJOZ 2014, 1172, 1173; *OLG Hamm*, Urt. v. 28.11.2012 – 12 U 115/12, MMR 2013, 430, 440.

Computerprogramm-RL, äußerte sich jedoch nicht zu den für alle sonstigen digitalen Inhalte geltenden Vorschriften der InfoSoc-RL. Die Entscheidung ließ sich deswegen auch nicht beliebig auf diese sonstigen digitalen Inhalte anwenden.[721]

(a) Meinungsstand vor der Entscheidung des EuGHs

In der Literatur war man sich daher auch über eine allgemeine, digitale Erschöpfung uneinig.[722] Ein Argument der Befürworter:innen war, dass eine wirtschaftliche Vergleichbarkeit zwischen dem digitalen Erwerb von Software und dem Erwerb sonstiger digitaler Inhalte bestehe und daher der Erschöpfungsgrundsatz auch für Letztere gelten müsse.[723] Auch die InfoSoc-RL stehe einer Online-Erschöpfung nicht zwangsläufig entgegen, obwohl dem Wortlaut der EG 28 und 29 InfoSoc-RL zufolge Online-Dienste von der Erschöpfung ausgenommen seien.[724] Denn die Erwägungsgründe seien schlichtweg veraltet und würden, wie die InfoSoc-RL insgesamt, die aktuellen Rechtsfragen und -probleme jedenfalls nicht mehr in vollem Umfang berücksichtigen.[725] Außerdem verlange EG 5 InfoSoc-RL, auch neue wirtschaftliche Verwertungsmöglichkeiten zu berücksichtigen. Insbesondere aufgrund der wirtschaftlichen Vergleichbarkeit der körperlichen und unkörperlichen Übertragung von Werkexemplaren sei es deshalb geboten, eine allgemeine digitale Erschöpfung anzunehmen.[726]

Die Gegner einer digitalen Erschöpfung hielten u.a. dagegen, dass eben keine wirtschaftliche Vergleichbarkeit von körperlichen und unkörperlichen Werkexemplaren bestehe, insbesondere da mit dem Erwerb eines körperlichen Exemplars Sacheigentum an dem körperlichen Träger einhergehe, während bei unkörperlichen Exemplaren nur ein urheberrechtliches Nutzungsrecht eingeräumt werde.[727] Auch die oben bereits genannten ökonomischen Besonderheiten digitaler Inhalte[728] sprächen gegen eine wirtschaftliche Vergleichbarkeit.[729]

---

721 *Peter*, ZUM 2019, 490, 497.

722 Eine allgemeine, digitale Erschöpfung befürwortend u.a. *Hartmann*, GRUR Int 2012, 980; *Hoeren/Jakopp*, MMR 2014, 646; ablehnend bspw. *Apel*, ZUM 2015, 640; *Stieper*, ZUM 2012, 668; *Wandtke*, MMR 2017, 367.

723 *Hoeren/Jakopp*, MMR 2014, 646, 649.

724 Eine allgemeine digitale Erschöpfung aus diesem Grunde ablehnend z.B. *Stieper*, ZUM 2012, 668, 670.

725 *Hartmann*, GRUR Int 2012, 980, 982 f.; *Hoeren/Jakopp*, MMR 2014, 646, 649.

726 *Hoeren/Jakopp*, MMR 2014, 646, 649.

727 *Apel*, ZUM 2015, 640, 645.

728 S. hierzu o. Teil 1. A. III.

729 *Apel*, ZUM 2015, 640, 645 f.

Die Frage der Online-Erschöpfung adressiere zudem gar nicht das Verbreitungsrecht, sondern vielmehr das Recht der öffentlichen Zugänglichmachung sowie das Vervielfältigungsrecht, auf welche der Erschöpfungsgrundsatz jedoch keine Anwendung finde.[730]

Anders als die Literatur war sich die deutsche Instanzrechtsprechung darin einig, dass bei der Online-Übertragung digitaler Inhalte, die keine Computerprogramme sind, keine Erschöpfung eintritt.[731] So argumentierten das *OLG Stuttgart* und das *OLG Hamm* im Hinblick auf digitale Hörbücher sowie das *OLG Hamburg* im Hinblick auf E-Books und Audiodateien, dass der Erschöpfungsgrundsatz nicht eingreife, da es sich bei der Online-Übertragung der Dateien um eine öffentliche Zugänglichmachung i.S.d. § 19a UrhG handele, auf welche der Erschöpfungsgrundsatz, anders als auf das Verbreitungsrecht, keine Anwendung finde.[732]

Im Jahr 2019 äußerte sich auch der *EuGH* zu der Frage der Erschöpfung bei der Online-Übertragung sonstiger digitaler Inhalte, konkret bei E-Books.[733]

(b) Entscheidung des EuGHs

Die Entscheidung betraf die urheberrechtliche Zulässigkeit eines virtuellen Gebrauchtmarktes für E-Books, den die niederländische Gesellschaft Tom Kabinet betrieb.[734] Den registrierten Mitgliedern dieses sog. „Leseklubs" wurden dort „gebrauchte" E-Books, die Tom Kabinet entweder zuvor von offiziellen Vertrieben erworben hatte oder die Mitglieder des Leseklubs schenkweise abgaben, zu einem Preis von 2 € pro Buch – und damit deutlich günstiger als neue E-Books – zum Download angeboten.[735] Tom Kabinet hielt Nutzer:innen dazu an, E-Books nach dem Lesen wieder zurückzuverkaufen.[736] In diesem Fall wurde die Veräußer:in dazu aufgefordert, den Download-Link für das jeweilige Buch

---

730 Vgl. *Wandtke*, MMR 2017, 367, 372.

731 *Peter*, ZUM 2019, 490, 498 f.

732 *OLG Hamburg*, Hinweisbeschl. v. 4.12.2014 u. Beschl. v. 24.3.2015 – 10 U 5/11, MMR 2015, 740, 742; *OLG Hamm*, Urt. v. 15.5.2014 – I-22 U 60/13, ZUM 2014, 715, 720 f.; *OLG Stuttgart*, Urt. v. 3.11.2011 – 2 U 49/11, ZUM 2012, 811, 813.

733 *EuGH*, Urt. v. 19.12.2019 – C-263/18, GRUR 2020, 179 – NUV u.a./Tom Kabinet (m. Anm. *Ohly*).

734 *Hofmann*, ZUM 2020, 136, 137.

735 *EuGH*, Urt. v. 19.12.2019 – C-263/18, GRUR 2020, 179, 180 – NUV u.a./Tom Kabinet (m. Anm. *Ohly*); *Bullinger/von Rauch*, NJW 2020, 816, 817; *Hofmann*, ZUM 2020, 136, 137.

736 *Hofmann*, ZUM 2020, 136, 137.

bereitzustellen und die eigene digitale Kopie zu löschen.[737] Der *EuGH* musste insbesondere die (modifizierte) erste Vorlagefrage klären, ob es sich bei einer zeitlich unbegrenzten Gebrauchsüberlassung von E-Books mittels Downloads um eine öffentliche Wiedergabe i.S.d. Art. 3 Abs. 1 InfoSoc-RL oder um eine Verbreitung an die Öffentlichkeit nach Art. 4 Abs. 1 InfoSoc-RL handelt.[738]

Der *EuGH* konzentrierte sich in seinem Urteil, obwohl das vorlegende Gericht insbesondere die rechtliche Einordnung des „Erstverkaufs" geklärt wissen wollte, vornehmlich auf die Weiterveräußerung durch Tom Kabinet, die zwar aus technischer Sicht identisch mit dem Erstverkauf ist.[739] Allerdings ist für die Entscheidung darüber, ob Erschöpfung eintritt, die Einordnung des ersten Inverkehrbringens maßgeblich.[740] Diese Einordnung nahm der *EuGH* jedenfalls nicht explizit vor.[741]

Das Gericht ordnete in seinem Urteil die Weiterveräußerung in Form der Bereitstellung eines E-Books zum Download als eine öffentliche Wiedergabe i.S.d. Art. 3 Abs. 1 InfoSoc-RL ein. Zur Begründung berief es sich insbesondere auf den Wortlaut, den Sinn und Zweck sowie die Entstehungsgeschichte der InfoSoc-RL.[742]

Demnach besage EG 15 der InfoSoc-RL, dass die Richtlinie insbesondere der Umsetzung von Verpflichtungen aus dem WIPO-Urheberrechtsvertrag (WCT)[743] dient. Der Vertrag wurde 1996 von der WIPO[744] verabschiedet und stellte Rahmenbedingungen für die Ausrichtung der nationalen Urheberrechtsgesetze der Vertragsparteien auf die digitale Umwelt auf.[745] Die Begriffe der Verbreitung i.S.d. Art. 4 Abs. 1 InfoSoc-RL und der öffentlichen Wiedergabe i.S.d. Art. 3 Abs. 1 InfoSoc-RL müssten daher dem EuGH zufolge im Einklang mit den Definitionen in Art. 6 und Art. 8 WCT ausgelegt werden. Art. 6 Abs. 1 WCT definiert das Verbreitungsrecht als Recht von Urheber:innen, „zu erlauben, dass

---

737 Ebd.

738 Ebd.

739 *Kuschel*, ZUM 2020, 138.

740 Ebd.

741 Vgl. *Grünberger*, ZUM 2020, 175, 189, der die Auffassung vertritt, dass unklar ist, ob der *EuGH* auf den Erst- oder Zweitverkauf abstellt.

742 Ebd.

743 WIPO-Urheberrechtsvertrag (WCT) v. 20.12.1996, Abl. L 89/8.

744 S. zur WIPO bereits o. Teil 1. IV. 1.

745 *WIPO*, Summary of the WIPO Copyright Treaty (WCT) (1996), abrufbar unter https://www.wipo.int/treaties/en/ip/wct/summary_wct.html (zuletzt abgerufen am 23.4.2023).

das Original und Vervielfältigungsstücke ihrer Werke durch Verkauf oder sonstige Eigentumsübertragung der Öffentlichkeit zugänglich gemacht werden". Der *EuGH* weist in diesem Zusammenhang auf die sog. gemeinsame Erklärung zu den Art. 6 und 7 WCT[746] hin, wonach die Begriffe „Original und Vervielfältigungsstücke" ausschließlich körperliche Gegenstände umfassen, sodass die Verbreitung von unkörperlichen Werken dementsprechend nicht von der Vorschrift erfasst werde.[747]

Im Weiteren geht der *EuGH* auf die Entstehungsgeschichte der InfoSoc-RL ein und verweist auf die Begründung des entsprechenden Richtlinienvorschlags, aus dem sich die Einigkeit der Mitgliedstaaten darüber ergebe, dass „die interaktive Übertragung auf Abruf" dem Recht der öffentlichen Wiedergabe unterliege, nicht hingegen dem Verbreitungsrecht, das nur die Verbreitung körperlicher Gegenstände erfasse.[748]

Als drittes wesentliches Argument zieht der *EuGH* die Erwägungsgründe 28 und 29 der InfoSoc-RL zur Auslegung des Wortlauts von Art. 4 Abs. 1, 2 InfoSoc-RL heran. So heißt es in EG 28, dass das Verbreitungsrecht das ausschließliche Recht umfasst, „die Verbreitung eines in einem Gegenstand verkörperten Werks" zu kontrollieren. Gem. EG 29 stellt sich „die Frage der Erschöpfung […] weder bei Dienstleistungen allgemein noch bei Online-Diensten im Besonderen" und „anders als bei CD-ROM oder CD-I, wo das geistige Eigentum in einem materiellen Träger, d.h. einem Gegenstand, verkörpert ist, ist jede Bereitstellung eines Online-Dienstes im Grunde eine Handlung, die zustimmungsbedürftig ist, wenn das Urheberrecht oder ein verwandtes Schutzrecht dies vorsieht". Mit der Auswahl der Begriffe „Gegenstand" und „dieser Gegenstand" im 28. EG der InfoSoc-RL habe der Unionsgesetzgeber, so der *EuGH*, den Urheber:innen die Möglichkeit eingeräumt, das erstmalige Inverkehrbringen der Gegenstände, welche ihr Werk verkörperten, und damit der körperlichen Träger zu kontrollieren. Dementsprechend könne eine Erschöpfung auch nur infolge des erstmaligen Inverkehrbringens dieser das Werk verkörpernden Gegenstände eintreten. Eine Online-Bereitstellung sei hiervon hingegen nicht umfasst.[749]

---

746 WIPO-Urheberrechtsvertrag (WCT) v. 20.12.1996, Abl. L 89/8, 13.

747 *EuGH*, Urt. v. 19.12.2019 – C-263/18, GRUR 2020, 179, 181 – NUV u.a./Tom Kabinet (m. Anm. *Ohly*).

748 Ebd.

749 *EuGH*, Urt. v. 19.12.2019 – C-263/18, GRUR 2020, 179, 182 – NUV u.a./Tom Kabinet (m. Anm. *Ohly*).

Der *EuGH* stellt außerdem klar, dass in dieser Auslegung kein Widerspruch zu der „UsedSoft"-Entscheidung liege. Denn ein E-Book stelle – so auch schon der *Generalanwalt beim EuGH* in seinen Schlussanträgen[750] – kein Computerprogramm dar[751] und falle daher auch nicht unter den Schutz der Computerprogramm-RL. Während in der Computerprogramm-RL eine Gleichstellung von körperlichen und unkörperlichen Programmkopien gewollt und daher der für das Verbreitungsrecht geltende Erschöpfungsgrundsatz auch auf alle Programmkopien gleichermaßen anzuwenden sei, sei dies in Bezug auf die InfoSoc-RL aus den bereits genannten Gründen nicht der Fall.[752]

Hinzu kommt dem *EuGH* zufolge, dass anders als bei Computerprogrammen keine wirtschaftliche und funktionelle Vergleichbarkeit zwischen der Überlassung eines Buches auf einem körperlichen Träger und der Überlassung eines E-Books gegeben ist. Dabei geht der *EuGH* auf die bereits genannten wirtschaftlichen Besonderheiten digitaler Inhalte ein. Anders als Bücher würden digitale Kopien durch den Gebrauch nicht abnutzen. Diesbezüglich erläutert der *Generalanwalt*, auf dessen Erwägungen der *EuGH* in seinem Urteil ausdrücklich verweist,[753] dass Computerprogramme im Gegensatz dazu aufgrund der schnell fortschreitenden Technik ständigen Aktualisierungsbedarf aufweisen würden und gebrauchte Software deshalb nicht mit neuen Computerprogrammen vergleichbar sei.[754] Zudem würden sich die digitalen Kopien der Bücher ohne großen praktischen und finanziellen Aufwand austauschen lassen, weshalb ein Gebrauchtmarkt für E-Books potenziell eine deutlich größere Beeinträchtigung des Interesses der Urheber:in an einer angemessenen Vergütung für ihr Werk darstelle.[755]

Anders als bei der Online-Überlassung von Computerprogrammen mittels Downloads ist bei E-Books im Ergebnis also eine Beschränkung des Erschöpfungsgrundsatzes mit urheberrechtlicher Wirkung zulässig. Auch eine

---

750 *Generalanwalt beim EuGH* (Szpunar), Schlussantrag v. 10.9.2019 – C-263/18, BeckRS 2019, 20448 Rn. 67.

751 S. hierzu bereits o. Teil 1. A. IV. 2.

752 *EuGH*, Urt. v. 19.12.2019 – C-263/18, GRUR 2020, 179, 182 – NUV u.a./Tom Kabinet (m. Anm. *Ohly*).

753 *EuGH*, Urt. v. 19.12.2019 – C-263/18, GRUR 2020, 179, 182 – NUV u.a./Tom Kabinet (m. Anm. *Ohly*).

754 *Generalanwalt beim EuGH (Szpunar)*, Schlussantrag v. 10.9.2019 – C-263/18, BeckRS 2019, 20448 Rn. 59 ff.

755 *EuGH*, Urt. v. 19.12.2019 – C-263/18, GRUR 2020, 179, 182 – NUV u.a./Tom Kabinet (m. Anm. *Ohly*).

schuldrechtlich wirkende Einschränkung des Erschöpfungsgrundsatzes in AGB ist zulässig, da eine entsprechende Klausel mit den wesentlichen Grundgedanken des § 17 Abs. 2 UrhG vereinbar ist und daher keinen Verstoß gegen § 307 Abs. 2 Nr. 1 BGB darstellt.[756]

(3) Beurteilung der EuGH-Rechtsprechung

(a) Widersprüche zwischen „UsedSoft" und „Tom Kabinet"

Obwohl der *EuGH* in den beiden Entscheidungen zu unterschiedlichen Ergebnissen hinsichtlich der Frage der Erschöpfung bei der Übertragung von Software und E-Books mittels eines Downloads aus dem Internet kommt, stehen diese Urteile auf den ersten Blick in keinem Widerspruch zueinander.[757] Bei näherer Betrachtung erscheint eine Ungleichbehandlung der Erschöpfung aus mehreren Gründen jedoch nicht nachvollziehbar.

(aa) Widersprüche in der dogmatischen Begründung

So beruft sich der *EuGH* im „Tom Kabinet"-Urteil für die Auslegung der Begriffe der „öffentlichen Wiedergabe" sowie der „Verbreitung an die Öffentlichkeit" auf den völkerrechtlichen WCT. Aus dessen Art. 6 Abs. 1 ergebe sich, dass das Verbreitungsrecht sich ausschließlich auf körperliche Werkexemplare beziehe.[758] Dem kann man zwar – wenn auch nicht zwingend – zustimmen.[759] Allerdings gelten die für die EU zwingenden Vorgaben des Art. 6 Abs. 1 WCT auch für Computerprogramme nach Art. 4 WCT.[760] Eine unterschiedliche Beurteilung ist daher aus Perspektive des internationalen Urheberrechts nicht nachvollziehbar.[761] Das für eine Verbreitung i.S.d. Art. 6 Abs. 1 WCT erforderliche Merkmal der Verkörperung eines Werkexemplars hatte der *EuGH* in der „UsedSoft"-Entscheidung schlichtweg mit dem dogmatisch schwachen Argument übergangen, dass Art. 4 Abs. 2 der Computerprogramm-RL lediglich „den Erstverkauf einer Programmkopie", also einer Programmkopie in jeglicher Form, für den Eintritt

756 *OLG Hamburg*, Hinweisbeschl. v. 4.12.2014 u. Beschl. v. 24.3.2015 – 10 U 5/11, MMR 2015, 740, 742; *OLG Hamm*, Urt. v. 15.5.2014 – 22 U 60/13, NJW 2014, 3659, 3660 f.; *LG Bielefeld*, Urt. v. 5.3.2013 – 4 O 191/11, ZUM 2013, 688.

757 *Sattler*, NJW 2020, 3623, 3625.

758 S.a. *Hoffmann*, ZUM 2020, 136, 137.

759 Kritisch hierzu *Grützmacher*, CR 2020, 154, 155, der diese Auslegung im Ergebnis jedoch ebenfalls begrüßt; s. hierzu kritisch noch Teil 3. A. IV. 3. b).

760 *Grützmacher*, CR 2020, 154, 155.

761 Ebd.

der Erschöpfung verlange.[762] Der Wortlaut der Regelung erfordert aber nicht zwingend eine Auslegung dahingehend, dass auch eine unkörperliche Verbreitung von ihr umfasst ist.[763]

(bb) Widersprüche in der ökonomischen Begründung

Die dogmatischen Unsauberkeiten in der „UsedSoft"-Entscheidung deuten darauf hin, dass den *EuGH* zuvörderst ökonomische Erwägungen zu dem entsprechenden Urteil gebracht haben.[764] Insbesondere hält er die körperliche und unkörperliche Übertragung einer Computerprogrammkopie für wirtschaftlich vergleichbar. Im „Tom Kabinet"-Urteil hingegen lehnt er genau diese wirtschaftliche Vergleichbarkeit von E-Books mit analogen Büchern aufgrund fehlender Abnutzung und einfachen und kostengünstigen Vervielfältigungsmöglichkeiten ab. Dabei stellt sich allerdings die Frage, ob hier nicht auch ein Vergleich zwischen einem auf einem körperlichen Datenträger übertragenen und einem mittels Downloads übertragenen E-Book hätte angestellt werden müssen.[765] Denn zum einen stellt der *EuGH* in seinem „UsedSoft"-Urteil genau diesen Vergleich hinsichtlich Software an, wobei dem Gericht hier zugestanden werden muss, dass es Computerprogrammen schlichtweg an einem physischen Pendant fehlt.[766] Zum anderen dürfte bei einem auf einem körperlichen Datenträger übermittelten E-Book, trotz der auch hier bestehenden wirtschaftlichen Unterschiede zu einem analogen Buch, dennoch Erschöpfung eintreten.[767] Vor dem Hintergrund eines solchen Vergleiches wäre dann aus ökonomischer Perspektive auch eine Ausrichtung an der „UsedSoft"-Entscheidung möglich gewesen.[768]

Umgekehrt muss das Argument, dass sich ein digitaler Inhalt wie ein E-Book nicht abnutzt, letztlich auch für Software gelten.[769] Denn auch Software nutzt sich durch den Gebrauch als solchen nicht ab, sondern verschlechtert sich lediglich durch technische Weiterentwicklungen.[770] Gleichzeitig können auch für E-Books Aktualisierungen geliefert werden, bspw. um Produktions- oder einfache

762 *Grützmacher*, CR 2020, 154, 155.
763 *Rauer/Bibi*, GRUR-Prax 2020, 55, 56.
764 Vgl. *Hansen/Wolff-Rojczyk*, GRUR 2012, 908, 909; *Rauer/Bibi*, GRUR-Prax 2020, 55, 56.
765 Vgl. *Rauer/Bibi*, GRUR-Prax 2020, 55, 57.
766 Vgl. Ebd.
767 Vgl. *Grünberger*, ZUM 2020, 175, 188.
768 *Rauer/Bibi*, GRUR-Prax 2020, 55, 57.
769 *Hoffmann*, ZUM 2020, 136, 137.
770 *Witte*, CR 2022, 209, 217.

Rechtschreibfehler zu korrigieren oder um den Buchinhalt als solchen zu erweitern.[771] Daher begründet auch das vom *Generalanwalt beim EuGH* vorgebrachte Argument, dass Software schnell altert, keine derart unterschiedliche Beurteilung der Erschöpfung bei Software und anderen digitalen Inhalten.[772] Das gilt insbesondere vor dem Hintergrund, dass dieses Argument aufgrund der durch Art. 8 Abs. 2 DI-RL eingeführten Aktualisierungspflicht für digitale Inhalte wohl in der Form nicht mehr gelten dürfte.[773]

(b) Widerspruch zwischen „Tom Kabinet" und „Vereniging Openbare Bibliotheken"

Des Weiteren ergibt sich ein möglicher Widerspruch zwischen dem „Tom Kabinet"-Urteil und einem Urteil des *EuGHs* aus dem Jahr 2016,[774] in dem er sich mit dem öffentlichen Verleih von E-Books beschäftigte.[775] Der *EuGH* hatte in dem Urteil die Frage zu klären, ob Art. 6 Abs. 1 der sog. Vermiet- und Verleihrichtlinie[776] auf E-Books Anwendung findet.[777] Der Artikel eröffnet für Mitgliedstaaten die Möglichkeit, in Bezug auf das öffentliche Verleihwesen Ausnahmen von dem in Art. 1 der Richtlinie statuierten ausschließlichen Verleihrecht der Urheber:in festzulegen, sofern gleichzeitig ein Vergütungsanspruch für die Urheber:in vorgesehen wird. Dementsprechend musste das Gericht feststellen, ob auch E-Books in unkörperlicher Form durch eine öffentliche Einrichtung verliehen werden dürfen, sofern im nationalen Recht eines Mitgliedsstaates eine Ausnahme i.S.d. Art. 6 Abs. 1 Vermiet- und Verleih-RL und ein gleichzeitiger Vergütungsanspruch für die Urheber:in vorgesehen ist.[778] Der *EuGH* führte hierzu zunächst aus, dass sich aus der Vermiet- und Verleih-RL nicht ergebe, ob deren Vorschriften auch für Vervielfältigungsstücke als Gegenstände in

---

771 Ebd.

772 *Hoffmann*, ZUM 2020, 136, 137.

773 S. hierzu sogleich Teil 2. B. V. 1. d).

774 *EuGH*, Urt. v. 10.11.2016 – C-174/15, MR-Int 2016, 99 –Vereniging Openbare Bibliotheken (m. Anm. *Apel*).

775 *Grützmacher*, CR 2020, 154, 156.

776 Richtlinie 2006/115/EG des Europäischen Parlaments und des Rates v. 12.12.2006 zum Vermietrecht und Verleihrecht sowie zu bestimmten dem Urheberrecht verwandten Schutzrechten im Bereich des geistigen Eigentums, Abl. L 376/28.

777 *Apel*, MR-Int 2016, 104, 105.

778 Ebd.

unkörperlicher Form gelte.[779] Für das Vermietrecht stellte er – wiederum unter Bezug auf den Wortlaut des WCT und dessen Art. 7 – sodann fest, dass dieser sich ausschließlich auf Vervielfältigungsstücke in Form von körperlichen Gegenständen beziehe.[780] Allerdings erläuterte das Gericht auch, dass der WCT einer Auslegung des Begriffs des „Verleihens", von der auch digitale Formen des Verleihens umfasst sind, nicht entgegenstehe.[781] Dementsprechend kam es hinsichtlich des Verleihens einer digitalen Kopie auch zu dem Ergebnis, dass eine solche Handlung sehr wohl von der Verleih- und Vermiet-RL umfasst sei, da sie insbesondere „Merkmale aufweist, die im Wesentlichen mit denen des Verleihens gedruckter Werke vergleichbar sind, da zum einen die Beschränkung der Möglichkeit zum gleichzeitigen Herunterladen auf eine einzige Kopie bedeutet, dass die Verleihkapazität der betreffenden Bibliothek nicht größer ist, als es bei einem gedruckten Werk der Fall wäre, und zum anderen dieses Verleihen befristet stattfindet".[782] Diese Auslegung des Verleihrechts deutete darauf hin, dass der *EuGH* auch für sonstige digitale Inhalte – wie er dies schon in der „UsedSoft"-Entscheidung hinsichtlich Computerprogrammen getan hatte – die Trennung zwischen körperlicher und unkörperlicher Verwertung aufbrechen wollte.[783] Das Urteil ließ daher auch auf die Möglichkeit einer digitalen Erschöpfung auch für sonstige digitale Inhalte schließen, welcher der *EuGH* jedoch in der „Tom Kabinet"-Entscheidung entgegentrat.[784]

Ein wesentlicher Unterschied zwischen den beiden Urteilen besteht allerdings darin, dass in dem Sachverhalt, welcher der „Tom Kabinet"-Entscheidung zugrunde lag, anders als in demjenigen, welcher dem „Vereniging Openbare Bibliotheken"-Urteil zugrunde lag, keine technische Maßnahme eingesetzt wurde, die sicherstellte, dass in dem Zeitraum, in dem eine Nutzer:in tatsächlich auf ein Werk zugreifen konnte, nur eine einzige Kopie heruntergeladen werden konnte und dass die Nutzung einer heruntergeladenen Kopie für die Nutzer:in nach dem Ende dieses Zeitraums nicht mehr möglich war. Daraus folgte, dass „die Anzahl der Personen, die über diese Plattform parallel oder nacheinander

779 *EuGH*, Urt. v. 10.11.2016 – C-174/15, MR-Int 2016, 99, 101 –Vereniging Openbare Bibliotheken (m. Anm. *Apel*).

780 Ebd.; *Grützmacher*, CR 2020, 154, 156.

781 *EuGH*, Urt. v. 10.11.2016 – C-174/15, MR-Int 2016, 99, 101 –Vereniging Openbare Bibliotheken (m. Anm. *Apel*).

782 Ebd.

783 *Grützmacher*, CR 2020, 154, 156.

784 Ebd.

Zugang zu demselben Werk haben können, erheblich ist".[785] Aus diesem Argument ist der Rückschluss zumindest möglich, dass, hätte Tom Kabinet entsprechende technische Schutzmaßnahmen eingesetzt, auch eine Einordnung als Verbreitungshandlung und nicht als öffentliche Zugänglichmachung denkbar gewesen wäre.[786]

(c) Herausforderungen für die Beurteilung der Erschöpfung aufgrund des Downloads von Computerspielen

Zuletzt wirft die gegensätzliche Beurteilung in der „Tom Kabinet"- und in der „UsedSoft"-Entscheidung Probleme auf, wenn es um die Online-Verbreitung komplexer digitaler Inhalte wie Computerspiele geht.[787] Denn Computerspiele bestehen sowohl aus einem Computerprogramm als auch aus anderen – bspw. audiovisuellen – i.d.R. urheberrechtlich geschützten Inhalten, sodass sich deren Schutz sowohl nach der Computerprogramm-RL als auch nach der InfoSoc-RL richtet.[788] Diese Tatsache hat eine überaus schwierige Bewertung darüber zur Folge, welche Vorgaben welcher Richtlinie zur Anwendung kommen und in welchem Verhältnis sie zueinanderstehen.[789] Dies gilt insbesondere vor dem Hintergrund, dass die beiden Richtlinien die durch sie geschützten Werke mitunter sehr unterschiedlich behandeln.[790] Dementsprechend ist auch unklar, ob der Erschöpfungsgrundsatz auf die Übertragung eines Computerspiels mittels Downloads Anwendung findet und ob vertragliche Weiterveräußerungsverbote zulässig sind.[791]

(4) Zwischenergebnis

Bei der urheberrechtlichen Bewertung der Weiterveräußerbarkeit digitaler Inhalte muss infolge der Rechtsprechung des *EuGHs* zwischen Computerprogrammen und E-Books als sonstigen digitalen Inhalten unterschieden werden.

---

785 *EuGH*, Urt. v. 19.12.2019 – C-263/18, GRUR 2020, 179, 183 – NUV u.a./Tom Kabinet (m. Anm. *Ohly*).

786 *Grützmacher*, CR 2020, 154, 156; *Schneider*, WRP 2021, 293, 299; ablehnend *Ohly*, GRUR 2020, 184, 184 f.; vgl. auch *Kuschel*, ZUM 2020, 138, 139.

787 *Sattler*, NJW 2020, 3623, 3625; *Spindler*, JIPITEC Vol. 12 No. 3 (2021), 111, Rn. 41.

788 *EuGH*, Urt. v. 23.1.2014 – C-355/12, EuZW 2014, 304, 305 – Nintendo Co Ltd u.a./ PC Box Srl u.a.; s.o. Teil 1. A. IV. 3.

789 *Spindler*, JIPITEC Vol. 12 No. 3 (2021), 111, Rn. 41; s. hierzu noch Teil 3. A. III.

790 *Spindler*, JIPITEC Vol. 12 No. 3 (2021), 111, Rn. 41; vgl. auch *Sattler*, CR 2020, 145, 151; s. hierzu noch Teil 3. A. III.

791 *Spindler*, JIPITEC Vol. 12 No. 3 (2021), 111, Rn. 41.

So tritt bei einer Erstveräußerung eines Computerprogrammes dem *EuGH* zufolge Erschöpfung an dieser Programmkopie ein. Grund hierfür sei insbesondere, dass die Computerprogramm-RL nicht zwischen Kopien eines Programms in körperlicher und unkörperlicher Form unterscheide und daher auch die Erschöpfung nicht auf Programmkopien in körperlicher Form beschränkt sei. Außerdem bestehe zwischen der Veräußerung eines Programms auf einer CD oder DVD und derjenigen mittels Downloads eine wirtschaftliche Vergleichbarkeit.

Bei E-Books hingegen trete bei der Online-Bereitstellung zum Download keine Erschöpfung ein, so der *EuGH*. Denn zum einen beziehe sich das Verbreitungsrecht nach der InfoSoc-RL nur auf körperliche Gegenstände, der Online-Vertrieb hingegen unterfalle dem Recht der öffentlichen Zugänglichmachung. Zum anderen fehle es bei der Überlassung eines Buches auf einem körperlichen Träger und der Online-Bereitstellung eines E-Books zum Download an der wirtschaftlichen Vergleichbarkeit, insbesondere da sich die Kopie eines E-Books nicht abnutze und sich E-Books zudem einfach und kostengünstig reproduzieren ließen.

Die unterschiedliche Bewertung der Erschöpfung bei der Online-Verbreitung von Computerprogrammen und E-Books weist sowohl in der dogmatischen als auch in der ökonomischen Begründung Widersprüche oder jedenfalls Inkonsistenzen auf.[792] Zudem führt sie zu Herausforderungen hinsichtlich der Online-Verbreitung von komplexen digitalen Inhalten wie Computerspielen, weil unklar ist, welche Vorgaben hier zum Tragen kommen. Allerdings muss berücksichtigt werden, dass dem „Tom Kabinet"-Urteil ein spezieller Sachverhalt zugrunde lag,[793] da der Plattformbetreiber keine Schutzmaßnahmen ergriffen hatte, die sicherstellten, dass nur eine Kopie eines E-Books während des Zeitraums, in dem der Zugriff einer Nutzer:in auf ein Werk möglich war, heruntergeladen werden konnte und die heruntergeladene Kopie nach Ablauf dieses Zeitraums für die Nutzer:in nicht mehr nutzbar war. Werden solche technischen Schutzmaßnahmen ergriffen, ist denkbar, dass der Weiterverkauf mittels Bereitstellens eines Downloads auch von E-Books als Verbreitungshandlung eingeordnet wird. Jedenfalls besteht in dieser Hinsicht noch Diskussionsbedarf.[794]

Vorerst ist aufgrund der Rechtsprechung davon auszugehen, dass die Weiterveräußerung von E-Books mittels Downloads grundsätzlich nicht als

---

792 *Witte*, CR 2022, 209, 219.

793 *Schneider*, WRP 2021, 293, 299; vgl. auch *Kuschel*, ZUM 2020, 138, 140.

794 *Kuschel*, ZUM 2020, 138, 140; s. hierzu noch Teil 3. A. IV. 3. b).

Verbreitung, sondern als öffentliche Zugänglichmachung i.S.d. § 19a UrhG eingeordnet wird, die keiner Erschöpfung unterliegt. Weiterveräußerungsverbote in EULAs sind hier also, im Gegensatz zum Fall der dauerhaften Überlassung von Computerprogrammen mittels Downloads, zulässig.

Allerdings setzt § 19a UrhG voraus, dass ein Werk „drahtgebunden oder drahtlos der Öffentlichkeit in einer Weise" zugänglich gemacht wird, „dass es Mitgliedern der Öffentlichkeit von Orten und zu Zeiten ihrer Wahl zugänglich ist". Dem *EuGH* zufolge erfordert der Begriff der Öffentlichkeit dabei „eine unbestimmte Zahl potenzieller Leistungsempfänger" und zudem „recht viele Personen".[795] Wird ein Werk daher nur einer einzelnen Person bspw. per E-Mail übermittelt und so durch einen Download zur Verfügung gestellt, fehlt es an dem Merkmal der Öffentlichkeit, sodass in diesem Fall keine urheberrechtlich relevante Handlung vorliegt.[796]

b) Objektive Vertragsmäßigkeit gem. Art. 8 Abs. 1 Buchst. b DI-RL

Nachdem die urheberrechtliche Beurteilung, die im Verhältnis von Verbraucher:in und Rechteinhaber:in maßgeblich ist, von Weiterveräußerungsverboten in EULAs untersucht wurde, ist im Folgenden zu klären, wie derartige Verbote durch die DI-RL im Verhältnis von Unternehmer:in und Verbraucher:in bewertet werden.

Zunächst ist erneut festzuhalten, dass die DI-RL die urheberrechtliche Bewertung unverändert lässt.[797] Allerdings besteht die Möglichkeit, dass die Richtlinie die Berechtigung zur Weiterveräußerung digitaler Inhalte als für die objektive Vertragsmäßigkeit gem. Art. 8 Abs. 1 DI-RL im Verhältnis von Unternehmer:in und Verbraucher:in erforderlich einstuft.[798] Die Unternehmer:in schuldet in der Folge die (dauerhafte) Bereitstellung eines digitalen Inhaltes, den die Verbraucher:in weiterveräußern kann, ohne gegen entgegenstehende Lizenzbedingungen verstoßen und/oder dabei technische Schutzmaßnahmen umgehen zu müssen.[799]

---

795 *EuGH*, Urt. v. 15.3.2012 – C-135/10, ZUM-RD 2012, 241, 248, Rn. 84.

796 Vgl. *Kuschel*, S. 44.

797 *Kuschel/Rostam*, CR 2020, 393, 397; *Spindler*, JIPITEC Vol. 12 No. 3 (2021), 111, Rn. 42; ausführlich hierzu *Alber/Brandi-Dohrn*, ITRB 2021, 261, 265 ff.

798 *Alber/Brandi-Dohrn*, ITRB 2021, 261, 266; *Kuschel/Rostam*, CR 2020, 393, 397; *Spindler*, JIPITEC Vol. 12 No. 3 (2021), 111, Rn. 42.

799 *Kuschel/Rostam*, CR 2020, 393, 397; *Spindler*, JIPITEC Vol. 12 No. 3 (2021), 111, Rn. 42; s. zu technischen Schutzmaßnahmen noch Teil 2. B. VI.

Es gilt daher die Frage zu klären, ob und wann die Berechtigung zur Weiterveräußerung digitaler Inhalte als objektives Vertragsmäßigkeitserfordernis eingeordnet wird.[800] Entscheidend hierfür wiederum ist, inwiefern Verbraucher:innen die Berechtigung zur Weiterveräußerung gem. Art. 8 Abs. 1 Buchst. b DI-RL vernünftigerweise erwarten können.[801]

Handelt es sich um einen Vertrag über die dauerhafte Bereitstellung eines digitalen Inhalts – ob auf einem körperlichen Speichermedium oder unkörperlich mittels Downloads – wird in der Literatur wohl überwiegend angenommen, dass die Verbraucher:in die normative Erwartung hat, den Inhalt vollumfänglich nutzen und auch weiterveräußern zu dürfen.[802] Diese These wird u.a. auf eine empirische Studie der Rechtswissenschaftler *Perzanowski* und *Hoofnagle* gestützt,[803] welche die Erwartungshaltung von Verbraucher:innen untersucht haben, die einen digitalen Inhalt mittels eines „Buy now"-Buttons erworben haben.[804] Der Untersuchung zufolge gingen 16 Prozent der Befragten davon aus, dass sie durch einen Klick auf den „Buy now"-Button dazu berechtigt seien, den erworbenen digitalen Inhalt weiterverkaufen zu dürfen.[805] Daneben waren 14 Prozent der Überzeugung, dass sie ein Recht dazu hätten, Kopien des digitalen Inhaltes für andere Personen anzufertigen.[806] 30 Prozent nahmen an, dass sie den digitalen Inhalt verleihen oder verschenken könnten und 50 Prozent beantworteten die Frage mit „Ich weiß es nicht".[807] Die Wissenschaftler kamen daher zu dem Ergebnis, dass eine „überraschend hohe Prozentzahl" der Verbraucher:innen der Auffassung sei, bei „Buy now"- bzw. Sofortkäufen vergleichbare Nutzungs- und Übertragungsrechte wie beim Kauf analoger Güter zu erwerben

---

800 *Kuschel/Rostam*, CR 2020, 393, 397.

801 *Spindler*, JIPITEC Vol. 12 No. 3 (2021), 111, Rn. 42.

802 *Grünberger*, AcP 2018, 213, 270 ff.; *Kuschel/Rostam*, CR 2020, 393, 397; *Oprysk/Sein*, IIC 2020, 594, 618 f.; *Schroeder*, George Washington Law Review Vol. 83 No. 1 (2014), 240, 268; *Spindler/Sein*, MMR 2019, 488, 490; a.A. *Hofmann*, ZUM 2020, 136, 138; *Rosenkranz*, ZUM 2021, 195, 207.

803 *Grünberger*, AcP 2018, 213, 271; *Oprysk/Sein*, IIC 2020, 594, 619 f.; *Spindler*, JIPITEC Vol. 12 No. 3 (2021), 111, Rn. 42.

804 *Perzanowski/Hoofnagle*, University of Pennsylvania Law Review Vol. 165 No. 2 (2017), 315.

805 *Perzanowski/Hoofnagle*, University of Pennsylvania Law Review Vol. 165 No. 2 (2017), 315, 342.

806 Ebd.

807 *Perzanowski/Hoofnagle*, University of Pennsylvania Law Review Vol. 165 No. 2 (2017), 315, 340, Fn. 102.

und dass diese Rechte für die Verbraucher:innen zudem von großer Bedeutung seien.[808] Eine weitere Studie, welche die Verbraucherwahrnehmung des „digitalen Eigentums“ auf dem Büchermarkt untersucht hat, zeigt ebenfalls, dass die Möglichkeit, E-Books zu verkaufen, zu verschenken, zu leihen und zu teilen, für Verbraucher:innen einen hohen Stellenwert hat.[809]

Die Studien belegen damit, dass Verbraucher:innen überwiegend jedenfalls die tatsächliche Erwartung haben, erworbene digitale Inhalte weiterveräußern können.[810]

Zu klären bleibt aber, inwieweit diese Erwartung auch rechtlich schützenswert und somit als vernünftige Verbrauchererwartung gem. Art. 8 Abs. 1 Buchst. b DI-RL einzuordnen ist.[811]

aa) Argumente gegen die Weiterveräußerbarkeit digitaler Inhalte als vernünftige Verbrauchererwartung

Bei der Bereitstellung digitaler Inhalte zum Zwecke des dauerhaften Verbleibs bei der Verbraucher:in kann, wie aufgezeigt, weiterhin am kaufrechtlichen Leitbild festgehalten werden.[812] Von diesem Leitbild ist auch die freie Verfügungsmöglichkeit der Erwerber:in über den erworbenen Gegenstand umfasst.[813] Daher besteht auf den ersten Blick auch bei Verträgen über die dauerhafte Bereitstellung eines digitalen Inhaltes die rechtlich schützenswerte und damit vernünftige Verbrauchererwartung, diesen weiterveräußern zu dürfen.

Allerdings wird in diesem Zusammenhang z.T. auf die bereits genannten ökonomischen Besonderheiten digitaler Inhalte hingewiesen, die auch im Rahmen einer rein vertragsrechtlichen Beurteilung dieser Frage berücksichtigt werden müssten.[814] Insbesondere die fehlende Abnutzung, aber auch die mangelnde Rivalität in der Nutzung und die kostengünstige Reproduktion müssten eine andere Bewertung des „Kaufs“ eines digitalen Inhalts zur Folge haben als dies bei

808 *Perzanowski/Hoofnagle*, University of Pennsylvania Law Review Vol. 165 No. 2 (2017), 315, 355.

809 *Helm et al.*, Electronic Markets Vol. 28 No. 2 (2018), 177, 182.

810 *Kuschel/Rostam*, CR 2020, 393, 397, Fn. 49.

811 Vgl. *Grünberger*, AcP 2018, 213, 271.

812 *Stieper* in Alexander et al., S. 742; s.o. Teil 2. B. III. 2. b) aa).

813 *OLG Hamm*, Urt. v. 28.11.2012 – 12 U 115/12, CR 2013, 214, 216; *LG Frankfurt a.M.*, Urt. v. 6.6.2013 – 2-24 O 246/12, MMR 2013, 645, 646; s.o. Teil 2. B. III. 2. b) aa).

814 *Hofmann*, ZUM 2020, 136, 138; *Spindler*, JIPITEC Vol. 12 No. 3 (2021), 111, Rn. 44; s. zu den ökonomischen Besonderheiten o. Teil 1. A. III.

einem analogen Kauf der Fall sei.[815] Denn schließlich habe die Rechteinhaber:in aufgrund dieser Besonderheiten ein wirtschaftlich nachvollziehbares Interesse daran, die Veräußerung ihres digitalen Inhalts kontrollieren zu können und die Bildung eines Sekundärmarktes zu verhindern.[816]

bb) Argumente für die Weiterveräußerbarkeit digitaler Inhalte als vernünftige Verbrauchererwartung

Gegen diese Argumentation wird angeführt, dass die Besonderheiten digitaler Inhalte nicht zwangsläufig zu einer Verneinung der Verkehrsfähigkeit digitaler Inhalte (als vernünftige Verbrauchererwartung) führen müssten.[817] Denn der fehlenden Rivalität könne mit technischen Schutzmaßnahmen, die eine gleichzeitige Nutzung verhindern, entgegengewirkt und die fehlende Abnutzung durch eine Anpassung des Erstverkaufspreises ausgeglichen werden.[818] Zudem gebe es auch wirtschaftliche Argumente, die für eine Weiterveräußerbarkeit digitaler Inhalte sprächen.[819] So würde diese dazu führen, dass digitale Inhalte innovationsfördernd genutzt werden könnten, bspw., indem sie bearbeitet oder angepasst würden.[820] Zudem würde die Privatsphäre der Erwerber:innen besser geschützt, wenn Rechteinhaber:innen bzw. Plattformen, auf denen die Inhalte angeboten werden, die Nutzung der Inhalte nicht mehr kontrollieren könnten.[821] Weiterhin würden die Transaktionskosten auf dem Sekundärmarkt für digitale Inhalte – auch bei Verträgen zwischen Verbraucher:innen – deutlich sinken, da keine umfangreichen Informationen mehr darüber erforderlich wären, welchen urheberrechtlichen Beschränkungen der „gebrauchte" digitale Inhalt unterliegt.[822] Dies gelte im Übrigen auch auf dem Primärmarkt, da Erwerber:innen sich auch hier nicht mehr bei jedem Erwerbsvorgang in umfangreichen Maße darüber informieren müssten, welche Rechte sie erwerben und welchen Beschränkungen die Nutzung unterliegt.[823]

---

815 *Spindler*, JIPITEC Vol. 12 No. 3 (2021), 111, Rn. 44; vgl. auch *Hofmann*, ZUM 2020, 136, 138.

816 *Grünberger*, AcP 2018, 213, 277; *Spindler*, JIPITEC Vol. 12 No. 3 (2021), 111, Rn. 44.

817 *Kuschel/Rostam*, CR 2020, 393, 397.

818 Ebd.

819 *Grünberger*, AcP 2018, 213, 277; *Kerber*, ZGE 2016, 149, 153 ff.

820 *Kerber*, ZGE 2016, 149, 155.

821 *Kerber*, ZGE 2016, 149, 165.

822 *Kerber*, ZGE 2016, 149, 153.

823 *Perzanowski/Schultz*, S. 8.

cc) Streitentscheid

Die Argumente, die gegen die Verkehrsfähigkeit als *vernünftige* Verbrauchererwartung vorgebracht werden und die sich maßgeblich auf die wirtschaftlichen Besonderheiten digitaler Inhalte stützen, lassen sich, wie soeben dargelegt, entkräften, indem technische Schutzmaßnahmen ergriffen und die Erstverkaufspreise angeglichen werden. Da damit auch dem wirtschaftlichen Interesse der Rechteinhaber:in gedient wäre, sprechen die überwiegenden Argumente für die Verkehrsfähigkeit digitaler Inhalte als vernünftige Verbrauchererwartung. Verbraucher:innen können im Ergebnis also die Berechtigung zur Weiterveräußerung gem. Art. 8 Abs. 1 Buchst. b DI-RL vernünftigerweise erwarten.[824]

c) Zwischenfazit

Die „genuin vertragsrechtliche Würdigung“[825] der Frage der Weiterveräußerbarkeit digitaler Inhalte weicht im Ergebnis also von den urheberrechtlichen Wertungen ab. Denn nach der Rechtsprechung des *EuGHs* ist nicht in jedem Fall von einer Erschöpfung und damit von der Verkehrsfähigkeit digitaler Inhalte auszugehen, sondern nur bei der dauerhaften, unkörperlichen Überlassung von Software. Dementsprechend sind auch vertragliche Beschränkungen bzw. Verbote der Weiterveräußerung in EULAs lediglich in Bezug auf Computerprogramme unzulässig. Die Verbraucher:in kann hingegen nach der DI-RL hinsichtlich sämtlicher digitaler Inhalte deren Verkehrsfähigkeit vernünftigerweise erwarten.

Die Abweichung ist zwar zunächst nicht wertungswidersprüchlich, weil die Rechtsprechung des *EuGHs* nur die Reichweite des urheberrechtlichen Erschöpfungsgrundsatzes betrifft.[826] Die Möglichkeit der Weiterveräußerung digitaler Inhalte mithilfe der Zustimmung der Rechteinhaber:in bleibt weiterhin bestehen.[827] Dementsprechend muss die Unternehmer:in dafür Sorge tragen, dass die Rechteinhaber:in der Nutzer:in ein entsprechendes Nutzungsrecht einräumt und das EULA der Rechteinhaber:in umgekehrt kein Weiterveräußerungsverbot enthält. Beinhaltet das EULA ein solches Verbot, entspricht diese Beschränkung

---

824 So auch *Grünberger*, ZUM 2020, 175, 190; *Grünberger*, AcP 2018, 213, 270 ff.; *Kuschel/Rostam*, CR 2020, 393, 397; *Oprysk/Sein*, IIC 2020, 594, 618 f.; *Schroeder*, George Washington Law Review Vol. 83 No. 1 (2014), 240, 268; *Spindler/Sein*, MMR 2019, 488, 490; a.A. *Hofmann*, ZUM 2020, 136, 138; *Rosenkranz*, ZUM 2021, 195, 207; im Ergebnis dagegen auch *Spindler*, JIPITEC Vol. 12 No. 3 (2021), 111, Rn. 44.

825 *Hofmann*, ZUM 2020, 136, 138.

826 *Kuschel/Rostam*, CR 2020, 393, 397.

827 Ebd.

nicht der objektiven Vertragsmäßigkeit gem. Art. 8 Abs. 1 Buchst. b DI-RL, stellt somit einen Rechtsmangel i.S.d. Art. 10 DI-RL dar und löst einen Abhilfeanspruch der Verbraucher:in gegenüber der Unternehmer:in aus.[828] Es ist dementsprechend zu erwarten, dass diese Abweichung der verbrauchervertragsrechtlichen von der urheberrechtlichen Beurteilung mittelbare Auswirkungen auf den Inhalt von EULAs haben wird.[829] Diese werden im weiteren Verlauf noch aufzeigt.[830]

d) Auswirkungen der Aktualisierungspflicht gem. Art. 8 Abs. 2 DI-RL auf die Verkehrsfähigkeit von Software

Abgesehen von der Abweichung der Bewertung von Weiterveräußerungsverboten in EULAs durch die DI-RL von derjenigen durch das Urheberrecht stellt sich die Frage, ob die DI-RL darüber hinaus auch zu einer Neubewertung der urheberrechtlichen Erschöpfung von Software führt. Grund hierfür könnte die durch Art. 8 Abs. 2 DI-RL eingeführte Aktualisierungspflicht sein.[831]

In Art. 8 Abs. 2 DI-RL werden erstmals Pflichten hinsichtlich der Bereitstellung von Updates durch die Unternehmer:in geregelt.[832] Bei Software-Abonnements, die ein mietähnliches Dauerschuldverhältnis darstellen, ist eine solche Pflicht zwar selbstredend, allerdings gilt die Regelung auch für die einmalige Bereitstellung digitaler Inhalte z.B. im Rahmen eines Kaufvertrages.[833] Dementsprechend differenziert die Vorschrift auch zwischen Dauerschuldverhältnissen, bei denen die Unternehmer:in für die Dauer des Vertrages zur Bereitstellung von Updates verpflichtet ist, damit der digitale Inhalte mangelfrei bleibt (Buchst. a), und der einmaligen Bereitstellung, bei der die Unternehmer:in zur Bereitstellung von Updates während des Zeitraums verpflichtet ist, den die Verbraucher:in vernünftigerweise erwarten kann (Buchst. b).[834]

Diese Aktualisierungspflicht könnte Auswirkungen auf die Begründung der Erschöpfung der Verbreitung von Software haben. So hatte der *Generalanwalt* in seinem Schlussantrag in der Sache Tom Kabinet argumentiert, Software würde im Vergleich zu Literatur-, Musik- oder Filmwerken aufgrund der in diesem

828 S. zu den Gewährleistungsansprüchen der Verbraucher:in noch Teil 2. B. VII.
829 Vgl. *Kuschel/Rostam*, CR 2020, 393, 400.
830 S. hierzu noch Teil 2. B. IX. 2.
831 Hierzu *Sattler*, NJW 2020, 3623, 3625.
832 *Spindler/Sein*, MMR 2019, 488, 488.
833 *Bach*, NJW 2019, 1705, 1707.
834 Ebd.

Bereich stetig voranschreitenden Technik schnell altern und sei daher auch nicht vergleichbar mit neuer Software.[835] Der *EuGH* hatte auf diese Argumentation in seinem Urteil ausdrücklich verwiesen.[836]

Die Unternehmer:innen müssen nun gem. Art. 8 Abs. 2 DI-RL auch bei der einmaligen, kaufähnlichen Bereitstellung und nicht nur im Rahmen eines Wartungsvertrages Updates vornehmen, und zwar so lang, wie die Verbraucher:in dies vernünftigerweise erwarten kann.[837] Der Zeitraum, über welchen die Aktualisierungspflicht gilt, kann gem. EG 47 DI-RL sogar die Gewährleistungsfrist überschreiten. Nach demselben Erwägungsgrund soll die Aktualisierungspflicht dafür sorgen, dass die digitalen Inhalte „in vertragsgemäßem Zustand bleiben und sicher bleiben". Vornehmlich ging es bei Einführung der Pflicht zur Bereitstellung von Updates darum, die Sicherheit der digitalen Inhalte zu gewährleisten und Cyberattacken vorzubeugen.[838] Daneben können allerdings auch die Kompatibilität und die Funktionalität der digitalen Inhalte aufgrund eines veränderten digitalen Umfelds Updates erfordern.[839] Da Unternehmer:innen daher in Zukunft auch bei der einmaligen Bereitstellung von Software dazu verpflichtet sind, diese über einen gewissen Zeitraum an eine veränderte digitale Umwelt anzupassen, wird das Argument des *Generalanwalts*, Software würde aufgrund der schnell voranschreitenden Technik auch schnell veralten, entkräftet.[840] Denn gebrauchte, aber stetig aktualisierte Software weist genauso wenig wie sonstige gebrauchte digitale Inhalte einen Qualitätsunterschied zu neuen Produkten auf.[841] Daher dürfte auch gebrauchte Software, sofern sie im Rahmen der Aktualisierungspflicht laufend aktualisiert wurde, für Zweiterwerber:innen einen Nutzen haben, sodass ein Sekundärmarkt für gebrauchte Software sehr wohl eine

835 *Generalanwalt beim EuGH (Szpunar)*, Schlussantrag v. 10.9.2019 – C-263/18, BeckRS 2019, 20448, Rn. 62.; s.o. Teil 2. B. V. 1. a) bb) (2) (b).

836 *EuGH*, Urt. v. 19.12.2019 – C-263/18, GRUR 2020, 179, 182 – NUV u.a./Tom Kabinet (m.Anm. *Ohly*); s.o. Teil 2. B. V. 1. a) bb) (2) (b).

837 *Sattler*, NJW 2020, 3623, 3625.

838 *Staudenmayer* in Schulze/Staudenmayer, DI-RL Art. 8 Rn. 116; *Tamm/Tonner* in Brönneke/Fönisch/Tonner, § 2 Rn. 128.

839 *Staudenmayer* in Schulze/Staudenmayer, DI-RL Art. 8 Rn. 117; *Tamm/Tonner* in Brönneke/Fönisch/Tonner, § 2 Rn. 128; *Wendehorst* in Stabentheiner/Wendehorst/Jud-Zöchling, S. 122; zur nationalen Parallelvorschrift des 327f BGB s.a. BT-Drs. 19/27653, S. 59.

840 Vgl. *Sattler*, NJW 2020, 3623, 3625.

841 *Schneider*, WRP 2021, 293, 300.

Beeinträchtigung der Interessen der Rechteinhaber:in befürchten lässt.[842] Dies gilt insbesondere vor dem Hintergrund, dass der *EuGH* in seiner „UsedSoft"-Entscheidung ausdrücklich darauf hingewiesen hatte, dass die Erschöpfung nicht nur die ursprüngliche, sondern auch die aktualisierte Software umfasse, welche die Ersterwerber:in folglich weiterveräußern könne.[843]

Für die Beurteilung der Erschöpfung von Software dürfte es in Zukunft daher maßgeblich auf den Zeitraum ankommen, über den eine einmalig bereitgestellte Software aktualisiert wurde, der sich wiederum nach der vernünftigen Verbrauchererwartung beurteilt.[844] Bei der Festlegung dieses Zeitraums kann indes nicht auf Software allgemein abgestellt werden, vielmehr bedarf es einer Differenzierung zwischen verschiedenen Typen von Software, bspw. zwischen Anwendungssoftware und einem Betriebssystem, und der darauf gerichteten Verbrauchererwartung.[845] Jedenfalls eine solch pauschale Annahme, wie der *EuGH* sie in seiner „UsedSoft"-Entscheidung hinsichtlich der Erschöpfung der Verbreitung von Software mittels eines Downloads getroffen hatte, dürfte infolge der durch die DI-RL eingeführten Aktualisierungspflicht im Ergebnis nicht mehr sachgerecht sein.[846]

Dementsprechend wäre zumindest eine teilweise Anpassung der Rechtsprechung des *EuGHs* erforderlich. Eine solche Anpassung wäre zwar insofern wünschenswert, als so ein jedenfalls teilweiser Gleichlauf der Beurteilung der Verkehrsfähigkeit von Software und sonstigen digitalen Inhalten wie E-Books hergestellt werden könnte und damit insbesondere eine einfachere Beurteilung der Verkehrsfähigkeit von komplexen digitalen Inhalten, die aus Software und sonstigen digitalen Werken bestehen, möglich wäre. Andererseits würde zumindest eine Ablehnung der Erschöpfung der Verbreitung von Computerprogrammkopien mittels Downloads aufgrund der fehlenden Alterung von Software den Wertungswiderspruch zwischen Urheber- und Verbrauchervertragsrecht, der bislang nur hinsichtlich digitaler Inhalte wie E-Books besteht, auf

842 So aber die Argumentation des *Generalanwalts beim EuGH (Szpunar),* Schlussantrag v. 10.9.2019 – C-263/18, BeckRS 2019, 20448, Rn. 62.

843 *EuGH*, Urt. v. 3.7.2012 – C-128/11, ZIP 2012, 1610, 1614 – UsedSoft; S.o. Teil 2. B. V. 1. a) bb) (1).

844 Ähnlich *Schneider*, WRP 2021, 293, 300.

845 *BMJV*, Referentenentwurf eines Gesetzes zur Umsetzung der Richtlinie über bestimmte vertragsrechtliche Aspekte der Bereitstellung digitaler Inhalte und digitaler Dienstleistungen, veröffentlicht am 3.11.2020, abrufbar unter https://www.bmjv.de/SharedDocs/Gesetzgebungsverfahren/DE/Bereitsstellung_digitaler_Inhalte.html.

846 Ähnlich *Schneider*, WRP 2021, 293, 300.

Software ausweiten, da Verbraucher:innen vernünftigerweise die Verkehrsfähigkeit aller digitalen Inhalte erwarten können.

Letztlich sollte sich daher auf die Erkenntnis konzentriert werden, dass durch die auch für Computerprogramme geltende Aktualisierungspflicht gem. Art. 8 Abs. 1 DI-RL die – ohnehin infrage stehenden[847] – wirtschaftlichen Unterschiede zwischen Computerprogrammen und sonstigen digitalen Inhalten wie E-Books vollständig beseitigt werden. Dass diese Tatsache zwangsläufig dazu führt, dass für sämtliche digitale Inhalte eine Erschöpfung infolge der Online-Übertragung mittels Downloads abgelehnt werden muss, ist damit aber nicht gesagt. Vielmehr lassen sich, wie an späterer Stelle ausführlich erläutert wird, auch dogmatische Argumente dafür finden, die Rechtsprechung des *EuGHs* in der Sache „UsedSoft" auch auf sonstige digitale Inhalte wie E-Books auszuweiten.[848]

Fest steht jedenfalls, dass die „UsedSoft"-Entscheidung des *EuGHs*, in der die Erschöpfung infolge der Überlassung von Software mittels Downloads zum großen Teil aufgrund ökonomischer Erwägungen, insbesondere der schnellen Alterung von Computerprogrammen, bejaht wurde, infolge der Aktualisierungspflicht der DI-RL so nicht aufrechtzuerhalten ist.

2. *Beschränkung der Anzahl von (Sicherungs-)Kopien*

Die wohl gängigste Klausel, die sich in EULAs findet, beschränkt die zulässige Anzahl von (Sicherungs-)Kopien, welche die Endnutzer:in anfertigen darf.[849]

Die meisten EULAs beinhalten Vorgaben hinsichtlich der Anfertigung von Sicherungskopien und sonstiger (dauerhafter) privater Vervielfältigungen.[850]

a) Urheberrechtliche Wertungen

Auch in Bezug auf die Anfertigung von (Sicherungs-)Kopien muss bei der urheberrechtlichen Beurteilung deren Zulässigkeit zwischen Computerprogrammen und sonstigen digitalen Inhalten unterschieden werden.[851]

---

847 S.o. Teil 2. B. V. 1. a) bb) (3) (a) (bb).

848 S. hierzu noch Teil 3. A. IV. 3. b).

849 *Oprysk/Sein*, IIC 2020, 594, 601; vgl. auch *Kuschel/Rostam*, CR 2020, 393, 394.

850 Vgl. *Oprysk/Sein*, IIC 2020, 594, 601 ff.

851 *Kuschel/Rostam*, CR 2020, 393, 394.

aa) Sicherungskopien und bestimmungsgemäße Nutzung von Computerprogrammen, § 69d Abs. 1, 2 UrhG

Für Computerprogramme findet sich in § 69d Abs. 2 S. 1 UrhG in Umsetzung von Art. 5 Abs. 2 der Computerprogramm-RL die bereits erwähnte explizite Schranke für die Anfertigung von Sicherungskopien. Daneben enthält die Schranke für die bestimmungsgemäße Benutzung gem. § 69d Abs. 1 UrhG, die Art. 5 Abs. 1 Computerprogramm-RL umsetzt, wie sich zeigen wird, einen zwingenden Kern an (Vervielfältigungs-)Handlungen, der vertraglich nicht abbedungen werden kann.

(1) Sicherungskopien, § 69d Abs. 2 S. 1 UrhG

Gem. § 69d Abs. 2 S. 1 UrhG darf die zur Benutzung eines Computerprogramms berechtigte Person eine Sicherungskopie erstellen, wenn sie für die Sicherung der künftigen Benutzung erforderlich ist. § 69d Abs. 2 S. 1 UrhG hat zwingenden Charakter, daher sind vertragliche Bedingungen, die dagegen verstoßen, gem. § 69g Abs. 2 UrhG nichtig.[852]

Allerdings erlaubt die Regelung nicht die Anfertigung von Sicherungskopien durch die Nutzer:in per se.[853] Maßgeblich ist, inwiefern die Sicherungskopie erforderlich ist, um die „berechtigten Sicherungsbedürfnisse" der Nutzer:innen zu befriedigen.[854] Es soll verhindert werden können, dass das Computerprogram durch nicht vorsehbare Ereignisse verloren geht bzw. nicht mehr nutzbar ist.[855] Die Erforderlichkeit ist dann zu verneinen, wenn die Nutzer:in eine Sicherungskopie von der Hersteller:in erhalten hat.[856] Die Anfertigung einer Sicherungskopie dürfte hingegen auch dann erforderlich sein, wenn die Hersteller:in sich verpflichtet, im Falle des Verlusts oder der Beschädigung einen Ersatzdatenträger zu liefern, da der Nutzer:in nicht zuzumuten sein dürfte, auf den Verlust bzw. die Beschädigung des Originaldatenträgers hinzuweisen, diesen zu verschicken und auf die Lieferung des Ersatzes zu warten.[857]

---

852 *Spindler* in Schricker/Loewenheim, UrhG, § 69d Rn. 16.

853 *Grützmacher* in Wandtke/Bullinger, UrhG, § 69d Rn. 67.

854 *Czychowski* in Fromm/Nordemann, UrhG, § 69d Rn. 25.

855 Ebd.; *Grützmacher* in Wandtke/Bullinger, UrhG, § 69d Rn. 67.

856 BT-Drs. 12/4022, S. 12; *Haberstumpf* in Lehmann, Kap. II Rn. 160; *Hoeren/Schuhmacher*, CR 2000, 137, 139 f.; *Lehmann*, NJW 1993, 1822, 1823.

857 *Grützmacher* in Wandtke/Bullinger, UrhG, § 69d Rn. 67; *Hoeren/Schuhmacher*, CR 2000, 137, 140; a.A. *Marly*, S. 183.

Die Erforderlichkeit bestimmt außerdem darüber, wie viele Sicherungskopien angefertigt werden dürfen.[858] Zwar wird z.T. aufgrund des Wortlauts des § 69d Abs. 2 S. 1 UrhG, der von „einer Sicherungskopie" spricht, davon ausgegangen, dass tatsächlich nur eine einzige Sicherungskopie angefertigt werden darf.[859] Nach anderer Ansicht aber legt der Wortlaut eine solche Auslegung nicht zwangsläufig nahe, da der Gesetzgeber bei der Formulierung der Vorschrift lediglich einen unbestimmten Artikel gewählt hat.[860] Daher wird überwiegend auch bezüglich der zulässigen Anzahl von Sicherungskopien dafür plädiert, auf die Erforderlichkeit für die Sicherungsbedürfnisse der Nutzer:innen abzustellen.[861] Im Ergebnis dürfte auch danach aber regelmäßig die Erstellung von nur einer Sicherungskopie zulässig, weil erforderlich sein.[862]

Umstritten ist zudem, wer als berechtigt i.S.d. Vorschrift gilt. Z.T. wird angenommen, dass Berechtigte:r i.S.d. Vorschrift jede ist, der die Nutzung des Computerprogramms ausdrücklich mittels Vertrags erlaubt ist, der also Nutzungsrechte an dem Computerprogramm eingeräumt worden sind.[863] Somit sei die Berechtigung nach § 69d Abs. 2 S. 1 UrhG enger auszulegen als nach Abs. 1, der jede als berechtigt ansieht, die ein Computerprogramm rechtmäßig benutzt.[864] Grund hierfür sei vor allem, dass eine gleiche Auslegung des Begriffs der Berechtigung nach Abs. 2 wie nach Abs. 1 die Gefahr einer nicht mehr kontrollierbaren Menge an Vervielfältigungen des Computerprogrammes berge.[865] Der anderen Ansicht zufolge entspricht der Begriff der berechtigten Nutzer:in in § 69d Abs. 2 S. 1 UrhG dem des Abs. 1.[866] Denn würden nur vertraglich

---

858 *Dreier* in Dreier/Schulze, UrhG, § 69d Rn. 17; *Grützmacher* in Wandtke/Bullinger, UrhG, § 69d Rn. 69.

859 *Lehmann*, NJW 1993, 1822, 1823.

860 *Diedrich*, CR 2012, 69, 71.

861 *Czychowski* in Fromm/Nordemann, UrhG, § 69d Rn. 24; *Grützmacher* in Wandtke/Bullinger, UrhG, § 69d Rn. 69; *Wiebe* in Spindler/Schuster, UrhG, § 69d Rn. 25; *Diedrich*, CR 2012, 69, 71; *Hoeren/Schuhmacher*, CR 2000, 137, 140; *Marly*, S. 188 f.

862 *Dreier* in Dreier/Schulze, UrhG, § 69d Rn. 17; *Wiebe* in Spindler/Schuster, UrhG, § 69d Rn. 25.

863 *Dreier* in Dreier/Schulze, UrhG, § 69d Rn. 14; *Spindler* in Schricker/Loewenheim, UrhG, § 69d Rn. 18.

864 *Czychowski* in Fromm/Nordemann, UrhG, § 69d Rn. 23; *Dreier* in Dreier/Schulze, UrhG, § 69d Rn. 17; *Spindler* in Schricker/Loewenheim, UrhG, § 69d Rn. 18.

865 *Spindler* in Schricker/Loewenheim, UrhG, § 69d Rn. 18.

866 *Grützmacher* in Wandtke/Bullinger, UrhG, § 69d Rn. 71; *Wiebe* in Spindler/Schuster, UrhG, § 69d Rn. 23.

Berechtigte auch als Berechtigte i.S.d. Vorschrift gelten, würde dies insbesondere nach der „UsedSoft"-Entscheidung des *EuGHs* zu einer Schwächung der Position der Zweiterwerber:in führen.[867] Vor einer nicht mehr kontrollierbaren Menge an Vervielfältigungen sei die Rechteinhaber:in durch die Pflicht der Ersterwerber:in zur Vernichtung der Programmkopie geschützt.[868] Da vorliegend davon ausgegangen wird, dass das EULA, welches eine vertragliche Beschränkung der Anfertigung von Sicherungskopien von Computerprogrammen enthält, gleichzeitig dazu dient, der Erwerber:in ein Nutzungsrecht an Computerprogramm einzuräumen,[869] ist diese auch nach der ersten, engeren Ansicht als Berechtigte i.S.d. § 69d Abs. 2 S. 1 UrhG einzuordnen. Ein Streitentscheid kann daher dahinstehen.

(2) Bestimmungsgemäße Benutzung, § 69d Abs. 1 UrhG

Auch nach § 69d Abs. 1 UrhG sind u.a. Vervielfältigungen des Computerprogrammes durch die Nutzer:in zulässig, sofern sie für die bestimmungsgemäße Benutzung erforderlich sind.[870] Allerdings gilt dies nach dem ersten Hs. der Vorschrift nur, „soweit keine besonderen vertraglichen Bestimmungen vorliegen". Grundsätzlich ist die Regelung dementsprechend dispositiv.[871] Anders als § 69d Abs. 2 S. 1 UrhG wird der Abs. 1 auch nicht in § 69g Abs. 2 UrhG erwähnt, welcher vertragliche Bestimmungen, die bestimmten Schrankenregelungen widersprechen, für unzulässig erklärt.[872] Allerdings besagt EG 13 der Computerprogramm-RL, dass technisch für die bestimmungsgemäße Verwendung erforderliche Vervielfältigungen des Programms, zu denen dem EG zufolge insbesondere das Laden und Ablaufen sowie die Fehlerberichtigung gehören, vertraglich nicht untersagt werden dürfen. Dementsprechend hat auch der deutsche Gesetzgeber einen „gewissen zwingenden Kern" des § 69d Abs. 1 UrhG anerkannt, der vertraglich nicht abbedungen werden kann.[873] Die Festlegung der Reichweite und des Stellenwerts dieses zwingenden Kerns wollte der Gesetzgeber allerdings der Rechtsprechung überlassen.[874]

---

867 *Wiebe* in Spindler/Schuster, UrhG, § 69d Rn. 23.
868 Ebd.
869 S.o. Teil 2. A. I. 2. c) bb).
870 S. hierzu o. Teil 2. A. I. 2. b) bb) (3).
871 *Grützmacher* in Wandtke/Bullinger, UrhG, § 69d Rn. 35; *Haberstumpf* in Lehmann, Kap. II Rn. 159; *Wiebe* in Spindler/Schuster, UrhG, § 69d Rn. 20.
872 BT-Drs. 12/4022, S. 12.
873 Ebd.
874 Ebd.

Auch in Literatur und Rechtsprechung wird demzufolge ein solcher abredefester Kern allgemein angenommen.[875] Zu diesem abredefesten Kern zählen sämtliche technisch erforderlichen Vervielfältigungen, um das Computerprogramm überhaupt nutzen zu können, also insbesondere die Installation, das Laden in den Arbeitsspeicher und das Ablaufenlassen des Programms sowie die Fehlerbeseitigung.[876] Fehlerbeseitigungen durch Nutzer:innen können aber dann vertraglich beschränkt werden, wenn die Hersteller:in selbst eine solche Fehlerberichtigung anbietet, wobei den Nutzer:innen jedoch ermöglicht werden muss, Dritte mit der Fehlerbeseitigung zu beauftragen, sofern die Hersteller:in hierzu nicht in der Lage oder bereit ist.[877]

bb) (Sicherungs-)Kopien von E-Books, § 53 Abs. 1 S. 1 UrhG

Für E-Books als sonstige digitale Inhalte fehlt es jedenfalls an einer ausdrücklichen Regelung hinsichtlich der Zulässigkeit der Anfertigung von Sicherungskopien.[878] Allerdings kann das Anfertigen von Sicherungskopien sowie von sonstigen Kopien nach dem bereits erwähnten § 53 Abs. 1 S. 1 UrhG, der Parallelvorschrift zu Art. 5 Abs. 2 Buchtst. b InfoSoc-RL, Vervielfältigungen zum privaten Gebrauch erlaubt, zulässig sein,[879] sofern dessen Voraussetzungen erfüllt sind.[880]

---

875 *BGH*, Urt. v. 17.7.2013 – I ZR 129/08, GRUR 2014, 264, 266; *BGH*, Urt. v. 24.10.2002 – I ZR 3/00, GRUR 2003, 416, 419 – CPU-Klausel; *BGH*, Urt. v. 24.2.2000 – I ZR 141/97, GRUR 2000, 866, 868 – Programmfehlerbeseitigung; *Czychowski* in Fromm/Nordemann, UrhG, § 69d Rn. 4; *Dreier* in Dreier/Schulze, UrhG, § 69d Rn. 12; *Grützmacher* in Wandtke/Bullinger, UrhG, § 69d Rn. 40; *Kaboth/Spies* in BeckOK UrhR, UrhG, § 69d Rn. 10 f.; *Spindler* in Schricker/Loewenheim, UrhG, § 69d Rn. 13; *Wiebe* in Spindler/Schuster, UrhG, § 69d Rn. 20; *Baus*, MMR 2002, 14, 15; *Bröckers*, MMR 2011, 18, 18; *Diedrich*, CR 2012, 69, 70; *Hoeren*, GRUR 2010, 665, 667; *Lehmann*, NJW 1993, 1822, 1823; *Schneider/Spindler*, CR 2014, 213, 215.

876 *Dreier* in Dreier/Schulze, UrhG; § 69d Rn. 12; *Grützmacher* in Wandtke/Bullinger, UrhG, § 69d Rn. 41; *Wiebe* in Spindler/Schuster, UrhG§ 69d Rn. 20; *Lehmann*, NJW 1993, 1822, 1824.

877 *BGH*, Urt. v. 24.2.2000 – I ZR 141/97, GRUR 2000, 866, 868 – Programmfehlerbeseitigung; *Dreier* in Dreier/Schulze, UrhG, § 69d Rn. 12; *Wiebe* in Spindler/Schuster, UrhG, § 69d Rn. 20.

878 Vgl. *Kuschel/Rostam*, CR 2020, 393, 394.

879 Vgl. *Becker*, ZUM 2012, 643, 644 f., 648 f., 651.

880 S. zu den Voraussetzungen o. Teil 2. A. I. 2. b) bb) (2).

(1) Einschränkung für E-Books gem. § 53 Abs. 4 Buchst. b UrhG

Allerdings stellt sich die Frage, ob die Privatkopieschranke auf E-Books überhaupt uneingeschränkte Anwendung findet. Denn in § 53 Abs. 4 Buchst. b UrhG findet sich eine wichtige Einschränkung der Zulässigkeit von Privatkopien. Danach ist „die Vervielfältigung eines Buches oder einer Zeitschrift, wenn es sich um eine im Wesentlichen vollständige Vervielfältigung handelt, [...] stets nur mit Einwilligung des Berechtigten zulässig [...]“, sofern dieses nicht seit mindestens zwei Jahren vergriffen ist. Zu klären ist, ob diese Einschränkung der Privatkopierfreiheit auch für E-Books gilt.[881]

(a) Meinungsstand

In der Begründung zum Gesetzesentwurf heißt es, mit der Einschränkung solle der aufgrund von verbesserten technischen Vervielfältigungsmöglichkeiten, günstigen Kopier- und steigenden Bücherpreisen erheblich gestiegenen Anzahl an privaten Vervielfältigungen von Büchern entgegengewirkt werden, der die teure und aufwendige Herstellung insbesondere von Fachbüchern gegenübersteht.[882] Auf diese Begründung bezugnehmend wird teilweise eine Anwendung der Einschränkung des § 53 Abs. 4 Buchst. b UrhG auf E-Books abgelehnt, da insbesondere die hohen Druck- und Lagerkosten bei der Produktion von E-Books wegfallen würden und der Vertriebsweg sich verkürzen könnte.[883] Hersteller:innen von E-Books seien vielmehr mit sonstigen Rechteinhaber:innen, insbesondere von Musikwerken, vergleichbar, für die keine Einschränkung der Privatkopierfreiheit existiere.[884] Hinzu komme, dass schon der rezeptive Werkgenuss eine Vervielfältigung voraussetze, sodass das Allgemeininteresse daran, Privatkopien anfertigen zu dürfen, sehr viel höher sei als bei herkömmlichen Büchern.[885]

Für eine Anwendung der Einschränkung des § 53 Abs. 4 Buchst. b UrhG auch auf E-Books wird angeführt, dass die Vorschrift technikneutral formuliert sei und daher, wie auch § 16 Abs. 1 UrhG und § 53 Abs. 1 S.1 UrhG sowohl für analoge wie auch für digitale Vervielfältigungen gelte.[886]

---

881 Ausführlich hierzu *Henke*, S. 78 ff.

882 BT-Drs. 10/837, S. 17.

883 *Kuß*, K&R 2012, 76, 80; *Lauber-Rönsberg*, S. 204; *Orgelmann*, S. 112 f.; *Stieper*, AfP 2010, 217, 218 f.; *v. Diemar*, S. 43 ff.

884 *Kitz*, MMR 2001, 727, 730; *Kuß*, K&R 2012, 76, 80; vgl. auch *Orgelmann*, S. 113.

885 *Stieper*, AfP 2010, 217, 219.

886 *Kuschel*, S. 20.

Zudem sei der mit der Einschränkung verfolgte, bereits genannte Zweck nicht auf den Bereich analoger Bücher beschränkt.[887] Das Interesse der Rechteinhaber:innen sei im Hinblick auf E-Books sogar noch weitaus mehr gefährdet.[888] Denn zum einen ließen sich Vervielfältigungen von E-Books im Gegensatz zu Kopien gedruckter Bücher ohne qualitative Verluste herstellen,[889] sodass wenig Anreiz bestehe, ein Original zu erwerben.[890] Zum anderen lasse sich der Kopiervorgang als solcher deutlich leichter und schneller umsetzen.[891] Außerdem würden Verlage Bücher oft nicht nur digital, sondern gleichzeitig auch als gedrucktes Exemplar vertreiben, sodass weiterhin hohe Druckkosten anfallen würden.[892]

(b) Stellungnahme

Gegen das Argument, die Vorschrift des § 53 Abs. 4 Buchst. b UrhG sei technikneutral formuliert und müsse daher auch für E-Books gelten, spricht, dass die Begründung zum Gesetzesentwurf aus dem Jahr 1983 und die Vorschrift selbst aus dem Jahr 1985 stammt. Das erste käufliche E-Book wurde allerdings erst 1988 veröffentlicht.[893] Aufgrund der zeitlichen Gegebenheiten ist daher davon auszugehen, dass der Gesetzgeber von einem Buchbegriff ausgegangen sein musste, der lediglich Druckexemplare umfasst.[894]

Die Begründung, Hersteller:innen von E-Books seien aufgrund der noch schnelleren und einfachen Vervielfältigungsmöglichkeiten sogar einem höheren Absatzrisiko als Hersteller:innen gedruckter Bücher ausgesetzt, lässt sich durch das bereits genannte Argument entkräften, dass die Musik- wie auch die Filmindustrie derselben Gefahr ausgesetzt sind, für diese jedoch keine entsprechende Privilegierung besteht. Von einem Verbot der Kopie von Musikwerken für private Zwecke wurde im Gesetzesentwurf zum „Zweiten Korb"[895] vielmehr bewusst abgesehen.[896]

---

887 Ebd.

888 Ebd.

889 S. hierzu o. Teil 1. A. III. 3.

890 *Ganzhorn*, S. 259; *Kuschel*, S. 20; *Poeppel*, S. 56.

891 *Kuschel*, S. 20.

892 Ebd.; darauf hinweisend auch *Kitz*, MMR 2001, 727, 730.

893 *Schrape*, S. 31

894 *Henke*, S. 80.

895 Zweites Gesetz zur Regelung des Urheberrechts in der Informationsgesellschaft, BGBl. 2007, Teil I Nr. 54, 2513.

896 BT-Drs. 16/1828, S. 19.

Auch das Argument, Verlage seien, sofern sie neben den E-Books auch gedruckte Exemplare publizieren, weiterhin hohen Druckkosten ausgesetzt, kann nicht überzeugen. Denn Verlage entscheiden sich eigenständig dazu, mit einer elektronischen Version Konkurrenz zu dem gedruckten Buch zu schaffen, wobei sie selbst die Möglichkeit haben, das E-Book erst dann zu publizieren, wenn die erste Auflage des gedruckten Buches verkauft ist.[897] Sofern sie mit einem E-Book eine zusätzliche Absatzquelle schaffen möchten, müssen sie auch die entsprechenden Schranken berücksichtigen.[898]

Im Ergebnis ist die Anwendbarkeit des § 53 Abs. 4 Buchst. b UrhG auf E-Books daher zu verneinen. E-Books dürfen also auch vollständig für den privaten Gebrauch vervielfältigt werden, sofern die Voraussetzungen des § 53 Abs. 1 S. 1 UrhG erfüllt sind.

(2) Zwischenfazit

§ 53 Abs. 1 S. 1 UrhG gilt auch für die vollständige Vervielfältigung von E-Books, da die Einschränkung des § 53 Abs. 4 Buchst. b UrhG auf diese nach hier vertretener Auffassung nicht anwendbar ist.

Es fehlt bezüglich § 53 Abs. 1 S. 1 UrhG allerdings an einer vergleichbaren Vorschrift zu § 69g Abs. 2 UrhG, die der Schrankenbestimmung widersprechende vertragliche Regelungen für unzulässig erklärt. Auch ein zwingender Kern der Schranke für Privatkopien, der vertraglich nicht umgangen werden darf, existiert nicht. Dementsprechend ist die Schranke nach hier vertretener Auffassung, wie erläutert, dispositiv und kann daher auch durch eine vertragliche Regelung abbedungen werden.[899] Das Urheberrecht verbietet daher die Beschränkung der Anfertigung von (Sicherungs-)Kopien digitaler Inhalte, die keine Software sind, nicht.

cc) Zusammenfassung

Zusammenfassend lässt sich festhalten, dass die zur Nutzung Berechtigte gem. § 69d Abs. 2 S. 1 UrhG regelmäßig jedenfalls eine Sicherungskopie eines Computerprogramms anfertigen darf. Inwieweit die vertragliche Beschränkung der Anzahl von Sicherungskopien zulässig ist, ist davon abhängig, wie viele Sicherungskopien erforderlich sind, um den Sicherungsbedürfnissen der Nutzer:innen gerecht zu werden. Da hierfür i.d.R. nur eine Sicherungskopie

---

897 *Kitz*, MMR 2001, 727, 730.
898 Ebd.
899 S.o. Teil 2. A. I. 2. c) cc).

erforderlich ist, dürften vertragliche Regelungen, welche die Anfertigung nur dieser einen Sicherungskopie erlauben, in den meisten Fällen zulässig sein. Vertragliche Verbote, Sicherungskopien anzufertigen, sind hingegen grundsätzlich gem. § 69g Abs. 2 UrhG unzulässig und nur dann erlaubt, wenn eine Sicherungskopie durch die Hersteller:in bereitgestellt wird.[900]

§ 69d Abs. 1 UrhG, der Vervielfältigungen zum bestimmungsgemäßen Gebrauch des Computerprogramms erlaubt, ist, wie sich aus dem ersten Halbsatz ergibt, anders als Abs. 2 grundsätzlich dispositiv. Allerdings weist die Vorschrift nach den Gesetzesmaterialien einen zwingenden Kern auf, der nicht abbedungen werden kann. Zu diesem zwingenden Kern zählen alle technisch notwendigen (Vervielfältigungs-)Handlungen für die Nutzung des Computerprogramms, zu denen jedenfalls die Installation, das Laden in den Arbeitsspeicher, das Ablaufenlassen des Programms sowie die Fehlerbeseitigung zählen, die folglich vertraglich nicht beschränkt werden können.

Gem. § 53 Abs. 1 S. 1 UrhG dürfen grundsätzlich auch Sicherungs- und sonstige Kopien von E-Books zum privaten Gebrauch angefertigt werden. Die Ausnahme gem. § 53 Abs. 4 Buchst. b UrhG ist nach hier vertretener Auffassung nicht auf E-Books anwendbar, sodass auch vollständige Kopien der digitalen Bücher zulässig sind.

Da § 53 Abs. 1 S. 1 UrhG allerdings dispositiv ist, kann die Schranke grundsätzlich durch vertragliche Vereinbarung abbedungen werden.[901]

b) Objektive Vertragsmäßigkeit gem. Art. 8 Abs. 1 Buchst. b DI-RL

Fraglich ist, wie Klauseln in EULAs, welche die Anfertigung von Kopien beschränken, nach der DI-RL beurteilt werden.

Während des Gesetzgebungsprozesses wurden von verschiedenen Seiten Vorschläge dazu unterbreitet, die Möglichkeit für Verbraucher:innen, Kopien des digitalen Inhaltes anzufertigen, in der Richtlinie gesetzlich abzusichern.[902] So forderte das *European Law Institute*, dass aus der DI-RL eindeutig hervorgehen sollte, dass Verbraucher:innen u.a. erwarten dürfen, private Kopien sowie Sicherungskopien von Computerprogrammen anzufertigen, wie dies auch durch das jeweilig anwendbare Urheberrecht gestattet wird.[903] *Beale* schlug daneben vor,

900 *Hoeren/Schuhmacher*, CR 2000, 137, 139 f.

901 S. hierzu o. Teil 2. A. I. 2. c) cc).

902 *Oprysk/Sein*, IIC 2020, 594, 612.

903 *European Law Institute*, Statement on the European Commission's Proposed Directive on the Supply of Digital Content to Consumers, S. 24.

jedenfalls eine Vorschrift dazu in die Richtlinie aufzunehmen, dass Verbraucher:innen stets eine neue Kopie erhalten, wenn die ursprüngliche Kopie nicht mehr nutzbar ist.[904] Doch auch bereits lange vor der Veröffentlichung des Vorschlags über die DI-RL wurden ähnliche Überlegungen geäußert.[905] Schon 2008 sprach sich *Rott* für die Einführung eines sog. „i-Consumer Contract Law“ aus, in dem u.a. ein zwingendes Recht für Verbraucher:innen enthalten sein sollte, Kopien anzufertigen.[906] Auch *Loos et al.* schlugen in einem Entwurf für ein Verbraucherschutzmodell in Bezug auf Verträge über digitale Inhalte vor, eine Regelung aufzunehmen, wonach Verbraucher:innen grundsätzlich ermöglicht werden muss, Sicherheits- sowie private Kopien von dauerhaft übertragenen digitalen Inhalten anzufertigen.[907]

Die genannten Vorschläge wurden allerdings nicht in die DI-RL übernommen, sodass es an einer ausdrücklichen Regelung hinsichtlich der Anfertigung von (Sicherheits- und privaten) Kopien in der Richtlinie fehlt.[908] Ein maßgebliches Kriterium für die Beurteilung, ob die Anfertigung von Kopien Bestandteil der objektiven Vertragsgemäßheit digitaler Inhalte ist, ist daher erneut die vernünftige Verbrauchererwartung gem. Art. 8 Abs. 1 Buchst. b DI-RL.[909]

Eine allgemeingültige Antwort auf die Frage, ob stets eine vernünftige Verbrauchererwartung dahingehend anzunehmen ist, (Sicherungs- oder private) Kopien digitaler Inhalte anfertigen zu dürfen, lässt sich wohl kaum formulieren.[910] Tatsächlich wurde in der bereits genannten Studie zur Verbraucherwahrnehmung des „digitalen Eigentums“ auf dem Büchermarkt festgestellt, dass Verbraucher:innen beim dauerhaften Erwerb digitaler Inhalte insbesondere enttäuscht über die nur eingeschränkte Möglichkeit waren, Kopien für den privaten Gebrauch anzufertigen.[911]

---

904 *Beale*, Scope of the application and general approach of the new rules for contracts in the digital environment, S. 27, abrufbar unter http://www.epgencms.europarl.europa.eu/cmsdata/upload/4a1651c4-0db0-4142-9580-89b47010ae9f/pe_536.493_print.pdf (zuletzt abgerufen am 23.4.2023).

905 Vgl. *Oprysk/Sein*, IIC 2020, 594, 612.

906 *Rott*, Journal of Consumer Policy Vol. 31 No. 4 (2008), 441, 454.

907 *Loos et al.*, S. 224.

908 *Oprysk/Sein*, IIC 2020, 594, 612; *Spindler*, JIPITEC Vol. 12 No. 3 (2021), 111, Rn. 47.

909 *Oprysk/Sein*, IIC 2020, 594, 612; vgl. auch *Kuschel/Rostam*, CR 2020, 393, 396; *Spindler*, JIPITEC Vol. 12 No. 3 (2021), 111, Rn. 47.

910 Vgl. *Oprysk/Sein*, IIC 2020, 594, 612.

911 *Helm et al.*, Electronic Markets Vol. 28 No. 2 (2018), 177, 181.

Hinsichtlich digitaler Inhalte, die auf einer CD oder DVD bereitgestellt werden, kann durchaus die vernünftige Verbrauchererwartung angenommen werden, private Kopien insbesondere zu Sicherungszwecken anfertigen zu können.[912] Denn diese Datenträger sind einer erhöhten Anfälligkeit sowohl für Schäden als auch für die fehlende Interoperabilität mit einer veränderten digitalen Umwelt ausgesetzt.[913] Daher besteht für Verbraucher:innen, die einen digitalen Inhalt auf diesem Wege erwerben, auch ein erhöhtes Bedürfnis danach, insbesondere Sicherungskopien anzufertigen.[914]

Bezüglich digitaler Inhalte, die nicht auf einem körperlichen Datenträger, sondern mittels Downloads bereitgestellt werden, muss hingegen zwischen der dauerhaften und der nur vorübergehenden Bereitstellung differenziert werden.[915] Jedenfalls sofern es sich um einen Vertrag über die dauerhafte Bereitstellung eines digitalen Inhaltes handelt, bei dem die Verbraucher:in gem. EG 56 DI-RL „unbefristeten Zugang auf *(sic)* und unbefristete Nutzungsrechte für die digitalen Inhalte" hat, dürfte grundsätzlich die berechtigte Verbrauchererwartung bestehen, zumindest eine Sicherungskopie anzufertigen.[916] Denn die Verbraucher:in hat die auch durch EG 56 DI-RL geschützte Annahme, dass der digitale Inhalt dauerhaft zugänglich und nutzbar ist. Die dauerhafte Zugänglichkeit und Nutzbarkeit könnte jedoch gefährdet sein, sofern keine Sicherungskopie des digitalen Inhaltes existiert.[917] Allerdings dürfte die berechtigte Verbrauchererwartung, Sicherheitskopien anzufertigen, dadurch beschränkt werden, dass die Unternehmer:in die Möglichkeit anbietet, eine Kopie des digitalen Inhalts erneut herunterzuladen, sofern die ursprüngliche zerstört oder aus sonstigen Gründen nicht mehr nutzbar ist.[918] Denn in diesem Fall wird die dauerhafte Zugänglichkeit und Nutzbarkeit auf anderem Wege sichergestellt.[919]

912 *Oprysk/Sein*, IIC 2020, 594, 612.
913 Ebd.
914 Ebd.
915 Ebd.
916 *Kuschel/Rostam*, CR 2020, 393, 396; *Spindler*, JIPITEC Vol. 12 No. 3 (2021), 111, Rn. 47.
917 Vgl. *Kuschel/Rostam*, CR 2020, 393, 396.
918 *Oprysk/Sein*, IIC 2020, 594, 613; *Rott*, Journal of Consumer Policy Vol. 31 No. 4 (2008), 441, 448; *Spindler*, JIPITEC Vol. 12 No. 3 (2021), 111, Rn. 47.
919 Vgl. *Oprysk/Sein*, IIC 2020, 594, 613.

c) *Zwischenfazit*

Bei der Frage, ob eine vernünftige Verbrauchererwartung dahingehend anzunehmen ist, (Sicherungs- und private) Kopien anfertigen zu dürfen, muss differenziert werden.

Hinsichtlich digitaler Inhalte, die auf körperlichen Datenträgern wie einer CD oder DVD bereitgestellt werden, kann eine solche Verbrauchererwartung durchaus bejaht werden, da diese einer erhöhten Anfälligkeit für Schäden und fehlende Interoperabilität ausgesetzt sind.

Auch hinsichtlich digitaler Inhalte, die mittels Downloads dauerhaft bereitgestellt werden, besteht grundsätzlich die vernünftige Verbrauchererwartung, jedenfalls eine Sicherungskopie anfertigen zu dürfen, damit die dauerhafte Zugänglichkeit und Nutzbarkeit des Inhalts sichergestellt wird. Diese Verbrauchererwartung kann aber dadurch beschränkt werden, dass die Unternehmer:in eine erneute Kopie des digitalen Inhalts bereitstellt, sofern die ursprüngliche Kopie nicht mehr nutzbar ist.

Damit unterscheiden sich die urheberrechtlichen und verbrauchervertragsrechtlichen Wertungen nur hinsichtlich E-Books. Das Urheberrecht verbietet eine Beschränkung der Anfertigung von Sicherungskopien von E-Books nicht, da die urheberrechtlichen Schranken nach hier vertretener Ansicht – abgesehen von den gesetzlich normierten Ausnahmen – vertraglich abdingbar sind. Nach dem Verbrauchervertragsrecht hingegen ist für sämtliche digitalen Inhalte grundsätzlich die Anfertigung zumindest einer Sicherungskopie für Verbraucher:innen erwartbar.

3. *Beschränkung der Nutzung auf verschiedenen Geräten, CPU-Klauseln*

Eine weitere, häufig in EULAs zu findende Beschränkung betrifft die Nutzung digitaler Inhalte auf verschiedenen Geräten.[920] Die Nutzungsumgebung wird bei Computerprogrammen mittels sog. „CPU-Klauseln“ beschränkt. CPU steht dabei für Central Processing Unit und somit den Prozessor des Computers.[921] Die Klauseln gestatten die Nutzung des Computerprogrammes nur auf einem anhand der Serien- oder Typennummer konkret benannten Prozessor.[922] Ggf.

---

920 *Kuschel/Rostam*, CR 2020, 393, 394; *Oprysk/Sein*, IIC 2020, 594, 604; *Spindler*, JIPITEC Vol. 12 No. 3 (2021), 111, Rn. 49.

921 *Metzger*, NJW 2003, 1994, 1994.

922 *Baus*, S. 11 f.; *Kuschel*, S. 269; *Metzger*, NJW 2003, 1994, 1994; *Pres*, S. 232.

wird die Nutzung auf einem anderen Gerät nur dann erlaubt, wenn die angegebene Hardware ausgefallen ist.[923]

Auch in EULAs der Anbieter:innen von E-Books finden sich Beschränkungen der Nutzung auf verschiedenen Geräten.[924] Häufig wird die Nutzung in entsprechenden Klauseln an bestimmte Geräte und bestimmte Software geknüpft.[925]

Im Folgenden soll also die Beschränkung der Nutzung digitaler Inhalte auf verschiedenen Geräten im quantitativen Sinne behandelt werden, unter der Annahme, dass die Nutzung technisch möglich ist und die verschiedenen Geräte, auf denen der digitale Inhalt potenziell genutzt werden kann, nicht durch mehrere Personen, sondern nur durch ein und dieselbe Verbraucher:in genutzt werden.[926] Davon abzugrenzen ist die Frage der Nutzung auf verschiedenen Geräten im qualitativen Sinne, also die Frage, ob digitale Inhalte, die für die Nutzung auf einem bestimmten Gerät erworben wurden, überhaupt auf einem anderen Gerät nutzbar sind.[927] Hierbei handelt es sich um eine Frage der Interoperabilität digitaler Inhalte.[928]

a) Urheberrechtliche Wertungen

Bei der urheberrechtlichen Bewertung von Klauseln, welche die Nutzung digitaler Inhalte auf verschiedenen Geräten beschränken, muss erneut zwischen Computerprogrammen und E-Books als sonstigen digitalen Inhalten differenziert werden.

Hinsichtlich CPU-Klauseln, welche die Nutzung von Computerprogrammen nur auf einem bestimmten Prozessor erlauben, ist wiederum die Schranke der bestimmungsgemäßen Benutzung nach § 69d Abs. 1 UrhG und insbesondere deren abredefester Kern von Relevanz, welcher, wie erwähnt, alle zur Nutzung des Programms erforderlichen Handlungen umfasst.[929] Es stellt sich die Frage, ob CPU-Klauseln diesen zwingenden Kern erlaubter Handlungen berühren oder nicht. Der überwiegende Teil der Literatur ist der Auffassung, CPU-Klauseln von Software greifen jedenfalls dann, wenn keinerlei Ausweichmöglichkeit auf

---

923 *Metzger*, NJW 2003, 1994, 1994.

924 *Kuschel*, S. 269.

925 *Graef*, Rn. 38 ff.; *Kuß*, K&R 2012, 76, 77; *Lauber-Rönsberg*, S. 211; ausführlich hierzu *Oprysk/Sein*, IIC 2020, 594, 604 ff.

926 *Oprysk/Sein*, IIC 2020, 594, 614.

927 Ebd.

928 Vgl. *Oprysk/Sein*, IIC 2020, 594, 614; s. zur Interoperabilität sogleich Teil 2. B. V. 4.

929 S. hierzu ausführlich o. Teil 2. B. V. 2. a) aa) (2).

ein anderes Gerät für die Nutzer:in besteht, in diesen zwingenden Kern ein.[930] Denn sofern das Gerät bzw. der Prozessor beschädigt ist, kann auch die darauf installierte Software nicht mehr genutzt werden.[931]

Beim dauerhaften Erwerb eines Computerprogrammes muss außerdem im Rahmen der bestimmungsgemäßen Benutzung gem. § 69d Abs. 1 UrhG berücksichtigt werden, dass die Erwerber:in das Programm weitestgehend frei nutzen kann.[932] Eine CPU-Klausel beeinträchtigt die Nutzer:in aber in dieser Verwendungsfreiheit.[933] Zudem hindert eine solche Klausel auch den mit der Schranke des § 69d Abs. 1 UrhG bezweckten technischen Fortschritt, da der Nutzer:in die Möglichkeit genommen wird, das Computerprogramm auf eine neue, bspw. leistungsfähigere Hardware zu übertragen.[934]

CPU-Klauseln, welche die Nutzung nur auf einem bestimmten Prozessor ohne Ausweichmöglichkeit für die Nutzer:in erlauben, greifen im Ergebnis also in den zwingenden Kern des § 69d Abs. 1 UrhG ein.

Für E-Books fehlt es an einer dem § 69d Abs. 1 UrhG vergleichbaren Regelung. Zwar erlaubt es der bereits behandelte § 53 Abs. 1 S. 1 UrhG, mehrere Kopien eines geschützten Werkes anzufertigen. Gleichzeitig findet sich im Urheberrecht keine ausdrückliche Regelung, die es Rechteinhaber:innen ermöglicht, die Anfertigung dieser Kopien an nur ein Gerät zu knüpfen.[935] Allerdings können Rechteinhaber:innen gem. § 95a Abs. 1 UrhG technische Schutzmaßnahmen ergreifen, die von der Nutzer:in ohne Zustimmung nicht umgangen werden dürfen. Mittels dieser technischen Schutzmaßnahmen kann die Herstellung von Kopien zum privaten Gebrauch als solche begrenzt[936] und als eine zusätzliche Einschränkung an nur ein Gerät geknüpft werden.[937] Es wäre, wie bereits

930 *Frank/Schulz* in Berger/Wündisch, § 22 Rn. 117; *Grützmacher* in Wandtke/Bullinger, UrhG, § 69d Rn. 43; *Lehmann/Spindler* in Loewenheim, 1. Teil, § 9 Rn. 90; *Wiebe* in Spindler/Schuster, UrhG, § 69d Rn. 20; *Baus*, S. 164; *Pres*, S. 232 f.; in diese Richtung auch *BGH*, Urt. v. 24.10.2002 – I ZR 3/00, CR 2003, 323, 326 (m. Anm. *Wiebe*).

931 *Kuschel*, S. 271.

932 *Grützmacher* in Wandtke/Bullinger, UrhG, § 69d Rn. 43; *Spindler* in Schricker/Loewenheim, UrhG, § 69d Rn. 15c.

933 *Grützmacher* in Wandtke/Bullinger, UrhG, § 69d Rn. 43; *Spindler* in Schricker/Loewenheim, UrhG, § 69d Rn. 15c.

934 *Grützmacher* in Wandtke/Bullinger, UrhG, § 69d Rn. 43; *Spindler* in Schricker/Loewenheim, UrhG, § 69d Rn. 15c.

935 *Spindler*, JIPITEC Vol. 12 No. 3 (2021), 111, Rn. 50.

936 S.o. Teil 2. A. I. 2. d).

937 *Spindler*, JIPITEC Vol. 12 No. 3 (2021), 111, Rn. 50; vgl. auch *Schippel*, MMR 2016, 802, 807.

erläutert, wertungswidersprüchlich, würde man die faktische Einschränkung von Nutzungsmöglichkeiten, die durch urheberrechtliche Schranken erlaubt werden, mittels technischer Maßnahmen zulassen, vertragliche Beschränkungen dieser durch die Schranken erlaubten Nutzungshandlungen jedoch für unzulässig erklären.[938]

Dementsprechend kann die Rechteinhaber:in die Nutzung von E-Books aus urheberrechtlicher Perspektive vertraglich an nur ein Gerät knüpfen.

b) Objektive Vertragsmäßigkeit gem. Art. 8 Abs. 1 Buchst. b DI-RL

Entscheidend für die Beantwortung der Frage, ob eine Klausel, welche die Nutzung auf verschiedenen Geräten beschränkt, objektiv vertragsgemäß ist, ist erneut die vernünftige Verbrauchererwartung. Zu klären gilt es also, inwiefern Verbraucher:innen vernünftigerweise erwarten können, digitale Inhalte auf mehr als einem Gerät nutzen zu können.[939]

In der genannten Studie zur Verbraucherwahrnehmung des „digitalen Eigentums" auf dem Büchermarkt äußerten sich Verbraucher:innen im Hinblick auf E-Books enttäuscht, diese nicht auf verschiedenen Geräten nutzen zu können.[940] Auch andere Umfragen zur Nutzung digitaler Inhalte zeigen deutlich, dass die Nutzung auf verschiedenen Geräten für Verbraucher:innen von zentraler Bedeutung ist und sie sich mitunter auch bereit zeigen, hierfür mehr zu bezahlen.[941] Verbraucher:innen haben demnach regelmäßig die tatsächliche Erwartung, digitale Inhalte auf verschiedenen Geräten nutzen zu können.

Fraglich ist jedoch, inwiefern Verbraucher:innen die Nutzung digitaler Inhalte auf verschiedenen Geräten auch *vernünftigerweise* erwarten können. Hierbei zugrunde gelegt wird die Annahme, dass die Nutzung auf verschiedenen Geräten einzig der Gewährleistung des ununterbrochenen Gebrauchs des digitalen Inhaltes dienen soll.[942] Denn bei einem Vertrag über die dauerhafte Bereitstellung eines digitalen Inhalts muss dessen dauerhafte Zugänglichkeit und Nutzbarkeit sichergestellt sein.[943] Hierfür muss regelmäßig jedenfalls eine zusätzliche

938 S.o. Teil 2. A. I. 2. c) cc) (2).

939 *Oprysk/Sein*, IIC 2020, 594, 613.

940 *Helm et al.*, Electronic Markets Vol. 28 No. 2 (2018), 177, 181.

941 *Dufft et al.*, Digital Music Usage and DRM, S. 50, abrufbar unter https://www.itas.kit.edu/downloads/projekt/projekt_orwa04_indicare_110.pdf (zuletzt abgerufen am 23.4.2023); *Perzanowski/Hoofnagle*, University of Pennsylvania Law Review Vol. 165 No. 2 (2017), 315, 357 ff.

942 *Oprysk/Sein*, IIC 2020, 594, 614.

943 S.o. Teil 2. B. III. 2. b) aa).

Kopie angefertigt und diese jedenfalls auf einem weiteren Gerät gespeichert werden können, damit eine Nutzung auch dann möglich ist, wenn die Hardware, auf welcher der digitale Inhalt bisher genutzt wurde, defekt ist.[944] Die Nutzung auf einem neuen Gerät muss dann auch im Falle eines Defekts der ursprünglichen Hardware möglich sein.[945] Dementsprechend können Verbraucher:innen grundsätzlich vernünftigerweise erwarten, den digitalen Inhalt auf verschiedenen Geräten nutzen zu können, damit dessen dauerhafte Zugänglichkeit und Nutzbarkeit sichergestellt ist.[946] Hierbei muss allerdings eine Einschränkung gemacht werden: Für die dauerhafte Zugänglichkeit und Nutzbarkeit nicht erforderlich ist es, den digitalen Inhalt gleichzeitig auf verschiedenen Geräten nutzen zu können.[947] Daher können Verbraucher:innen eine simultane Nutzung eines digitalen Inhalts auf verschiedenen Geräten vernünftigerweise nicht erwarten.[948]

c) Zwischenfazit

Bei der urheberrechtlichen Beurteilung von Klauseln, welche die Nutzung digitaler Inhalte auf verschiedenen Geräten verbieten, muss zwischen Computerprogrammen und E-Books differenziert werden. Sog. CPU-Klauseln, welche die Nutzung eines Computerprogrammes nur auf einem Prozessor erlauben und der Nutzer:in auch keine Ausweichmöglichkeit auf ein anderes Gerät im Falle einer Beschädigung oder eines Defekts dieses Prozessors ermöglichen, verstoßen gegen den unabdingbaren Kern der Schranke der bestimmungsgemäßen Nutzung nach § 69d Abs. 1 UrhG. Die Nutzung von E-Books kann hingegen aus urheberrechtlicher Sicht an nur ein Gerät geknüpft werden.

Aus verbrauchervertragsrechtlicher Sicht besteht bei Verträgen über die dauerhafte Bereitstellung eines digitalen Inhalts gem. Art. 8 Abs. 1 Buchst. b DI-RL die vernünftige Verbrauchererwartung, den digitalen Inhalt auf mehreren Geräten nutzen zu können. Denn so ist auch im Falle einer Beschädigung oder eines Defekts des Gerätes, auf dem der digitale Inhalt bislang genutzt wurde, die ununterbrochene Zugänglichkeit und Nutzbarkeit gewährleistet. Hierfür nicht erforderlich ist jedoch die Möglichkeit der gleichzeitigen Nutzbarkeit des digitalen Inhalts auf verschiedenen Geräten, sodass auch keine dahingehende vernünftige Verbrauchererwartung angenommen werden kann.

---

944 Vgl. *Oprysk/Sein*, IIC 2020, 594, 614.
945 Vgl. ebd.
946 Vgl. *Kuschel/Rostam*, CR 2020, 393, 396; *Oprysk/Sein*, IIC 2020, 594, 614.
947 *Oprysk/Sein*, IIC 2020, 594, 614.
948 Ebd.

Auch hier zeigt sich erneut ein Widerspruch zwischen der urheber- und der verbrauchervertragsrechtlichen Wertung hinsichtlich E-Books als sonstigen digitalen Inhalten. In Bezug auf Software bestehen hingegen keine Differenzen.

4. *Interoperabilität*

Eng verbunden mit, dennoch abzugrenzen von der Möglichkeit der Nutzung digitaler Inhalte auf verschiedenen Geräten ist die Frage der Interoperabilität digitaler Inhalte. Auch hierzu finden sich in EULAs häufig Bestimmungen, bspw. in Bezug auf E-Books, die nur auf einer bestimmten Hard- oder Software genutzt werden können,[949] eine Nutzung in einer anderen digitalen Umgebung ist dabei technisch überhaupt nicht möglich.

a) *Urheberrechtliche Wertungen*

Das Urheberrecht hält lediglich in Bezug auf Computerprogramme gem. § 69e UrhG das Recht für die Nutzer:innen bereit, diese zu dekompilieren, um die Interoperabilität mit anderen Programmen herzustellen.[950] Gem. § 69g Abs. 2 UrhG sind vertragliche Bestimmungen, die dieses Recht abbedingen, nichtig. Zu beachten ist, dass von der Schranke des § 69e UrhG nur die Herstellung von Interoperabilität mit anderer Software, nicht aber mit Hardware erfasst ist.[951]

Hinsichtlich E-Books als sonstigen digitalen Inhalten finden sich im Urheberrecht keinerlei Vorgaben bezüglich der Interoperabilität, sodass die Nutzer:in ohne Zustimmung der Rechteinhaber:in auch keine Änderungen an dem Werkexemplar zum Zwecke der Interoperabilität vornehmen darf.[952]

b) *Interoperabilität als Merkmal der subjektiven Vertragsmäßigkeit gem. Art. 7 Buchst. a DI-RL*

Die Interoperabilität wird in Art. 2 Nr. 12 DI-RL definiert als „die Fähigkeit digitaler Inhalte […], mit anderer Hardware oder Software als derjenigen, mit der digitale Inhalte […] derselben Art i.d.R. genutzt werden, zu funktionieren“. Sie

---

949 *Spindler* in Schulze/Staudenmayer/Lohsse, S. 225.

950 *Spindler,* JIPITEC Vol. 12 No. 3 (2021), 111, Rn. 54.

951 BT-Drs. 12/4022, 13; *Czychowski* in Fromm/Nordemann, UrhG, § 69e Rn. 9; *Grützmacher* in Wandtke/Bullinger, UrhG, § 69e Rn. 9; *Spies* in BeckOK UrhR, UrhG, § 69e Rn. 9; *Spindler* in Schricker/Loewenheim, UrhG, § 69e Rn. 11; a.A. *Dreier* in Dreier/Schulze, UrhG, § 69e Rn. 11; *Wiebe* in Spindler/Schuster, UrhG, § 69e Rn. 4.

952 *Spindler,* JIPITEC Vol. 12 No. 3 (2021), 111, Rn. 54.

ist gem. Art. 7 Buchst. a DI-RL ein Kernmerkmal der subjektiven Vertragsmäßigkeit[953] und dementsprechend im Wesentlichen von den vertraglichen Vereinbarungen und nicht von der vernünftigen Verbrauchererwartung als objektives Vertragsmäßigkeitskriterium abhängig.[954] Grund dafür, dass die Interoperabilität entscheidend von den vertraglichen Vereinbarungen abhängt, ist, dass die Unternehmer:in die Vielgestaltigkeit digitaler Umgebungen nie vollständig überblicken kann und daher hierzu selbst Bestimmungen treffen können muss.[955]

Dass die Interoperabilität im Wesentlichen ein Merkmal der subjektiven Vertragsmäßigkeit ist, wird auch daran deutlich, dass sie lediglich als Element der subjektiven Vertragsmäßigkeit in der DI-RL explizit genannt wird, nicht jedoch als Element der objektiven Vertragsmäßigkeit gem. Art. 8 Abs. 1 Buchst. b DI-RL.[956] Zwar sah der Entwurf der DI-RL in Art. 6 Abs. 2 DI-RL noch ausdrücklich vor, dass u.a. auch für die Interoperabilität digitaler Inhalte die gewöhnlichen Nutzungszwecke digitaler Inhalte entscheidend sind, sofern gem. Art. 6 Abs. 1 DI-RL keine ausdrückliche Regelung hierzu im Vertrag getroffen wurde.[957] Diese ausdrückliche Erwähnung der Interoperabilität wurde allerdings nicht in die Neuregelung der objektiven Vertragsmäßigkeit in Art. 8 DI-RL übernommen.[958]

c) Zwischenfazit

Das Urheberrecht spricht der Nutzer:in nur bezüglich Software gem. § 69e UrhG das Recht zu, diese zu dekompilieren, um die Interoperabilität mit anderen Programmen herzustellen, wobei nur die Herstellung der Interoperabilität mit anderer Software, nicht hingegen mit anderer Hardware erlaubt ist. Bezüglich E-Books als sonstigen digitalen Inhalten trifft das Urheberrecht hierzu keine Regelung.

Nach verbrauchervertragsrechtlicher Wertung stellt die Interoperabilität ein Merkmal der subjektiven Vertragsmäßigkeit gem. Art. 7 Buchst. a DI-RL dar. Wie bereits erwähnt hängt die subjektive Vertragsmäßigkeit von den Vereinbarungen

---

953 *Spindler*, JIPITEC Vol. 12 No. 3 (2021), 111, Rn. 52.

954 *Oprysk/Sein*, IIC 2020, 594, 614.

955 *Staudenmayer* in Schulze/Staudenmayer, EU Digital Law, DI-RL, Art. 7 Rn. 38; zu nationalen Parallelvorschrift des § 327e Abs. 2 BGB BT-Drs. 19/27653, S. 55; *Schulze* in Schulze, BGB, § 327e Rn. 14.

956 *Spindler*, JIPITEC Vol. 12 No. 3 (2021), 111, Rn. 53.

957 Ebd.

958 Vgl. ebd.

der Vertragsparteien ab, i.d.R. also maßgeblich von den AGB, welche die Unternehmer:in aufgestellt hat.[959] Es ergeben sich regelmäßig allerdings keine Abweichungen zwischen den AGB und den EULAs der Rechteinhaber:in.[960] Sofern die EULAs den urheberrechtlichen Vorgaben bezüglich der Interoperabilität digitaler Werkexemplare, die ohnehin nur in Bezug auf Computerprogramme bestehen, entsprechen, dürfte es insoweit zu keinen Differenzen zwischen urheber- und vertragsrechtlichen Wertungen kommen.

5. *Erfordernis des Abschlusses von EULAs als Rechtsmangel i.S.d. Art. 10 DI-RL*

Zuletzt soll die Frage behandelt werden, ob nicht nur der Inhalt von EULAs, sondern schon die Bedingung, ein EULA abzuschließen, um den digitalen Inhalt nutzen zu können, einen Rechtsmangel i.S.d. Art. 10 DI-RL darstellen kann. Z.T. wird dies mit der Begründung verneint, dass die Verbraucher:in stets erwarten muss, dass an einem digitalen Inhalt (Urheber-)Rechte Dritter bestehen.[961] Lediglich für den Fall, dass das EULA Bedingungen enthält, die nicht der objektiven Vertragsmäßigkeit entsprechen, kann schon das Erfordernis des Abschlusses dieses EULAs einen Rechtsmangel darstellen.[962]

Nach anderer Auffassung kann bereits die Bedingung des Abschlusses von EULAs zu einem Rechtsmangel führen, sofern die Verbraucher:in vernünftigerweise nicht erwarten muss, vor der Nutzung des digitalen Inhaltes überhaupt ein EULA mit der Rechteinhaber:in abschließen zu müssen.[963]

Die erste Meinung übersieht Folgendes: Die Auffassung, dass Verbraucher:innen stets erwarten müssen, dass an einem digitalen Inhalt Rechte Dritter bestehen,[964] führt nicht zwangsläufig zu der Annahme, dass Verbraucher:innen auch den Abschluss eines EULAs jederzeit erwarten müssen. Zwar müsste Verbraucher:innen der Auffassung zufolge bewusst sein, dass bestehende Urheberrechte der Nutzung der digitalen Inhalte Grenzen setzen.[965] Dass aufgrund dieser begrenzenden Urheberrechte aber stets auch ein EULA mit der Rechteinhaber:in abzuschließen ist, ist weder eine rechtliche noch eine tatsächliche

---

959 S.o. Teil 2. B. II. 2.

960 Ebd.

961 *Rosenkranz* in Schulze/Staudenmayer, EU Digital Law, DI-RL, Art. 10 Rn. 46.

962 Ebd.

963 *Kuschel/Rostam*, CR 2020, 393, 396.

964 Zu dieser Auffassung kritisch *Grünberger*, AcP 2018, 213, 250.

965 So auch *OLG Hamm*, Urt. v. 15.5.2004 – 22 U 60/13, NJW 2014, 3659, 3666.

Zwangsläufigkeit und demzufolge auch keine zwingende Schlussfolgerung für Verbraucher:innen.

Die gängige Praxis, dass der Abschluss eines Vertrages über die Bereitstellung eines digitalen Inhaltes zwischen Unternehmer:in und Verbraucher:in von dem Abschluss eines EULAs zwischen Rechteinhaber:in und Verbraucher:in begleitet wird,[966] dürfte lediglich zur Folge haben, dass Verbraucher:innen nur in Ausnahmefällen den Abschluss eines EULAs vor der Nutzung des digitalen Inhaltes nicht erwarten müssen. Denn gem. EG 46 DI-RL wird die vernünftige Verbrauchererwartung u.a. auch anhand der Gebräuche und Gepflogenheiten der Vertragsparteien bestimmt. Dass Verbraucher:innen den Abschluss eines EULAs aber stets erwarten müssen, stimmt hingegen nicht.

Im Ergebnis kann also auch die Bedingung des Abschlusses eines EULAs vor der Nutzung des digitalen Inhaltes einen Rechtsmangel i.S.d. Art. 10 DI-RL darstellen, sofern die Verbraucher:in dies vernünftigerweise nicht erwarten musste. Allerdings werden Verbraucher:innen aufgrund der üblichen Praxis des Einsatzes von EULAs regelmäßig vernünftigerweise erwarten müssen, dass sie eine solche Lizenzvereinbarung vor der Nutzung mit der Rechteinhaber:in abschließen müssen.

Zu beachten gilt es noch, dass es sich nur dann um einen Rechtsmangel handelt, wenn die Verbraucher:in die Leistung der Unternehmer:in trotz des vertragswidrigen Erfordernisses des Abschlusses eines EULAs annimmt. Verweigert die Verbraucher:in hingegen die Annahme der Leistung, weil nach Abschluss des Vertrages zwischen Unternehmer:in und Verbraucher:in ein EULA mit der Rechteinhaber:in abgeschlossen werden muss, um den digitalen Inhalt nutzen zu können, und die Verbraucher:in hiermit nicht rechnen konnte, so liegt ein Fall der Nichtbereitstellung der Leistung und kein Rechtsmangel vor.[967] Diese Unterscheidung wird im Rahmen der Gewährleistungsrechte, die der Verbraucher:in eingeräumt werden, von Relevanz.[968]

966 Vgl. *Metzger*, JZ 2019, 577, 581; als „weit verbreitet" bezeichnet von *Wiesemann* in Auer-Reinsdorff/Conrad, Teil D, § 24 Rn. 116.

967 Zur nationalen Parallelvorschrift *Metzger* in MüKo BGB, § 327g Rn. 11.

968 S. hierzu noch Teil 2. B. VII.

VI. Urheberrechtliche Zulässigkeit und objektive Vertragsmäßigkeit des Einsatzes technischer Schutzmaßnahmen

EULAs werden häufig durch den Einsatz technischer Schutzmaßnahmen begleitet, welche die Durchsetzung der Nutzungsbeschränkungen auch faktisch absichern sollen.[969] Im Folgenden wird die urheberrechtliche und die verbrauchervertragsrechtliche Bewertung des Einsatzes dieser technischen Schutzmaßnahmen untersucht. Dabei ist insbesondere die Frage zu klären, inwiefern technische Schutzmaßnahmen, welche die Nutzbarkeit digitaler Inhalte einschränken, einen Produktmangel i.S.d. Art. 8 Abs. 1 Buchst. b DI-RL darstellen.

Art. 8 Abs. 1 Buchst. b DI-RL nennt als Merkmal der objektiven Vertragsmäßigkeit insbesondere sowohl die Zugänglichkeit als auch die Funktionalität digitaler Inhalte. Das Merkmal der Zugänglichkeit verpflichtet die Unternehmer:in dazu, der Verbraucher:in einen einfachen Zugang zu dem digitalen Inhalt bereitzustellen.[970] Der Begriff der Funktionalität meint nach Art. 2 Nr. 11 DI-RL „die Fähigkeit digitaler Inhalte […], ihre Funktionen ihrem Zweck entsprechend zu erfüllen". EG 43 S. 2 DI-RL besagt diesbezüglich explizit, dass „das Vorhandensein bzw. Nichtvorhandensein von technischen Beschränkungen wie der Schutz mittels digitaler Rechteverwaltung […] Auswirkungen darauf haben [kann], ob die digitalen Inhalte […] alle für ihren Zweck erforderlichen Funktionen erfüllen können."

Sowohl die Funktionalität als auch die Zugänglichkeit digitaler Inhalte kann durch den Einsatz technischer Schutzmaßnahmen insbesondere im Rahmen des Digital Rights Managements (DRM) durch die Rechteinhaber:in behindert werden.[971] Diese technischen Schutzmaßnahmen werden unter gewissen Umständen nach dem UrhG geschützt.

1. Technische Schutzmaßnahmen und ihr Schutz nach dem UrhG

a) Schutz technischer Maßnahmen, § 95a UrhG und § 69f Abs. 2 UrhG

Da technische Schutzmaßnahmen, die der Absicherung des urheberrechtlichen Schutzes dienen, nie unumgehbar sind, müssen sie wiederum rechtlich

969 S.o. Teil 2. A. I. 2. d).

970 *Staudenmayer* in Schulze/Staudenmayer, EU Digital Law, DI-RL, Art. 8 Rn. 53.

971 *Staudenmayer* in Schulze/Staudenmayer, EU Digital Law, DI-RL, Art. 8 Rn. 53; zur nationalen Parallelvorschrift *Metzger* in MüKo BGB, § 327e Rn. 36; s. hierzu schon o. Teil 2. A. I. 2. d).

untermauert werden.[972] Dementsprechend räumen die §§ 95a ff. UrhG – in Umsetzung sowohl des Art. 6 InfoSoc-RL als auch der Art. 11 und 18 des WIPO-Vertrags über Darbietungen und Tonträger – jedenfalls solchen technischen Schutzmaßnahmen einen rechtlichen Schutz ein, welche die gesetzlich gesicherten Ausschließlichkeitsrechte der Rechteinhaber:in absichern sollen und daher auch legitimerweise eingesetzt werden.[973] So dient § 95a UrhG gem. Abs. 1 dem Schutz wirksamer technischer Maßnahmen vor deren Umgehung und gem. Abs. 3 auch vor Vorbereitungshandlungen, die eine Umgehung bezwecken.[974]

Zu beachten ist in diesem Zusammenhang, dass die §§ 95a ff. UrhG keine Anwendung auf Computerprogramme finden.[975] Bis zur Umsetzung der DSM-RL war die Nichtanwendbarkeit der Vorschriften auf Computerprogramme noch ausdrücklich in § 69a Abs. 5 UrhG geregelt.[976] Mit Umsetzung der Richtlinie wurde dieser Ausschluss zwar gestrichen. Dennoch finden die Vorschriften der §§ 95a ff. UrhG nach wie vor aufgrund des Grundsatzes der lex specialis der Vorschriften über Computerprogramme keine Anwendung.[977] Computerprogramme und der diesbezügliche Einsatz technischer Schutzmaßnahmen unterfallen vielmehr dem Schutz des § 69f Abs. 2 S. 1 UrhG, der Art. 7 Abs. 1 der Computerprogramm-RL umsetzt und lediglich einen Anspruch auf Vernichtung von Mitteln enthält, die der unerlaubten Beseitigung oder Umgehung technischer Schutzmechanismen dienen.[978] Die Vorschrift beinhaltet dementsprechend auch kein ausdrückliches Verbot der Umgehung selbst und erlaubt auch nur die Vernichtung solcher Mittel, die „allein" dazu dienen, die Umgehung zu vereinfachen.[979] Damit bleibt die Regelung in ihrem Schutzumfang deutlich hinter den §§ 95a ff. UrhG zurück.[980]

Umstritten ist in Bezug auf § 69f Abs. 2 S. 1 UrhG, ob sich aus dem in der Vorschrift enthaltenen Tatbestandsmerkmal der „unerlaubten" Beseitigung oder

---

972 *Peukert* in Rehbinder/Peukert, 4. Teil, 2. Kap. Rn. 4; *Specht-Riemenschneider* in Dreier/Schulze, UrhG, § 95a Rn. 1.
973 *Specht-Riemenschneider* in Dreier/Schulze, UrhG, § 95a Rn. 1.
974 Ebd.; *Wandtke/Ohst* in Wandtke/Bullinger, UrhG, § 95a Rn. 4.
975 *Lindhorst* in BeckOK UrhR, UrhG, § 95a Rn. 9; *Wandtke/Ohst* in Wandtke/Bullinger, UrhG, § 95a Rn. 8.
976 *Grützmacher* in Wandtke/Bullinger, UrhG, § 69a Rn. 87.
977 Ebd. m.V.a. BT-Drs. 19/27426, S. 107.
978 *Lindhorst* in BeckOK UrhR, UrhG, § 95a Rn. 8; *Peukert* in Rehbinder/Peukert, 4. Teil, 2. Kap. Rn. 11.
979 *Lindhorst* in BeckOK UrhR, UrhG, § 95a Rn. 8.
980 *Peukert* in Rehbinder/Peukert, 4. Teil, 2. Kap. Rn. 11.

Umgehung technischer Schutzmaßnahmen ableiten lässt, dass die Endnutzer:in eine Kopierschutzmaßnahme zur Anfertigung einer nach § 69d Abs. 2 S. 1 UrhG zulässigen Sicherungskopie umgehen darf.[981] Z.T. wird ein solches Recht zur Selbstvornahme bejaht.[982] Denn eine Umgehung eines Programmschutzes, die zur Anfertigung einer Sicherungskopie zwingend erforderlich ist, sei eben nicht „unerlaubt".[983] Begründet wird diese Auffassung außerdem mit den Interessen der Nutzer:innen an einer dauerhaft ungestörten Nutzbarkeit des erworbenen Computerprogramms sowie dem Argument, dass eben für Computerprogramme – anders als für andere geschützte Werke – kein ausdrückliches Umgehungsverbot normiert sei.[984] Nach der wohl h.M. hingegen existiert ein solches Selbsthilferecht grundsätzlich nicht.[985] Zwar könne aus § 69d Abs. 2 S. 1 UrhG durchaus ein Recht von Nutzer:innen auf Anfertigung von Sicherungskopien abgeleitet werden – ein Recht zur Selbsthilfe würde sich daraus jedoch nicht ergeben.[986] Das gelte zumindest, sofern die Rechteinhaber:in sicherstelle, dass der Nutzer:in im Bedarfsfall rechtzeitig eine Kopie des Programms bereitgestellt werde.[987] Für diese zweite, h.M. spricht, dass § 69f Abs. 2 S. 1 UrhG für den Fall, dass ein Selbsthilferecht hinsichtlich der Anfertigung von Sicherungskopien bejaht wird, letztlich ins Leere laufen würde, da die entsprechenden Umgehungsmittel stets zumindest auch zu erlaubten Zwecken eingesetzt würden und damit nicht mehr als „unerlaubt" i.S.d. Vorschrift eingeordnet werden könnten.[988] Daran zeigt sich auch schon das Missbrauchspotenzial von Umgehungsprogrammen, die stets mit dem Argument eingesetzt werden könnten, dass sie lediglich der Anfertigung von Sicherungskopien dienen würden.[989] Den

---

981 Grundsätzlich bejahend *Spindler* in Schricker/Loewenheim, UrhG, § 69f Rn. 12.

982 *Kreutzer*, CR 2007, 1, 7; *Kreutzer*, CR 2006, 804, 807 f.; *Raubenheimer*, CR 1994, 129, 131.

983 *Raubenheimer*, CR 1994, 129, 131.

984 *Kreutzer*, CR 2006, 804, 807.

985 *Dreier* in Dreier/Schulze, UrhG, § 69f Rn. 12; *Grützmacher* in Wandtke/Bullinger, UrhG, § 69f Rn. 19; *Kaboth/Spies* in BeckOK UrhR, UrhG, § 69f Rn. 10; *Spindler* in Schricker/Loewenheim, UrhG, § 69f Rn. 12; *Wiebe* in Spindler/Schuster, UrhG, § 69f Rn. 4.

986 *Kaboth/Spies* in BeckOK UrhR, UrhG, § 69f Rn. 10; *Spindler* in Schricker/Loewenheim, UrhG, § 69f Rn. 12.

987 *Dreier* in Dreier/Schulze, UrhG, § 69f Rn. 12; *Wiebe* in Spindler/Schuster, UrhG, § 69f Rn. 4.

988 *Grützmacher* in Wandtke/Bullinger, UrhG, § 69f Rn. 19.

989 *Spindler* in Schricker/Loewenheim, UrhG, § 69f Rn. 12.

Interessen der Nutzer:innen wird durch die Annahme eines Selbsthilferechts für den Fall Rechnung getragen, dass die Rechteinhaber:in im Bedarfsfall nicht oder nicht rechtzeitig eine Programmkopie zur Verfügung stellt.[990] Die h.M. erscheint im Ergebnis überzeugend. Endnutzer:innen steht daher grundsätzlich kein Selbsthilferecht zur Anfertigung von Sicherungskopien zu.

b) *Durchsetzung von Schrankenbestimmungen, § 95b UrhG und § 69f Abs. 3 UrhG*

§ 95b UrhG soll die Durchsetzung bestimmter Schrankenbestimmungen für den Fall gewährleisten, dass die Rechteinhaber:in technische Schutzmaßnahmen nach § 95a UrhG einsetzt.[991] Nach § 95b Abs. 1 UrhG ist die Rechteinhaber:in demzufolge verpflichtet, die Schrankenbegünstigte, die rechtmäßigen Zugang zu dem Werk hat, zur Wahrnehmung der jeweiligen Schranke mittels Zurverfügungstellung der hierfür notwendigen Mittel zu befähigen.[992] Die Vorschrift beinhaltet einen Katalog an Schrankenbestimmungen, hinsichtlich derer die genannte Verpflichtung für die Rechteinhaber:in besteht. Dementsprechend sind nicht sämtliche Schranken des UrhG gegenüber technischen Maßnahmen durchsetzbar, sondern nur diejenigen, die ein besonders gewichtiges Interesse der durch sie privilegierten Nutzer:innen schützen.[993] In Abs. 2 ist ein Anspruch der Schrankenbegünstigten gegenüber der Rechteinhaber:in auf Zurverfügungstellung der gem. Abs. 1 zur Verwirklichung der jeweiligen Schranke erforderlichen Mittel normiert. Diese Normierung ist deshalb notwendig, da die Schranken selbst keinen solchen Anspruch beinhalten, sondern nur der Legitimation der von ihnen gedeckten Nutzungshandlungen dienen.[994]

Die Relevanz des § 95b UrhG wird allerdings als sehr gering eingeschätzt, da die Vorschrift nur schwer verständlich ist und zudem nur solche Schranken betrifft, die dort gelten, wo ohnehin keine oder kaum technische Schutzmaßnahmen verwendet werden.[995] Zudem ist der Aufwand, der mit der Rechtsdurchsetzung für die Einzelne einhergeht, unverhältnismäßig hoch.[996]

---

990 Vgl. *Dreier* in Dreier/Schulze, UrhG, § 69f Rn. 12; *Wiebe* in Spindler/Schuster, UrhG, § 69f Rn. 4.

991 *Spindler* in Spindler/Schuster, UrhG, § 95b Rn. 1.

992 *Spindler* in Spindler/Schuster, UrhG, § 95b Rn. 5.

993 *Specht-Riemenschneider* in Dreier/Schulze, UrhG, § 95b Rn. 11.

994 *Spindler* in Spindler/Schuster, UrhG, § 95b Rn. 1 m.V.a. BT-Drs. 15/38, S. 27.

995 *Lindhorst* in BeckOK UrhR, UrhG, § 95b Rn. 1 ff.

996 *Götting* in Schricker/Loewenheim, UrhG, § 95b Rn. 4.

Seit dem 7. Juni 2021 findet, in Umsetzung des Art. 7 Abs. 2 S. 2 DSM-RL, die Vorschrift des § 95b UrhG gem. § 69f Abs. 3 UrhG auch für Computerprogramme Anwendung auf einige wenige Schranken (§ 44b, Text und Data Mining; Wissenschaftsschranken der § 60a UrhG, § 60e Abs. 1, 6 UrhG und § 60f Abs. 1, 3 UrhG). Diese Schranken sollen daher in Bezug auf Computerprogramme gegenüber technischen Schutzmaßnahmen durchsetzbar sein.[997]

c) Kennzeichnungspflicht, § 95d Abs. 1 UrhG

§ 95d Abs. 1 enthält eine Verpflichtung für die Rechteinhaber:in, die Eigenschaften der von ihr eingesetzten technischen Maßnahmen zu kennzeichnen. Da bspw. die Nutzbarkeit digitaler Werkexemplare auf verschiedenen Geräten und deren Kopierfähigkeit Faktoren sind, welche die Kaufentscheidung maßgeblich mitbeeinflussen, bezweckt das Urheberrecht mit dieser Kennzeichnungspflicht – ausnahmsweise – insbesondere auch den Schutz von Verbraucher:innen.[998]

Die Kennzeichnungspflicht erfordert die Angabe konkreter Eigenschaften der technischen Schutzmaßnahmen, sodass ein schlichter Hinweis auf deren Bestehen bzw. der daraus resultierenden Nutzungseinschränkung nicht ausreichend ist.[999]

Eigenschaften technischer Maßnahmen sind dementsprechend u.a. die Kopier- sowie Abspielfähigkeit, wohingegen technische Details, die auch für Verbraucher:innen nicht von Relevanz sind, nicht gekennzeichnet werden müssen.[1000] Die Rechteinhaber:in muss entweder sämtliche technischen Nutzungsbeschränkungen oder aber alle technisch möglichen Nutzungshandlungen auflisten.[1001] Auch das Erfordernis eines Produktschlüssels muss genannt werden.[1002] Diese Angaben müssen für die Nutzer:in vor Vertragsschluss deutlich erkennbar vorhanden sein[1003] und eine übersichtliche und schnelle Information bieten.[1004]

---

997 Vgl. *Grützmacher* in Wandtke/Bullinger, UrhG, § 69f Rn. 24.

998 *Spindler* in Spindler/Schuster, UrhG, § 95d Rn. 1, 3.

999 *Specht-Riemenschneider* in Dreier/Schulze, UrhG, § 95d Rn. 5.

1000 *Spindler* in Spindler/Schuster, UrhG, § 95d Rn. 4.

1001 *Specht-Riemenschneider* in Dreier/Schulze, UrhG, § 95d Rn. 5.

1002 Ebd.

1003 *Götting* in Schricker/Loewenheim, UrhG, § 95d Rn. 9; *Specht-Riemenschneider* in Dreier/Schulze, UrhG, § 95d Rn. 5; *Wandtke/Ohst* in Wandtke/Bullinger, UrhG, § 95d Rn. 10.

1004 *Specht-Riemenschneider* in Dreier/Schulze, UrhG, § 95d Rn. 5.

Für Computerprogramme ergibt sich aus § 69f Abs. 3 UrhG, der ausdrücklich „nur § 95b UrhG" für entsprechend anwendbar erklärt, dass auch § 95d UrhG keine Anwendung findet.[1005] Dementsprechend besteht für Computerprogramme keine Kennzeichnungspflicht beim Einsatz technischer Schutzmaßnahmen.

d) Zwischenfazit

Der Einsatz technischer Schutzmaßnahmen zur Sicherung der Verwertungsrechte wird durch das Urheberrecht rechtlich abgesichert. So sieht § 95a UrhG ein grundsätzliches Umgehungsverbot solcher Maßnahmen vor. Für Computerprogramme gilt gem. § 69f Abs. 2 S. 1 UrhG lediglich ein nachgelagerter Anspruch auf Vernichtung von Mitteln, die der Umgehung technischer Schutzmaßnahmen dienen, und kein Verbot dieser Mittel selbst. Die Vorschrift bleibt damit hinter dem Schutz des § 95a UrhG für „klassische" Werke zurück.

Zwar erklärt § 95b UrhG bestimmte Schranken gegenüber technischen Schutzmaßnahmen für durchsetzbar. Die Regelung hat aber aufgrund ihrer Unverständlichkeit, ihres praktisch nur geringen Anwendungsbereichs und der aufwendigen Rechtsdurchsetzung wohl nur wenig Relevanz. Für Computerprogramme gilt der § 95b UrhG gem. § 69f Abs. 3 UrhG ohnehin nur in Bezug auf sehr wenige Schranken.

Gem. § 95d Abs. 1 UrhG besteht eine Kennzeichnungspflicht für Rechteinhaber:innen, sofern sie technische Schutzmaßnahmen einsetzen. Rechteinhaber:innen müssen dementsprechend für die Nutzer:innen deutlich erkennbare und übersichtliche Angaben zu Eigenschaften technischer Maßnahmen und den daraus folgenden Nutzungsbeschränkungen machen. Für Software besteht eine Kennzeichnungspflicht mangels Anwendbarkeit des § 95d UrhG und fehlender eigenständiger Regelungen nicht.

Im Ergebnis wird der Einsatz technischer Schutzmaßnahmen durch das Urheberrecht in weiten Teilen legitimiert und ihrem Schutz vor Umgehung ein hoher Stellenwert eingeräumt.

2. Objektive Vertragsmäßigkeit technischer Schutzmaßnahmen nach Art. 8 Abs. 1 Buchst. b DI-RL

Obwohl technische Schutzmaßnahmen durch das Urheberrecht anerkannt und geschützt werden, hat dies nicht zur Folge, dass die Verbraucher:in eine

---

1005 *Gülker*, CR 2021, 66, 70.

Beeinträchtigung des Zugangs und der Nutzbarkeit nach den Maßgaben der DI-RL stets dulden muss.[1006] Dies gilt insbesondere vor dem Hintergrund, dass das objektive Vertragsmäßigkeitskriterium der vernünftigen Verbrauchererwartung durch urheberrechtliche Wertungen nach hier vertretener Auffassung nicht beeinflusst wird.[1007] Dementsprechend kann der Einsatz technischer Schutzmaßnahmen abhängig davon, in welcher Form dieser erfolgt und inwiefern die Verbraucher:in beim Zugang zu dem geschützten Inhalt und dessen Nutzung Unterstützung erhält, mit der berechtigten Verbrauchererwartung übereinstimmen oder nicht.[1008] Wird der Verbraucher:in bspw. der für den Zugang zu einem verschlüsselten digitalen Inhalt erforderliche Produktschlüssel – ggf. wiederholt – ohne Weiteres zur Verfügung gestellt, so dürfte regelmäßig kein Produktmangel i.S.d. Art. 8 Abs. 1 Buchst. b DI-RL vorliegen.[1009]

Weicht der Einsatz technischer Schutzmaßnahmen von der vernünftigen Verbrauchererwartung ab, so stellt er nur dann keinen Produktmangel dar, wenn die Unternehmer:in hierüber mit der Verbraucher:in eine an späterer Stelle noch zu erläuternde abweichende Vereinbarung i.S.d. Art. 8 Abs. 5 DI-RL trifft.[1010] Diese Vereinbarung muss gem. der Vorschrift bei Vertragsschluss ausdrücklich und gesondert von Unternehmer:in und Verbraucher:in abgeschlossen werden, nachdem die Verbraucher:in über die entsprechende Abweichung informiert wurde.

Dabei reicht die Kennzeichnungspflicht der Rechteinhaber:in nach § 95d UrhG nicht ohne Weiteres als eine solche abweichende Vereinbarung zwischen Unternehmer:in und Verbraucher:in aus.[1011] Zwar kann die Unternehmer:in der Verbraucher:in zur Erfüllung der Informationspflicht aus Art. 8 Abs. 5 DI-RL auch Informationen Dritter übermitteln und sich diese zu eigen machen.[1012] Es dürfte daher auch zulässig sein, dass die Unternehmer:in sich die durch die Rechteinhaber:in vorzunehmende Kennzeichnung nach § 95d UrhG zu eigen macht und die Verbraucher:in hierauf hinweist. Allerdings muss sich die Kennzeichnung in diesem Falle an den sehr strengen Vorgaben des Art. 8 Abs. 5 DI-RL messen

1006 Zur Umsetzung in § 327e *Metzger* in MüKo BGB, § 327e Rn. 36.
1007 S.o. Teil 2. B. III. 1.
1008 *Staudenmayer* in Schulze/Staudenmayer, EU Digital Law, DI-RL, Art. 8 Rn. 53; zur nationalen Parallelvorschrift *Metzger* in MüKo BGB, § 327e Rn. 36.
1009 Vgl. zur nationalen Parallelvorschrift *Metzger* in MüKo BGB, § 327e Rn. 36.
1010 S. hierzu noch Teil 2. B. IX. 1.
1011 Vgl. zur nationalen Parallelvorschrift *Metzger* in MüKo BGB, § 327e Rn. 36; zu den Voraussetzungen des Art. 8 Abs. 5 DI-RL noch Teil 2. B. IX. 1. a).
1012 Zur nationalen Parallelvorschrift *Metzger* in MüKo BGB, § 327h Rn. 2.

lassen,[1013] wonach u.a. jedes von der objektiven Vertragsmäßigkeit abweichende Merkmal konkret benannt werden muss.[1014] Da jedoch auch der § 95d UrhG detaillierte Angaben zu den Eigenschaften der technischen Schutzmaßnahmen fordert,[1015] dürfte die Kennzeichnung nach § 95d UrhG regelmäßig auch den Anforderungen des Art. 8 Abs. 5 DI-RL genügen. Zusätzlich erforderlich ist gem. Art. 8 Abs. 5 DI-RL allerdings in diesem Fall noch, dass die Verbraucher:in dem von der objektiven Vertragsmäßigkeit abweichenden Einsatz der technischen Schutzmaßnahmen ausdrücklich und gesondert zustimmt.[1016]

Fehlt es hingegen gänzlich an der verpflichtenden Kennzeichnung, liegt nicht nur ein Verstoß gegen § 95d UrhG vor, sondern kann sich hieraus zudem ein Produktmangel ergeben, weil die Verbraucher:in in diesem Fall vernünftigerweise erwarten darf, dass keine technischen Schutzmaßnahmen zum Einsatz kommen.[1017]

3. *Zwischenfazit*

Technische Schutzmaßnahmen werden durch das Urheberrecht weitgehend legitimiert und geschützt. Gleichzeitig kann sich aus deren Einsatz ein Produktmangel nach Art. 8 Abs. 1 Buchst. b DI-RL ergeben, weil er die Zugänglichkeit oder Funktionalität des digitalen Inhaltes beeinträchtigt. Ein solcher Produktmangel liegt insbesondere vor, wenn Verbraucher:innen die Verwendung technischer Schutzmaßnahmen vernünftigerweise nicht erwarten müssen. Dabei ist unerheblich, ob diese durch das Urheberrecht erlaubt ist oder nicht.

Entspricht der Einsatz technischer Schutzmaßnahmen nicht der vernünftigen Verbrauchererwartung, so können diese nur auf Grundlage einer abweichenden Vereinbarung gem. Art. 8 Abs. 5 DI-RL verwendet werden. Hierbei müssen jedoch die strengen Anforderungen der Vorschrift berücksichtigt werden. Für die Anforderungen nach Art. 8 Abs. 5 DI-RL kann sich die Rechteinhaber:in allerdings die nach § 95d UrhG durch die Rechteinhaber:in vorzunehmende Kennzeichnung technischer Schutzmaßnahmen zu eigen machen. Diese

---

1013 Zur nationalen Parallelvorschrift *Metzger* in MüKo BGB, § 327e Rn. 36; s. zu den strengen Vorgaben noch Teil 2. B. IX. 1. a), b).

1014 Zur nationalen Parallelvorschrift *Metzger* in MüKo BGB, § 327h Rn. 4.

1015 S.o. Teil 2. B. VI. 1. c).

1016 S. zu dem Erfordernis der ausdrücklichen und gesonderten Zustimmung noch Teil 2. B. IX. 1.

1017 Zur nationalen Parallelvorschrift *Metzger* in MüKo BGB, § 327e Rn. 36; Specht, S. 66.

Kennzeichnung dürfte den Vorgaben des Art. 8 Abs. 5 DI-RL regelmäßig genügen, da die Anforderungen beider Regelungen vergleichbar streng sind.

Insofern dürfte der nach dem Urheberrecht zulässige Einsatz technischer Schutzmaßnahmen durch die Vorgaben der DI-RL nur geringe Einschränkungen erfahren. Das gilt zumindest so lange, wie die in EULAs enthaltenen Nutzungsbeschränkungen selbst, zu deren faktischer Absicherung die technischen Schutzmaßnahmen eingesetzt werden, bestehen bleiben und nicht angepasst werden an die innerhalb der Beziehung von Unternehmer:in und Verbraucher:in bestehenden Vorgaben. Findet hingegen eine solche Anpassung statt und werden bspw. Bedingungen, welche die Anfertigung von Kopien des digitalen Inhaltes beschränken, in EULAs nicht mehr verwendet, so wird sich zwangsläufig auch der Einsatz technischer Schutzmaßnahmen, die diese Beschränkungen absichern sollen, verringern.[1018]

VII. Rechtsbehelfe der Verbraucher:in bei vertragswidrigen Nutzungsbeschränkungen in EULAs sowie vertragswidrigen technischen Schutzmaßnahmen

In Art. 13 f. DI-RL, umgesetzt in den §§ 327c, i ff. BGB, finden sich die Rechtsbehelfe, die der Verbraucher:in bei nicht erfolgter Bereitstellung bzw. Vertragswidrigkeit zustehen. Im Folgenden werden die der Verbraucher:in zustehenden Rechtsbehelfe bei Nutzungsbeschränkungen in EULAs sowie technischen Schutzmaßnahmen, die objektiv vertragswidrig sind, dargestellt.

1. Allgemeines

Hat die Unternehmer:in die Pflicht zur Bereitstellung nicht erfüllt, muss die Verbraucher:in sie gem. Art. 13 Abs. 1 S. 1 DI-RL[1019] zur Bereitstellung auffordern. Dies muss gem. Art. 13 Abs. 1 S. 2 DI-RL, sofern nicht eine ausdrückliche Vereinbarung über eine zusätzliche Frist mit der Verbraucher:in getroffen wurde, unverzüglich erfolgen. Nimmt die Unternehmer:in die Bereitstellung nicht unverzüglich bzw. innerhalb der vereinbarten Frist vor, kann die Verbraucher:in den Vertrag gem. Art. 13 Abs. 1 S. 2 DI-RL beenden.

Art. 14 DI-RL[1020] hält Rechtsbehelfe bei Vertragswidrigkeit bereit. Nach Abs. 1 der Vorschrift hat die Verbraucher:in im Falle einer Vertragswidrigkeit

1018 S. hierzu noch Teil 2. B. IX. 2.

1019 Im nationalen Recht in § 327c Abs. 1 BGB geregelt.

1020 Im nationalen Recht in den §§ 327i ff. BGB geregelt.

Anspruch auf Herstellung des vertragsgemäßen Zustands, auf Minderung oder auf Beendigung des Vertrages. Grundsätzlich gilt – wie schon in der Verbraucherrechte-RL – ein Vorrang der Herstellung des vertragsgemäßen Zustands.[1021] Diese hat nach Art. 14 Abs. 3 DI-RL innerhalb einer angemessenen Frist, kostenfrei und ohne erhebliche Unannehmlichkeiten für die Verbraucher:in zu erfolgen. Der Anspruch auf Herstellung des vertragsgemäßen Zustandes besteht gem. Art. 14 Abs. 2 DI-RL dann nicht, wenn diese unmöglich wäre oder der Unternehmer:in unverhältnismäßige Kosten verursachen würde. Gem. EG 65 S. 1 DI-RL fällt unter den Begriff der Unmöglichkeit sowohl die rechtliche als auch die tatsächliche Unmöglichkeit. Im Falle der Unmöglichkeit bleibt der Verbraucher:in gem. Art. 14 Abs. 4 Buchst. a DI-RL die Möglichkeit der Minderung oder der Vertragsbeendigung, wobei das Recht auf Vertragsbeendigung gem. Abs. 6 nur bei einer mehr als geringfügigen Vertragswidrigkeit besteht.

2. *Rechtsbehelfe bei nicht erfolgter Bereitstellung*

Im Falle einer Nichtbereitstellung ist die Verbraucher:in gem. Art. 13 Abs. 1 DI-RL zur Vertragsbeendigung berechtigt, sofern die Unternehmer:in trotz Aufforderung zur Bereitstellung nicht geleistet hat. Ein Fall der Nichtbereitstellung kann auch dann vorliegen, wenn nach Abschluss des Vertrages zwischen Unternehmer:in und Verbraucher:in noch ein EULA abgeschlossen werden muss, um den digitalen Inhalt nutzen zu können, die Verbraucher:in hiermit nicht rechnen konnte und sie deshalb die Leistungsannahme verweigert.[1022] Da in einem solchen Fall davon auszugehen ist, dass die Unternehmer:in nicht imstande ist, die Rechteinhaber:in nachträglich dazu zu veranlassen, das von ihr aufgestellte EULA zurückzuziehen,[1023] dürfte regelmäßig ein Fall des Art. 13 Abs. 2 Buchst. a DI-RL vorliegen. Danach ist die Verbraucher:in zur sofortigen Vertragsbeendigung berechtigt, wenn „der Unternehmer erklärt hat oder aus den Umständen eindeutig zu erkennen ist, dass er die digitalen Inhalte […] nicht bereitstellen wird". In diesem Fall ist aus den Umständen eindeutig erkennbar, dass die Unternehmer:in den digitalen Inhalt nicht ohne das EULA bereitstellen wird. Die Verbraucher:in muss die Unternehmer:in dementsprechend nicht zur Bereitstellung auffordern, sondern kann den Vertrag sofort beenden.

1021 *Metzger*, JZ 2019, 577, 582.
1022 S.o. Teil 2. B. V. 5.
1023 *Spindler*, JIPITEC Vol. 12 No. 3 (2021), 111, Rn. 11.

3. *Rechtsbehelfe bei Vertragswidrigkeit aufgrund eines Rechtsmangels*

Art. 14 DI-RL regelt die Rechtsbehelfe der Verbraucher:in bei Vertragswidrigkeit. Die Herstellung des vertragsgemäßen Zustands gem. Art. 14 Abs. 1 DI-RL gilt hierbei grundsätzlich vorrangig. Nachrangig hat die Verbraucher:in nach Art. 14 Abs. 1 DI-RL Anspruch auf Preisminderung sowie Beendigung des Vertrages.

Grundsätzlich hat die Verbraucher:in also bei Nutzungsbeschränkungen in EULAs, die nicht der vernünftigen Verbrauchererwartung entsprechen und damit einen Rechtsmangel i.S.d Art. 10 DI-RL darstellen, einen Anspruch gegenüber der Unternehmer:in auf Herstellung des vertragsgemäßen Zustands. Dieser Anspruch besteht auch, soweit technische Schutzmaßnahmen zum Einsatz kommen, die einen Produktmangel i.S.d. Art. 8 Abs. 1 Buchst. b DI-RL darstellen. Konkret hieße das, dass der digitale Inhalt ohne diejenigen Klauseln des EULAs bzw. die technischen Schutzmaßnahmen bereitgestellt werden muss, welche die Nutzung des Inhaltes vertragswidrig beschränken. Auch hier kann unter Umständen problematisch sein, dass die Unternehmer:in nicht imstande ist, die Rechteinhaber:in zum nachträglichen Verzicht auf die entsprechenden Klauseln bzw. auf den Einsatz von technischen Maßnahmen zu veranlassen. In diesem Fall ist die Herstellung des vertragsgemäßen Zustandes gem. Art. 14 Abs. 2 DI-RL unmöglich.

Die Verbraucher:in hat dann gem. Art. 14 Abs. 4 Buchst. a DI-RL die Möglichkeit der Minderung oder der Vertragsbeendigung, wobei das Recht auf Vertragsbeendigung gem. Abs. 6 nur bei einer mehr als geringfügigen Vertragswidrigkeit besteht. Hier hängt es vom Einzelfall ab, ob eine Nutzungsbeschränkung in einem EULA zu einer mehr als nur geringfügigen Vertragswidrigkeit führt. Entscheidend dürfte insbesondere sein, inwieweit der Vertragszweck durch die lizenzvertragliche Nutzungsbeschränkung unterminiert wird.[1024]

4. *„Take it or leave it"-Situation für die Verbraucher:in*

Letztlich zeigt sich, dass sich die Verbraucher:in mit den ihr von der DI-RL eingeräumten Gewährleistungsrechten hinsichtlich vertragswidriger Nutzungsbeschränkungen und technischer Maßnahmen in einer „‚take it or leave it'-Situation" befindet.[1025] Sie hat die Wahl, die durch das EULA und die Schutzmaßnahmen verursachte Beschränkung der Nutzung des digitalen Inhaltes

---

1024 Vgl. *Gsell* in Schulze/Staudenmayer, EU Digital Law, DI-RL, Art. 14 Rn. 69.

1025 *Oprysk*, GRUR Int 2021, 943, 953; *Spindler*, JIPITEC Vol. 12 No. 3 (2021), 111, Rn. 11.

hinzunehmen und zu mindern oder stattdessen den Vertrag zu beenden. Dabei kommt die Vertragsbeendigung als Rechtsbehelf häufig aufgrund fehlender Alternativangebote gar nicht in Betracht.[1026] Dem Interesse der Verbraucher:in daran, den digitalen Inhalten ihrer bzw. der vernünftigen Erwartung entsprechend nutzen zu können, wird damit keine Rechnung getragen.

Zwar kann sich die Verbraucher:in auch unmittelbar gegen die Nutzungsbeschränkungen in EULAs sowie gegen technische Schutzmaßnahmen in der Rechtsbeziehung zur Rechteinhaber:in wehren. Insbesondere können die Bestimmungen in EULAs einer AGB-Kontrolle gem. §§ 305 ff. BGB unterzogen werden.[1027] Allerdings spielt die vernünftige Verbrauchererwartung, die in der Vertragsbeziehung zwischen Unternehmer:in und Verbraucher:in relevant ist, im Rahmen dieser AGB-Kontrolle keine Rolle.[1028] Denn die Rechtsbeziehungen zwischen Unternehmer:in und Verbraucher:in und zwischen Rechteinhaber:in und Verbraucher:in sind voneinander zu trennen.[1029]

Als gesetzliches Leitbild gem. § 307 Abs. 2 Nr. 1 BGB können in diesem Fall die Vorschriften des Urheberrechts dienen.[1030] Stehen die Nutzungsbeschränkungen in EULAs damit in Einklang, obwohl sie der vernünftigen Verbrauchererwartung im Rahmen des Vertrages zwischen Verbraucher:in und Unternehmer:in widersprechen, so sind sie in der Rechtsbeziehung zwischen Rechteinhaber:in und Verbraucher:in dennoch wirksam. Gleiches gilt im Ergebnis auch für technische Schutzmaßnahmen, die von der Rechteinhaber:in eingesetzt werden. Auch für deren rechtliche Überprüfung sind im Verhältnis von Rechteinhaber:in und Verbraucher:in die urheberrechtlichen Vorgaben relevant. Hier hat die Verbraucher:in jedoch lediglich hinsichtlich der in § 95b Abs. 1 UrhG normierten Schranken einen Anspruch gegenüber der Rechteinhaber:in, diese mithilfe von durch die Rechteinhaber:in zur Verfügung gestellten Mitteln wahrzunehmen.[1031] Da die von § 95b Abs. 1 UrhG umfassten Schranken allerdings kaum von Relevanz für private Nutzer:innen digitaler Inhalte sind, ist der Verbraucher:in auch mit dieser Vorschrift im Verhältnis zur Rechteinhaber:in kaum geholfen.

1026 *Oprysk*, GRUR Int 2021, 943, 953.
1027 *Kuschel/Rostam*, CR 2020, 393, 394; s. schon o. Teil 2. B. IV.
1028 Vgl. *Spindler* in Schulze/Staudenmayer/Lohsse, S. 224.
1029 S.o. Teil 2. B. I.
1030 Vgl. *Metzger* in MüKo BGB, § 327g Rn. 18.
1031 S.o. Teil B. VI. 1. b).

VIII. Zusammenfassung

Bei der Beurteilung von Nutzungsbeschränkungen in EULAs nach dem Urheberrecht und der DI-RL zeigt sich, dass, sofern es sich bei dem bereitgestellten digitalen Inhalt um ein Computerprogramm handelt, keine Widersprüche in der Bewertung durch die beiden Rechtsgebiete bestehen. Hinsichtlich E-Books als Beispiel für sonstige digitale Inhalte hingegen widersprechen sich die Beurteilungen bei drei der vier untersuchten Nutzungsbeschränkungen, sodass sich ein Konflikt beider Rechtsgebiete ergibt.

Weiterhin ist festzuhalten, dass bereits die Bedingung, ein EULA abzuschließen, um den digitalen Inhalt nutzen zu können, einen Rechtsmangel i.S.d. Art. 10 DI-RL darstellen kann. Das gilt dann, wenn die Verbraucher:in vernünftigerweise nicht damit rechnen musste, zunächst dieses EULA abschließen zu müssen, um den Inhalt auch nutzen zu können.

Setzt die Rechteinhaber:in zusätzliche technische Maßnahmen ein, um ihre Lizenzbedingungen durchzusetzen, sind diese durch das Urheberrecht weitgehend legitimiert und geschützt. Gleichzeitig kann deren Einsatz jedoch einen Produktmangel nach Art. 8 Abs. 1 Buchst. b DI-RL darstellen, wenn er die Zugänglichkeit oder Funktionalität des digitalen Inhaltes behindert. Das ist insbesondere dann der Fall, wenn Verbraucher:innen die Verwendung technischer Schutzmaßnahmen vernünftigerweise nicht erwarten müssen.

Liegt ein Rechtsmangel i.S.d. Art. 10 DI-RL aufgrund von Nutzungsbeschränkungen in EULAs vor, die nicht der vernünftigen Verbrauchererwartung entsprechen, stehen der Verbraucher:in Gewährleistungsrechte zu. Vorrangig kann sie einen Anspruch gegenüber der Unternehmer:in auf Herstellung des vertragsgemäßen Zustands gem. Art. 14 Abs. 2 DI-RL geltend machen. Dieser Anspruch besteht auch, soweit technische Schutzmaßnahmen zum Einsatz kommen, die einen Produktmangel i.S.d. Art. 8 Abs. 1 Buchst. b DI-RL darstellen. Problematisch kann hier allerdings sein, dass die Unternehmer:in nicht dazu in der Lage ist, die Rechteinhaber:in zum nachträglichen Verzicht auf die entsprechenden Klauseln bzw. technischen Maßnahmen zu veranlassen. Unter diesen Umständen ist die Herstellung des vertragsgemäßen Zustandes gem. Art. 14 Abs. 2 DI-RL unmöglich.

Die Verbraucher:in kann in diesem Fall gem. Art. 14 Abs. 4 Buchst. a DI-RL mindern oder den Vertrag beenden.

Im Ergebnis wird deutlich, dass die Verbraucher:in in einer solchen Situation in eine „take-it-or-leave-it"-Position gedrängt wird, wobei die Vertragsbeendigung insbesondere aufgrund fehlender Alternativangebote häufig keine wirkliche Option ist.

IX. Konsequenzen aus der widersprüchlichen Beurteilung von Nutzungsbeschränkungen in EULAs

Die im vorherigen Abschnitt vorgenommene Untersuchung hat gezeigt, dass Nutzungsbeschränkungen in EULAs im Zusammenhang mit E-Books durch das Verbrauchervertragsrecht und das Urheberrecht widersprüchlich beurteilt werden. Im Folgenden wird ermittelt, welche Konsequenzen sich aus dieser widersprüchlichen Beurteilung möglicherweise ergeben werden.

In diesem Zusammenhang soll ein Gedanke *Grünbergers* aufgegriffen werden, der im Hinblick auf die auch die DI-RL umfassende Strategie für den digitalen Binnenmarkt der EU-Kommission[1032] eine neue Vorgehensweise der Kommission prognostiziert, „über eine primär verbrauchervertragsrechtliche Aufhängung des Regulierungsgegenstandes zugleich urheberrechtlich umstrittene Punkte ‚mitzuregulieren'".[1033] Dementsprechend wird anhand der nachfolgenden Untersuchung insbesondere überprüft, ob die Aussage der DI-RL, sie lasse das Urheberrecht unberührt, sich bewahrheitet oder vielmehr eine „Beruhigungspille"[1034] darstellt.

Nachfolgend sind drei mögliche Auswirkungen der ermittelten widersprüchlichen Beurteilung von Nutzungsbeschränkungen in EULAs durch das Urheberrecht und das Verbrauchervertragsrecht zu untersuchen. Zunächst ist zu klären, ob künftig der Einsatz von negativen Beschaffenheitsvereinbarungen hinsichtlich von der Vertragsmäßigkeit abweichender Nutzungsbedingungen in EULAs zunehmen wird. Im Anschluss wird untersucht, ob Rechteinhaber:innen den Inhalt von EULAs zwangsläufig an die verbrauchervertragsrechtlichen Beurteilungen angleichen werden.[1035] Zuletzt wird eine mögliche Verschiebung des Interessenausgleichs zwischen Rechteinhaber:innen und den Endnutzer:innen vom Urheber- ins Verbrauchervertragsrecht untersucht.[1036]

1032 S. zu der Strategie bereits o. Teil 2. A. II. 2. b).

1033 *Grünberger*, ZUM 2018, 73, 74.

1034 Ebd.

1035 Dazu auch *Kuschel/Rostam*, CR 2020, 393, 400.

1036 Dazu auch *Sattler*, NJW 2020, 3623, 3626.

1. Zunehmender Einsatz von negativen Beschaffenheitsvereinbarungen hinsichtlich abweichender Nutzungsbeschränkungen in EULAs gem. Art. 8 Abs. 5 DI-RL

Enthält das EULA der Rechteinhaber:in Nutzungsbeschränkungen, die der vernünftigen Verbrauchererwartung widersprechen, bzw. entspricht der Abschluss dieses EULAs selbst nicht der vernünftigen Verbrauchererwartung, so kann die Unternehmer:in einer Inanspruchnahme durch die Verbraucher:in aufgrund eines Rechtsmangels i.S.d. Art. 10 DI-RL bzw. einer nicht erfolgten Bereitstellung nur durch eine abweichende vertragliche Vereinbarung i.S.d. Art. 8 Abs. 5 DI-RL, umgesetzt in § 327h BGB, entgehen. Gem. dieser Vorschrift besteht die Möglichkeit, die objektiven Vertragsmäßigkeitskriterien durch eine abweichende Parteivereinbarung abzubedingen. Unternehmer:in und Verbraucher:in müssen eine solche Vereinbarung nach Art. 8 Abs. 5 DI-RL bei Vertragsschluss ausdrücklich und gesondert abschließen, nachdem die Verbraucher:in über die entsprechende Abweichung informiert wurde. Infrage steht, ob Unternehmer:innen künftig – im Rahmen von Verträgen über die dauerhafte Bereitstellung digitaler Inhalte – zunehmend negative Beschaffenheitsvereinbarungen hinsichtlich Nutzungsbedingungen in EULAs verwenden, die von der objektiven Vertragsmäßigkeit abweichen.

Die Etablierung der negativen Beschaffenheitsvereinbarungen in der DI-RL sollte u.a. genau hierzu dienen: Der Unternehmer:in sollte ermöglicht werden, digitale Inhalte bereitzustellen, die urheberrechtlichen Beschränkungen durch die Rechteinhaber:in unterliegen.[1037] Wie bereits erwähnt, erklärt EG 53 S. 6 DI-RL ausdrücklich eine abweichende Vereinbarung auch hinsichtlich urheberrechtlicher Beschränkungen der Werknutzung für zulässig.[1038] Sofern die Bedingungen in EULAs folglich der objektiven Vertragsmäßigkeit, insbesondere der vernünftigen Verbrauchererwartung, nicht entsprechen, muss die Unternehmer:in hierüber eine negative Beschaffenheitsvereinbarung mit der Verbraucher:in treffen.[1039] Dasselbe gilt für den Fall, dass schon der Abschluss von EULAs als solcher kein vernünftigerweise zu erwartendes Merkmal des digitalen Inhaltes ist.[1040] Sofern die Verbraucher:in also vernünftigerweise nicht erwarten

---

1037 *Staudenmayer* in Schulze/Staudenmayer, EU Digital Law, DI-RL, Art. 8 Rn. 156; s. schon o. Teil 2. B. II. 1.

1038 *Sattler*, NJW 2020, 3623, 3626; s. schon o. Teil 2. B. III.

1039 Vgl. zur Beschränkung der Möglichkeit, digitale Inhalte weiterzuveräußern, *Kuschel/Rostam*, CR 2020, 393, 397.

1040 S.o. Teil 2. B. V. 5.

muss, vor der Nutzung des digitalen Inhaltes einem EULA zustimmen zu müssen, bedarf es auch hierüber einer negativen Beschaffenheitsvereinbarung, welcher die Verbraucher:in ausdrücklich zustimmen muss.[1041]

a) Voraussetzungen der negativen Beschaffenheitsvereinbarung

Für die erforderliche ausdrückliche Zustimmung der Verbraucher:in ist gem. EG 49 S. 2 DI-RL ein „aktives und eindeutiges Verhalten" erforderlich, welches sich gem. EG 49 S. 3 DI-RL bspw. „durch Anklicken eines Kästchens, Betätigung einer Schaltfläche oder Aktivierung einer ähnlichen Funktion" umsetzen lässt. Eine abweichende Vereinbarung lässt sich dementsprechend nicht in Form von Schutzhüllenverträgen[1042] abschließen, da in dem Aufreißen einer Verpackung kein aktives und insbesondere eindeutiges Verhalten gesehen werden kann.[1043] Eine sog. Clickwrap-Vereinbarung[1044] dürfte den Anforderungen hingegen genügen.[1045]

Eine negative Beschaffenheitsvereinbarung kann zwar selbst als vorformulierte AGB ausgestaltet werden, da digitale Inhalte i.d.R. standardisierte Massenprodukte sind und eine individuelle Vereinbarung daher kaum umsetzbar wäre.[1046] Für eine solche Deutung sprechen letztlich auch die in EG 49 S. 3 DI-RL genannten Beispiele für den wirksamen Abschluss einer negativen Beschaffenheitsvereinbarung (Anklicken eines Kästchens, Betätigung einer Schaltfläche, Aktivierung einer ähnlichen Funktion), welche im Ergebnis ebenfalls vorformulierte Bedingungen betreffen.[1047] Nicht zulässig dürfte es hingegen sein, die AGB über die Abweichung in die sonstigen AGB der Unternehmer:in zu integrieren,

1041 *Kuschel/Rostam*, CR 2020, 393, 395.

1042 S.o. Teil 2. A. I. 2. c) aa).

1043 *Staudenmayer* in Schulze/Staudenmayer, EU Digital Law, DI-RL, Art. 8 Rn. 169; Zur nationalen Parallelvorschrift *Metzger* in MüKo BGB, § 327h Rn. 6.

1044 S.o. Teil 2. A. I. 2. c) aa).

1045 *Staudenmayer* in Schulze/Staudenmayer, EU Digital Law, DI-RL, Art. 8 Rn. 169.

1046 Zur nationalen Parallelvorschrift *Metzger* in MüKo BGB, § 327h, Rn. 7; vgl. auch *Staudenmayer* in Schulze/Staudenmayer, EU Digital Law, DI-RL, Art. 8 Rn. 175; *Faber* in Wendehorst/Zöchling-Jud, S. 85.

1047 Zur nationalen Parallelvorschrift *Metzger* in MüKo BGB, § 327h Rn. 7; a.A. wohl *Sattler*, NJW 2020, 3623, 3626; *Spindler/Sein*, MMR 2019, 488, 489 m.V.a. *European Law Institute*, Statement on the European Commission's Proposed Directive on the Supply of Digital Content to Consumers, S. 19.

da sie gem. EG 49 S. 2 DI-RL „gesondert von anderen Erklärungen oder Vereinbarungen" durch die Verbraucher:in unterzeichnet werden müssen.[1048]

Zudem dürfe es wohl kaum zulässig sein, die Informationen zu den Abweichungen von der objektiven Vertragsmäßigkeit, hinsichtlich derer eine negative Beschaffenheitsvereinbarung getroffen werden soll, der Verbraucher:in lediglich mittels eines Hinweises auf einen Link bereitzustellen.[1049] Denn zum einen heißt es in Art. 8 Abs. 5 DI-RL, dass die Verbraucher:in über die Abweichung „in Kenntnis gesetzt" werden muss. Die Verbraucher:in soll diesem Wortlaut zufolge bei der Informationsbeschaffung also eine passive Rolle einnehmen und nicht selbst eine aktive Handlung vornehmen müssen, um die Informationen zu erhalten.[1050] Zum anderen spricht hierfür auch der Sinn und Zweck der Regelung, wonach eine Abweichung von den objektiven Vertragsmäßigkeitskriterien nur unter sehr strengen Voraussetzungen möglich sein soll.[1051] Dementsprechend muss auch die Informationspflicht der Unternehmer:in dahingehend ausgelegt werden, dass die Unternehmer:in der Verbraucher:in die erforderlichen Informationen aktiv, hinreichend deutlich und transparent bekanntgeben muss. Die Informationspflicht der Unternehmer:in dürfte dementsprechend nicht erfüllt sein, sofern die Verbraucher:in selbst aktiv werden muss, bspw. indem sie auf einen hingewiesenen Hyperlink klickt, um die erforderlichen Informationen zu erhalten.[1052]

b) *Konsequenzen für eine negative Beschaffenheitsvereinbarung hinsichtlich abweichender EULAs*

Für eine Vereinbarung hinsichtlich von der objektiven Vertragsmäßigkeit abweichender Nutzungsbeschränkungen in EULAs dürften die dargestellten Voraussetzungen zur Folge haben, dass ein schlichter Hinweis auf das EULA der Rechteinhaber:in unter Angabe eines dafür abrufbaren Links den Anforderungen des Art. 8 Abs. 5 DI-RL nicht genügt.[1053] Vielmehr dürfte es erforderlich

---

1048 *Staudenmayer* in Schulze/Staudenmayer, EU Digital Law, DI-RL, Art. 8 Rn. 169; zur nationalen Parallelvorschrift BT-Drs. 19/27653, S. 60; *Metzger* in MüKo BGB, § 327h Rn. 7; vgl. auch *Pech*, GRUR-Prax 2021, 509, 511.

1049 *Staudenmayer* in Schulze/Staudenmayer, EU Digital Law, DI-RL, Art. 8 Rn. 164.

1050 In diese Richtung auch *Staudenmayer* in Schulze/Staudenmayer, EU Digital Law, DI-RL, Art. 8 Rn. 164.

1051 *Staudenmayer* in Schulze/Staudenmayer, EU Digital Law, DI-RL, Art. 8 Rn. 164.

1052 Ebd.

1053 So auch *Rosenkranz* in Schulze/Staudenmayer, EU Digital Law, DI-RL, Art. 10 Rn. 46; *Spindler*, JIPITEC Vol. 12 No. 3 (2021), 111, Rn. 67.

sein, die konkreten Abweichungen der Beschränkungen in EULAs von der objektiven Vertragsmäßigkeit zu nennen, über jede Abweichung auch eine gesonderte Zustimmung der Verbraucher:in einzuholen und zusätzlich einen Link zu dem EULA mitaufzunehmen. Dies kann zwar in Form von AGB geschehen, allerdings dürfen diese nicht mit sonstigen AGB der Unternehmer:in verbunden werden.

Es ist zu berücksichtigen, dass die Voraussetzungen des Art. 8 Abs. 5 DI-RL nur hinsichtlich der Vereinbarung über eine Abweichung bestimmter Bedingungen in EULAs von der objektiven Vertragsmäßigkeit gelten. Das betreffende EULA selbst, welches die Verbraucher:in mit der Rechteinhaber:in abschließt, muss sich hingegen nicht an den Vorgaben messen lassen, da es nicht Bestandteil des Vertrages zwischen der Unternehmer:in und der Verbraucher:in ist.[1054] Dementsprechend ist für die Wirksamkeit der negativen Beschaffenheit gem. Art. 8 Abs. 5 DI-RL auch nicht relevant, ob das EULA als solches transparent und hinreichend deutlich formuliert ist.[1055] Vielmehr ist diese Tatsache im Rahmen einer AGB-Kontrolle des entsprechenden EULAs von Bedeutung.

c) *Praktikabilität der negativen Beschaffenheitsvereinbarung*

Die genannten strengen Voraussetzungen des Art. 8 Abs. 5 DI-RL lassen daran zweifeln, dass die Möglichkeit einer negativen Beschaffenheitsvereinbarung für Unternehmer:innen in der Praxis tatsächlich Freiraum bietet, um ihre Leistung auszugestalten und z.B. abweichende Vereinbarungen hinsichtlich EULAs und den darin enthaltenen Beschränkungen zu treffen.[1056] Denn zunächst muss die Unternehmer:in hierfür selbst feststellen, welche Eigenschaften – konkret, welche Nutzungsmöglichkeiten – des von ihr vertriebenen digitalen Inhaltes Elemente der objektiven Vertragsmäßigkeit sind.[1057]

In einem weiteren Schritt muss sie die festgestellten Merkmale und die entsprechenden Abweichungen konkret beschreiben.[1058] Hinsichtlich abweichender Bedingungen in EULAs dürfte dies bedeuten, dass jede einzelne Abweichung konkret benannt werden muss. Die Verbraucher:in muss dann jeder einzelnen Abweichung zustimmen.[1059] Dieses Vorgehen dürfte in der Praxis mit

---

1054 Vgl. *Spindler*, JIPITEC Vol. 12 No. 3 (2021), 111, Rn. 66.
1055 A.A. wohl aber *Spindler*, JIPITEC Vol. 12 No. 3 (2021), 111, Rn. 66.
1056 Vgl. *Ehle/Kreß*, CR 2019, 723, 726.
1057 Vgl. ebd.
1058 *Ehle/Kreß*, CR 2019, 723, 726.
1059 Zur nationalen Parallelvorschrift *Metzger* in MüKo BGB, § 327h Rn. 6.

erheblichem Aufwand verbunden und für Unternehmer:innen kaum praktikabel umsetzbar sein.[1060] Es ist daher davon auszugehen, dass Unternehmer:innen künftig keinen verstärkten Gebrauch von der Möglichkeit einer negativen Beschaffenheitsvereinbarung hinsichtlich abweichender Nutzungsbedingungen in EULAs machen werden.

d) Zwischenfazit

Für Unternehmer:innen besteht die Möglichkeit, hinsichtlich Nutzungsbeschränkungen, die von der objektiven Vertragsmäßigkeit abweichen, eine Vereinbarung gem. Art. 8 Abs. 5 DI-RL zu treffen. Allerdings werden an eine solche abweichende Vereinbarung strenge Maßstäbe angesetzt. So muss die Unternehmer:in jede einzelne von der Vertragsmäßigkeit abweichende Nutzungsbeschränkung in einem EULA nennen und hierzu auch jeweils eine gesonderte Zustimmung der Verbraucher:in einholen. Zwar kann die abweichende Vereinbarung auch als AGB ausgestaltet werden. Diese dürfen aber nicht mit sonstigen AGB verbunden werden.

Im Ergebnis stellt sich daher die Frage, ob eine solche Vereinbarung hinsichtlich von der objektiven Vertragsmäßigkeit abweichender Nutzungsbeschränkung in EULAs für die Unternehmer:in tatsächlich praktikabel ist. Deutlich wahrscheinlicher dürfte es sein, dass die Unternehmer:in sich weigert, einen digitalen Inhalt mitsamt einem EULA bereitzustellen, dessen Nutzungsbeschränkungen nicht der objektiven Vertragsmäßigkeit entsprechen, um einer Inanspruchnahme seitens der Verbraucher:in zu entgehen. Dann ist die Rechteinhaber:in gezwungen, ihr EULA den Vorgaben der DI-RL in der Vertragsbeziehung von Unternehmer:in und Verbraucher:in anzupassen. Diese mögliche Auswirkung wird im Folgenden untersucht.

2. Angleichung des Inhaltes von EULAs an die Anforderungen der DI-RL

Die Vorgaben der DI-RL gelten nur in der Beziehung zwischen Unternehmer:in und Verbraucher:in. Sie haben keine unmittelbaren Auswirkungen auf die Rechteinhaber:in, die das EULA mit der Verbraucher:in abschließt. Stellt eine in einem mit der Rechteinhaber:in abgeschlossenen EULA enthaltene Nutzungsbeschränkung einen Rechtsmangel dar, da sie nicht der vernünftigen Verbrauchererwartung gem. Art. 8 Abs. 1 Buchst. b DI-RL entspricht, kann

1060 So auch *Ehle/Kreß*, CR 2019, 723, 726.

die Verbraucher:in auch nur gegenüber der Unternehmer:in die aufgezeigten Ansprüche wegen Vertragswidrigkeit geltend machen.

a) Mittelbare Auswirkungen der Rechtsmängelhaftung der Unternehmer:in auf die Rechtsposition der Rechteinhaber:in

Mittelbar sind aber auch Rechteinhaber:innen von der Haftung der Unternehmer:innen für einen Rechtsmangel betroffen.[1061] Sie müssen über die Vertriebskette gezwungenermaßen darauf reagieren, wenn Nutzungsbeschränkungen in den von ihnen aufgestellten EULAs nach der DI-RL vertragswidrig sind.[1062] Denn eine Unternehmer:in wird künftig regelmäßig keinen digitalen Inhalt vertreiben, dessen Bereitstellung mit dem Abschluss eines EULAs mitsamt Nutzungsbeschränkungen verbunden ist, die zu einer Rechtsmängelhaftung für sie führen können. Schließlich sieht sie sich in diesem Fall einem Anspruch auf Minderung bzw. Beendigung des Vertrages seitens der Verbraucher:in ausgesetzt. Zwar bestünde für die Unternehmer:in die Möglichkeit, hinsichtlich eines solchen EULAs eine abweichende Vereinbarung i.S.d. Art. 8 Abs. 5 DI-RL mit der Verbraucher:in zu treffen. Da eine solche abweichende Vereinbarung jedoch, wie soeben aufgezeigt, an strenge Voraussetzungen geknüpft und daher für die Unternehmer:in auch mit größerer Rechtsunsicherheit verbunden ist, dürfte es wahrscheinlicher sein, dass sie die Rechteinhaber:in bei Abschluss des Lizenzvertrages mit dieser zu einer Anpassung ihres EULAs bewegt.

Sollte die Unternehmer:in den digitalen Inhalt gleichwohl mitsamt eines EULAs bereitstellen, dessen Bedingungen von der objektiven Vertragsmäßigkeit abweichen, dann wohl nur unter der Bedingung, dass die Rechteinhaber:in im Rahmen des Lizenzvertrages mit der Unternehmer:in den zu zahlenden Preis auf das Niveau reduziert, das einer potenziellen Minderung seitens der Verbraucher:in entspricht.[1063]

Rechteinhaber:innen, die ihre urheberrechtlich geschützten digitalen Werke über Unternehmer:innen als Intermediäre vertreiben, werden ihre EULAs im Ergebnis also an die Anforderungen innerhalb der Vertragsbeziehung zwischen Unternehmer:in und Verbraucher:in anpassen.[1064]

1061 *Kuschel/Rostam*, CR 2020, 393, 400; zum Richtlinienentwurf *Schmidt-Kessel* et al., GPR 2016, 54, 60.

1062 Vgl. zum Richtlinienentwurf *Schmidt-Kessel* et al., GPR 2016, 54, 60.

1063 *Grünberger*, ZUM 2018, 73, 74.

1064 Vgl. *Rosenkranz* in Schulze/Staudenmayer, EU Digital Law, DI-RL, Art. 10 Rn. 4 f.; *Kuschel/Rostam*, CR 2020, 393, 400.

b) Regressanspruch der Unternehmer:in gegenüber der Rechteinhaber:in

Hinzu kommt, dass die Unternehmer:in, die für einen Rechtsmangel aufgrund vertragswidriger Nutzungsbeschränkungen in einem EULA haftet, die Rechteinhaber:in potenziell in Regress nehmen kann. Denn die DI-RL hält gem. Art. 20 DI-RL, umgesetzt in § 327u BGB, einen Rückgriffsanspruch für die Unternehmer:in bereit. So kann die Unternehmer:in gem. Art. 20 S. 1 DI-RL, sofern sie für eine nicht erfolgte oder nicht vertragsgemäße Bereitstellung haftet, die auf eine Handlung einer Person innerhalb der Vertriebskette zurückzuführen ist, diese Person in Regress nehmen. Z.T. wird dafür plädiert, dass ein solcher Rückgriffsanspruch auch gegenüber Rechteinhaber:innen geltend gemacht werden kann, deren Nutzungsbedingungen zu einem Rechtsmangel gem. Art. 10 DI-RL führen.[1065] Voraussetzung hierfür wäre dann, dass die Verbraucher:in in der Folge Gewährleistungsansprüche geltend macht und der Unternehmer:in hieraus Kosten entstehen.[1066] Das *European Law Institute* hatte sich während des Gesetzgebungsprozesses sogar dafür ausgesprochen, einen Rückgriffsanspruch gegenüber der Rechteinhaber:in ausdrücklich in die Richtlinie aufzunehmen.[1067] Ein solcher ausdrücklicher Anspruch wurde jedoch nicht etabliert.

In der Folge lässt sich nicht eindeutig feststellen, ob die Unternehmer:in auch die Rechteinhaber:in in Regress nehmen kann. Das ist insbesondere dem Umstand geschuldet, dass gem. Art. 20 S. 2 DI-RL die Mitgliedsstaaten bestimmen müssen, welche Person die Unternehmer:in konkret in Regress nehmen kann. § 327u Abs. 1 S. 1 BGB, der Art. 20 DI-RL in deutsches Recht umsetzt, beschreibt diese Person als „Unternehmer, der sich ihm [dem bereitstellenden Unternehmer][1068] gegenüber zur Bereitstellung eines digitalen Produkts verpflichtet hat (Vertriebspartner)". Auch aus dieser Vorschrift wird nicht eindeutig ersichtlich, ob Rechteinhaber:innen in Regress genommen werden können, ob sie also unter den Begriff der Vertriebspartner:in fallen. Allerdings besagt die Gesetzesbegründung, dass der Rückgriffsanspruch der Unternehmer:in entsprechend den Vorgaben der Richtlinie auf den „Geschäftsverkehr" beschränkt sein

---

1065 Hierfür plädierend *Mozina* in Schulze/Staudenmayer, EU Digital Law, DI-RL, Art. 20 Rn. 28; *European Law Institute*, Statement on the European Commission's Proposed Directive on the Supply of Digital Content to Consumers, S. 63.

1066 Vgl. *Mozina* in Schulze/Staudenmayer, EU Digital Law, DI-RL, Art. 20 Rn. 28.

1067 *European Law Institute*, Statement on the European Commission's Proposed Directive on the Supply of Digital Content to Consumers, S. 63.

1068 Einfügung durch Verfasserin.

soll, insbesondere um eine Haftung der Lizenzgeber:innen von Open Source Software zu verhindern.[1069] Daraus lässt sich der Umkehrschluss ziehen, dass der nationale Gesetzgeber davon ausgegangen ist, der in Art. 20 DI-RL normierte Regressanspruch gelte grundsätzlich auch im Geschäftsverkehr mit Rechteinhaber:innen als Lizenzgeber:innen. Nach hier vertretener Auffassung kann die Unternehmer:in die Rechteinhaber:in also in Regress nehmen, sofern die Verbraucher:in Gewährleistungsansprüche aufgrund eines Rechtsmangels wegen vertragswidriger Nutzungsbeschränkungen in EULAs geltend gemacht hat. Es gilt allerdings zu beachten, dass der Regressanspruch im nationalen Recht nach § 327u Abs. 1 S. 2 BGB bei einem (Rechts-)Mangel nur den Aufwand ersetzt, der mit einer Nacherfüllung verbunden ist.[1070] Da eine Nacherfüllung bei vertragswidrigen Nutzungsbeschränkungen in EULAs häufig nicht möglich sein wird, da sie im Ergebnis in der Hand der Rechteinhaber:in liegt,[1071] besteht nach dem nationalen Recht in vielen Fällen auch kein Regressanspruch der Unternehmer:in gegenüber der Rechteinhaber:in.

Ein Regressanspruch kann – auch nach nationalem Recht gem. § 327u Abs. 1 S. 1 BGB – aber auch dann bestehen, wenn die Verbraucher:in ihr Recht auf Vertragsbeendigung aufgrund einer nichterfolgten Bereitstellung geltend macht. Eine solche nicht erfolgte Bereitstellung liegt, wie erörtert, auch dann vor, wenn die Verbraucher:in die Leistungsannahme verweigert, weil sie, um den digitalen Inhalt nutzen zu können, nach Abschluss des Vertrages mit der Unternehmer:in noch das EULA mit der Rechteinhaber:in hätte abschließen müssen, hiermit aber nicht rechnen konnte.[1072] Allerdings erscheint fraglich, ob diese unterbliebene Bereitstellung der Rechteinhaber:in zuzurechnen ist, sodass ihr gegenüber ein Regressanspruch besteht. Jedenfalls ließe sich auch argumentieren, dass es Aufgabe der Unternehmer:in ist, die Verbraucher:in auf den erforderlichen Abschluss eines EULAs hinzuweisen, sodass ihr auch die Verweigerung der Leistungsannahme durch die Verbraucher:in und damit im Ergebnis die unterbliebene Bereitstellung zuzurechnen ist. Dann stünde der Unternehmer:in auch kein Regressanspruch gegenüber der Rechteinhaber:in zu.

1069 BT-Drs. 19/27653, S. 81.
1070 *Fries* in BeckOGK BGB, § 327u Rn. 7.
1071 S.o. Teil 2. B. VII. 2.
1072 Ebd.

c) *Zwischenfazit*

Im Ergebnis wird die Rechteinhaber:in, um ihre digitalen Werke weiterhin über die Unternehmer:in vertreiben zu können und um ggf. eine Inanspruchnahme im Wege des Regresses zu vermeiden, ihr EULA an die Vertragsmäßigkeitsanforderungen in der Vertragsbeziehung von Unternehmer:in und Verbraucher:in anpassen müssen. Damit erreicht die DI-RL auch ihr Ziel, die rechtliche Beziehung zwischen Verbraucher:in und Rechteinhaber:in derjenigen von Verbraucher:in und Unternehmer:in anzugleichen.[1073]

Die DI-RL wirkt sich damit aber auch ins Urheberrecht, konkret ins Urhebervertragsrecht aus. Die Rechteinhaber:in kann im Ergebnis den Umfang, in dem sie der Verbraucher:in im Rahmen des EULAs ein Nutzungsrecht einräumt, nicht mehr vollkommen selbstständig festlegen. Sie wird daher durch die zwangsläufig erforderliche Anpassung ihres EULAs aufgrund der innerhalb der Beziehung von Unternehmer:in und Verbraucher:in geltenden Vorgaben der DI-RL in ihrer auch im Urhebervertragsrecht weitestgehend geltenden Vertragsfreiheit[1074] beschränkt.

Obgleich die DI-RL proklamiert, das Urheberrecht unberührt zu lassen, zeigt sich hieran eine – jedenfalls mittelbare – Implikation der Richtlinie auf die urheberrechtliche Lizenzvertragspraxis und damit auch auf das Urhebervertragsrecht bzw. Urheberrecht insgesamt.[1075]

3. *Verschiebung des Interessenausgleichs zwischen Rechteinhaber:innen, Werknutzer:innen und der Allgemeinheit vom Urheber- ins Verbrauchervertragsrecht*

Eine weitere mögliche Auswirkung der Vorgaben der DI-RL auf das Urheberrecht liegt in der Verschiebung des Interessenausgleichs zwischen der Rechteinhaber:in und Werknutzer:innen sowie der Allgemeinheit vom Urheber- in das Verbrauchervertragsrecht.[1076]

Das Urheberrecht dient zwar zuvörderst dem Schutz der Urheber:in,[1077] verfolgt gleichzeitig aber auch einen Ausgleich der Interessen der unterschiedlichen im Urheberrecht involvierten Gruppen, namentlich der Urheber:innen, der

---

1073 Vgl. *Rosenkranz* in Schulze/Staudenmayer, EU Digital Law, DI-RL, Art. 10 Rn. 4 f.

1074 *Ohly* in Schricker/Loewenheim, UrhG, Vor. §§ 31 ff. Rn. 5.

1075 Vgl. *Kuschel/Rostam*, CR 2020, 393, 400.

1076 *Sattler*, NJW 2020, 3623, 3626; vgl. auch *Hilty*, GRUR 2018, 865, 879; *Zech*, ZUM 2014, 3, 10.

1077 S.o. Teil 2. A. I.

Verwerter:innen und der Nutzer:innen sowie der Allgemeinheit.[1078] Die Interessen der beteiligten Gruppen sind sogar verfassungsrechtlich verankert.[1079] So ist das Recht der Urheber:in in seiner vermögensrechtlichen Komponente über den verfassungsrechtlichen Schutz des Eigentums gem. Art. 14 Abs. 1 GG und in seiner persönlichkeitsrechtlichen Komponente über das allgemeine Persönlichkeitsrecht gem. Art. 2 Abs. 1 GG i.V.m Art. 1 Abs. 1 GG geschützt,[1080] während die Interessen der Allgemeinheit und der Werknutzer:innen insbesondere über die Meinungsfreiheit einschließlich des Elements der Informations(-zugangs-)freiheit nach Art. 5 Abs. 1 S. 1 UrhG geschützt werden.[1081] Der Gesetzgeber ist bei der Ausgestaltung des Urheberrechtsgesetzes dementsprechend daran gebunden, diese verschiedenen Interessen und die sie schützenden Grundrechte abzuwägen.[1082]

Auch die in § 17 Abs. 2 UrhG bzw. für Computerprogramme in § 69c Nr. 3 S. 2 UrhG geregelte Erschöpfung verfolgt einen Interessenausgleich, namentlich zwischen dem Verwertungsinteresse der Urheber:in und demjenigen der Allgemeinheit am freien Warenverkehr sowie an überschaubaren Verhältnissen im Rechts- und Geschäftsverkehr.[1083] Das Verwertungsinteresse der Urheber:in ist regelmäßig damit befriedigt, dass sie ihre Zustimmung zu der ersten Verbreitungshandlung des jeweiligen Werkexemplars von einer Entgeltzahlung abhängig machen konnte.[1084] Das Werkexemplar soll im Anschluss

---

1078 *Geiger*, GRUR Int 2004, 815, 816; ausführlich hierzu auch *Hilty*, ZUM 2003, 983, 985 ff.

1079 *Geiger*, GRUR Int 2004, 815, 816.

1080 *BVerfG*, Beschl v. 23.1.1990 – 1 BvR 306/86, BVerfGE 81, 208, 219, 222 – Bob Dylan; *BVerfG*, Beschl. v. 25.10.1978 – 1 BvR 352/71, BVerfGE 49, 382, 392 – Kirchenmusik; *BVerfG*, Beschl. v. 7.7.1971 – 1 BvR 765/66, BVerfGE 31, 229, 239 f. – Kirchen- und Schulgebrauch; *BVerfG*, Beschl. v. 7.7.1971 – 1 BvR 764/66, BVerfGE 31, 248, 251 – Bibliotheksgroschen; *Ahlberg/Lauber-Rönsberg* in BeckOK UrhR, Einführung zum UrhG Rn. 14, 16; *Dreier* in Dreier/Schulze, Einleitung Rn. 39; *Loewenheim* in Schricker/Loewenheim, Einleitung zum UrhG Rn. 13; *Di Fabio*, S. 29 ff.

1081 *Paulus* in Isensee/Kirchhoff, Band XI, § 247 Rn. 17; *Geiger*, GRUR Int 2004, 815, 816; zur Informations- bzw. Informationszugangsfreiheit *Di Fabio*, S. 40.

1082 *Paulus* in Isensee/Kirchhoff, Band XI, § 247 Rn. 19; *Geiger*, GRUR Int 2004, 815, 817.

1083 *BGH*, Urt. v. 4.5.2000 – I ZR 256/97, GRUR 2001, 51, 53 – Parfumflakon; *BGH*, Urt. v. 23.2.1995 – I ZR 68/93, GRUR 1995, 673, 676 – Mauerbilder; *BGH*, Urt. v. 6.3.1986 – I ZR 208/83, GRUR 1986, 736, 737 – Schallplattenvermietung; *Sack*, WRP 1999, 1088, 1089; *Schricker/Katzenberger*, GRUR 1985, 87, 93, 95; *Reimer*, GRUR Int 1972, 221, 222; *v. Ungern-Sternberg*, GRUR 1984, 262, 262.

1084 *Loewenheim* in Schricker/Loewenheim, UrhG, § 17 Rn. 36.

grundsätzlich frei nutzbar sein.[1085] Gleichzeitig soll das Interesse der Allgemeinheit am freien Warenverkehr und an überschaubaren Rechtsverhältnissen geschützt werden, das beeinträchtigt wäre, sofern die Urheber:in nach der Erstveräußerung beim Weitervertrieb des Werkexemplars intervenieren könnte.[1086]

Zu untersuchen ist, ob sich der mit dem Erschöpfungsgrundsatz verfolgte Interessenausgleich zunehmend in das Verbrauchervertragsrecht verlagert.[1087] Künftig dürfte es, wie im Folgenden aufgezeigt wird, zu einer stetigen Zunahme von Vertragsmodellen mit befristetem Zugang zu digitalen Inhalten kommen.[1088] Grund hierfür sind zum einen die objektiven Vertragsmäßigkeitsvorgaben der DI-RL und hier insbesondere die vernünftige Verbrauchererwartung und zum anderen die dichotome Rechtsprechung des *EuGHs* in Bezug auf die Erschöpfung digitaler Inhalte.[1089] Bei einer nur vorübergehenden Bereitstellung digitaler Inhalte greift der Erschöpfungsgrundsatz grundsätzlich nicht ein und verliert infolgedessen, wie ebenfalls aufgezeigt wird, weiter an Bedeutung. Dementsprechend ist es denkbar, dass der mit dem Erschöpfungsgrundsatz verfolgte Ausgleich der Interessen von Rechteinhaber:innen, der Allgemeinheit und der Werknutzer:innen sich zunehmend ins Verbrauchervertragsrecht verschiebt.[1090]

a) Zunahme von Geschäftsmodellen mit befristetem Zugang zu digitalen Inhalten

Sowohl für Unternehmer:innen als auch für Rechteinhaber:innen dürften künftig Geschäftsmodelle mit einem nur vorübergehenden Zugang zu digitalen Inhalten attraktiver sein.

1085 *BGH*, Urt. v. 23.2.1995 – I ZR 68/93, GRUR 1995, 673, 676 – Mauerbilder; *BGH*, Urt. v. 28.6.1984 – I ZR 84/82, GRUR 1985, 131, 133 – Zeitschriftenauslage beim Friseur; *BGH*, Urt. v. 28.6.1984 – I ZR 65/82, GRUR 1985, 134, 134 – Zeitschriftenauslage im Wartezimmer.

1086 *BGH*, Urt. v. 11.12.2014 – I ZR 8/13, GRUR 2015, 772, 776 – UsedSoft III; *BGH*, Urt. v. 11.2.2010 – I ZR 178/08, NJW 2010, 2661, 2663 – Half-Life 2; *BGH*, Urt. v. 4.5.2000 – I ZR 256/97, GRUR 2001, 51, 53 – Parfumflakon; *BGH*, Urt. v. 23.2.1995 – I ZR 68/93, GRUR 1995, 673, 676 – Mauerbilder; *BGH*, Urt. v. 6.3.1986 – I ZR 208/83, GRUR 1986, 736, 737 – Schallplattenvermietung; *Loewenheim* in Schricker/Loewenheim, UrhG, § 17 Rn. 36.

1087 So *Hilty*, GRUR 2018, 865, 880; *Sattler*, NJW 2020, 3623, 3626; *Zech*, ZUM 2014, 3, 10.

1088 Vgl. *Sattler*, NJW 2020, 3623, 3626 f.; *Sattler*, CR 2020, 145, 151.

1089 Vgl. *Sattler*, NJW 2020, 3623, 3626.

1090 So *Hilty*, GRUR 2018, 865, 880; *Sattler*, NJW 2020, 3623, 3626; *Zech*, ZUM 2014, 3, 10.

aa) Attraktivität der Geschäftsmodelle für Rechteinhaber:innen

Die aufgezeigte vernünftige Verbrauchererwartung hinsichtlich des Nutzungsumfangs digitaler Inhalte besteht vornehmlich bei Verträgen über die endgültige Bereitstellung digitaler Inhalte, die dem Vertragsmodell eines Kaufs ähneln. Dementsprechend kann die Rechteinhaber:in bei der nur vorübergehenden Bereitstellung digitaler Inhalte mitunter deutlich restriktivere Nutzungsbedingungen in EULAs festlegen als bei der dauerhaften Bereitstellung.

So dürften bspw. Weiterveräußerungsverbote in EULAs nicht der vernünftigen Verbrauchererwartung widersprechen, sofern der digitale Inhalt nicht dauerhaft, sondern nur vorübergehend bereitgestellt wird.[1091] Denn die Erwartung, den digitalen Inhalt weiterveräußern zu können, besteht nur im Rahmen kaufähnlicher Verträge. Verbraucher:innen können daher bspw. vernünftigerweise nicht erwarten, Musiktitel im Rahmen eines Streaming-Abonnements weiterzuveräußern.[1092] Allerdings wird mitunter argumentiert, dass Verbraucher:innen die Möglichkeit zur Weiterveräußerung eines Zugangsanspruchs im Rahmen der Nutzung von digitalen Inhalten mittels Cloud Computings bzw. Streamings durchaus vernünftigerweise erwarten dürften.[1093] Auch in diesem Zusammenhang wird man eine entsprechende vernünftige Verbrauchererwartung – wenn überhaupt – aber nur bei einer dauerhaften, nicht jedoch bei der nur vorübergehenden Bereitstellung eines digitalen Inhaltes im Wege des Streamings bzw. Cloud Computings annehmen können.[1094] Denn nur die dauerhafte Bereitstellung eines digitalen Inhaltes ist als Kauf- bzw. kaufähnliches Vertragsverhältnis einzuordnen,[1095] bei dem das vertragsrechtliche Leitbild die Pflicht der Unternehmer:in umfasst, einen weiterveräußerbaren Inhalt zu verschaffen.[1096]

Bei Verträgen über die nur vorübergehende Bereitstellung digitaler Inhalte dürfte die Verbraucher:in i.d.R. zudem vernünftigerweise nicht erwarten können, zur Anfertigung von (Sicherungs-)Kopien berechtigt zu sein. Denn hier hat die Verbraucher:in keinen unbefristeten Zugang zu und auch keine unbefristeten Nutzungsrechte für die entsprechenden digitalen Inhalte. Dementsprechend muss auch nicht sichergestellt werden, dass die digitalen Inhalte dauerhaft zugänglich und nutzbar sind. Dies betrifft insbesondere Verträge über die

1091 Vgl. *Grünberger*, ZUM 2020, 175, 190; *Kuschel/Rostam*, CR 2020, 393, 397.

1092 *Geiregat* in Bernzen/Grisse/Kaesling, S. 81.

1093 S. hierzu *Geiregat* in Bernzen/Grisse/Kaesling, S. 81 ff.; *Zech*, ZUM 2014, 3, 10.

1094 Vgl. *Zech*, ZUM 2014, 3, 10.

1095 S.o. Teil 2. B. III. 2. b) aa).

1096 *Zech*, ZUM 2014, 3, 10.

Bereitstellung digitaler Inhalte mittels Streaming, die nur die vorübergehende Bereitstellung zum Vertragsinhalt haben.[1097]

Dass Rechteinhaber:innen an einer nur vorübergehenden Bereitstellung ihrer digitalen Werke interessiert sind, wird jedenfalls in Bezug auf Computerprogramme sowie auf komplexe digitale Inhalte zusätzlich durch die Rechtsprechung des *EuGHs* zum Erschöpfungsgrundsatz verstärkt.[1098] Denn die Erschöpfung des Verbreitungsrechts an einem Computerprogramm tritt nur infolge einer dauerhaften Überlassung der Programmkopie ein.[1099] Wird die Software hingegen zeitlich befristet bereitgestellt, liegt keine Veräußerung i.S.d. § 69c Nr. 3 S. 2 UrhG vor, sodass auch keine Erschöpfung eintreten kann.[1100] Ausnahmsweise gleicht eine zeitlich befristete Überlassung von Software dann einer zeitlich unbegrenzten Überlassung, wenn das jeweilige Computerprogramm nach Ablauf dieser zeitlichen Begrenzung automatisch deaktiviert und funktionsunfähig wird. Denn in einem solchen Fall wird der Erwerber:in das Nutzungsrecht an der Software für den gesamten Zeitraum der Funktionsfähigkeit des Programms und damit dauerhaft und endgültig eingeräumt. In diesem Fall kann auch bei einer nur vorübergehenden Überlassung von Software Erschöpfung eintreten.[1101]

In Bezug auf komplexe digitale Inhalte wie Computerspiele, die sowohl ein Computerprogramm als auch „klassische" urheberrechtlich geschützte digitale Werke enthalten, besteht Rechtsunsicherheit hinsichtlich der Anwendbarkeit des Erschöpfungsgrundsatzes.[1102] Endnutzerlizenzverträge über komplexe digitale Inhalte können insofern im Rahmen der dauerhaften Bereitstellung digitaler Inhalte kaum rechtssicher ausgestaltet werden.[1103] Auch diese Tatsache macht die nur vorübergehende Bereitstellung digitaler Inhalte für Rechteinhaber:innen deutlich attraktiver.

Hinzu kommt, dass auch die Schranken für die Anfertigung von Sicherungs- oder Privatkopien (§§ 53 Abs. 1 S. 1, 69d Abs. 2 S. 1 UrhG) nur in dem Fall greifen, dass der digitale Inhalt auf einem körperlichen Datenträger oder aber mittels Downloads bereitgestellt wird.[1104] Wird hingegen eine Sicherungskopie

---

1097 *Spindler*, JIPITEC Vol. 12 No. 3 (2021), 111, Rn. 48.
1098 Vgl. *Sattler*, NJW 2020, 3623, 3626; *Sattler*, CR 2020, 145, 151.
1099 *Sattler*, CR 2020, 145, 150.
1100 Vgl. *Roth-Neuschild* in Auer-Reinsdorff/Conrad, Teil C, § 13 Rn. 14.
1101 *BGH*, Urt. v. 19.3.2015 – I ZR 4/14, CR 2015, 711, 712.
1102 S.o. Teil 2. B. V. 1. a) bb) (3) (c).
1103 *Sattler*, NJW 2020, 3623, 3626.
1104 Vgl. *Spindler*, JIPITEC Vol. 12 No. 3 (2021), 111, Rn. 48.

von digitalen Inhalten, die der Verbraucher:in mittels Streaming bereitgestellt werden, auf dem Server der Unternehmer:in gespeichert und ist auch nur dort abrufbar, dann greifen die Schranken nicht.[1105] Denn der Zugang zu dieser Sicherungskopie betrifft nicht das Vervielfältigungsrecht gem. § 16 Abs. 1 UrhG, sondern das Recht der öffentlichen Zugänglichmachung gem. § 19a UrhG, worauf die genannten Schranken nicht anwendbar sind.[1106] Dementsprechend kann die Rechteinhaber:in hier sogar im Falle der Bereitstellung von Software Beschränkungen der Möglichkeit zur Anfertigung von Sicherungskopien vornehmen, ohne gegen § 69g Abs. 2 UrhG zu verstoßen.

bb) Attraktivität der Geschäftsmodelle für Unternehmer:innen

Für die Unternehmer:in ist ein Vertrag über eine lediglich vorübergehende Bereitstellung digitaler Inhalte – jedenfalls im Hinblick auf die Rechtsmängelhaftung – deshalb von Vorteil, da ein geringeres Risiko für sie besteht, für Rechtsmängel aufgrund von Nutzungsbeschränkungen in EULAs in Anspruch genommen zu werden. Denn wie soeben erläutert dürften bei der nur vorübergehenden Bereitstellung digitaler Inhalte auch restriktivere Nutzungsbedingungen in EULAs vertragsgemäß sein.

Hinzu kommt, dass die Unternehmer:innen nicht bloß bei der vorübergehenden, sondern auch bei einer einmaligen Bereitstellung digitaler Inhalte zur Aktualisierung der Inhalte verpflichtet sind, und zwar über einen Zeitraum, der sogar die Gewährleistungsfristen überschreiten kann. Da der Zeitraum der Aktualisierungspflicht bei der dauerhaften Bereitstellung digitaler Inhalte nicht ausdrücklich gesetzlich festgelegt und daher auch nicht genau kalkulierbar ist, dürfte dies für Unternehmer:innen ein zusätzlicher Anreiz sein, auf Geschäftsmodelle mit einer nur vorübergehenden Bereitstellung digitaler Inhalte umzusteigen.[1107]

b) Wachsender Bedeutungsverlust des Erschöpfungsgrundsatzes

Die nur vorübergehende Bereitstellung digitaler Inhalte führt zu einem weiteren Bedeutungsverlustes des urheberrechtlichen Erschöpfungsgrundsatzes.[1108] Bereits das Urteil des *EuGHs* in der Sache Tom Kabinet hat die Relevanz des Erschöpfungsgrundsatzes im digitalen Umfeld erheblich geschmälert, nachdem

1105 Vgl. ebd.
1106 Vgl. ebd.
1107 Vgl. *Sattler*, NJW 2020, 3623, 3627.
1108 *Sattler*, NJW 2020, 3623, 3626.

das Gericht der Anwendbarkeit des Grundsatzes auf E-Books eine Absage erteilt hat.

Zwar erschöpft sich das Verbreitungsrecht, wie erläutert, bei der dauerhaften Überlassung eines Computerprogrammes. Werden auch Computerprogramme nun künftig zunehmend vorübergehend bereitgestellt, findet der Erschöpfungsgrundsatz auch hier grundsätzlich keine Anwendung mehr.

Im digitalen Umfeld kommt dem Erschöpfungsgrundsatz in der Folge nur noch ein sehr geringer Anwendungsbereich und damit wenig Bedeutung zu.[1109]

c) *Verschiebung des Interessenausgleichs*

Der Interessenausgleich zwischen Rechteinhaber:innen, Werknutzer:innen und der Allgemeinheit, der mit dem Erschöpfungsgrundsatz verfolgt wird, kann im digitalen Umfeld nur noch sehr eingeschränkt über das Urheberrecht erfolgen, da er auf digitale Inhalte wie E-Books sowie auf die zunehmenden Geschäftsmodelle, die eine nur vorübergehende Bereitstellung digitaler Inhalte vorsehen, grundsätzlich nicht anwendbar ist.

Die DI-RL hingegen unterscheidet weder zwischen den verschiedenen Arten digitaler Inhalte noch zwischen verschiedenen Formen der Bereitstellung digitaler Inhalte.[1110] Die Vorgaben der Richtlinie gelten sowohl für Computerprogramme als auch für andere digitale Inhalte sowie für die dauerhafte und die nur vorübergehende Bereitstellung.

Der Interessenausgleich, den das Urheberrecht nicht mehr leisten kann, verlagert sich damit ins Verbrauchervertragsrecht.[1111] So geht die durch Art. 8 Abs. 1 Buchst. b DI-RL geschützte Verbrauchererwartung bei der dauerhaften Bereitstellung nicht nur von Computerprogrammen, sondern auch von digitalen Inhalten wie E-Books dahin, dass deren Weiterveräußerbarkeit zulässig sein muss. Die Rechteinhaber:in kann ihre Verwertungsinteressen nach hier vertretener Ansicht auch hinsichtlich dieser digitalen Inhalte durch technische Schutzmaßnahmen und eine Anpassung des Erstverkaufspreises wahren.[1112]

Die Rechteinhaber:in wird ihre EULAs und die darin enthaltenen Nutzungsbeschränkungen an die in der Beziehung zwischen Unternehmer:in und Verbraucher:in bestehende vernünftige Verbrauchererwartung zwangsläufig

---

1109 S. hierzu *Hilty*, GRUR 2018, 865, 880; *Sattler*, NJW 2020, 3623, 3626; *Zech*, ZUM 2014, 3, 10.

1110 Vgl. o. Teil 1. A. I. 1; Teil 2. B. III. 2. a).

1111 *Sattler*, NJW 2020, 3623, 3626; *Ohly*, GRUR 2020, 184, 186.

1112 S.o. Teil 2. B. V. 1. b) bb) f.

anpassen müssen. Die DI-RL setzt damit den Interessenausgleich um, der durch das Urheberrecht nicht mehr gewährleistet wird.

Zwar besteht diese vernünftige Verbrauchererwartung bei der nur vorübergehenden Bereitstellung digitaler Inhalte nicht, sodass Weiterveräußerungsverbote hier sowohl nach urheberrechtlichen Wertungen als auch nach den Vorgaben der DI-RL zulässig sein dürften.

Allerdings findet im Urheberrecht bei der vorübergehenden Überlassung digitaler Inhalte insbesondere aufgrund des nicht anwendbaren Erschöpfungsgrundsatzes sowie der grundsätzlichen Abdingbarkeit der urheberrechtlichen Schranken kaum mehr ein Ausgleich der Interessen von Rechteinhaber:innen und Endnutzer:innen statt. Vielmehr kann die Rechteinhaber:in ihr Verwertungsinteresse mittels weitreichender Zugangs- und Nutzungskontrollen, die durch das Urheberrecht ermöglicht oder jedenfalls nicht verhindert werden, aufgrund restriktiver Lizenzbedingungen und sie begleitender technischer Schutzmaßnahmen umfangreich durchsetzen.[1113]

Die DI-RL hingegen kann Nutzungsbeschränkungen, welche die Interessen der Verbraucher:innen zu sehr einschränken, auch bei der nur vorübergehenden Bereitstellung digitaler Inhalte über Art. 10 DI-RL entgegenwirken, indem sie diese in der Beziehung von Unternehmer:in und Verbraucher:in für vertragswidrig erklärt. Auch hier wird die Rechteinhaber:in über die Vertriebskette wiederum dazu gezwungen sein, ihr EULA entsprechend anzupassen.

Im Ergebnis übernimmt das Verbrauchervertragsrecht damit den Ausgleich der Interessen von Rechteinhaber:innen, Werknutzer:innen und der Allgemeinheit, den das Urheberrecht in der analogen Situation noch vorgenommen hat, im digitalen Umfeld aber nicht mehr zu leisten imstande ist. Damit bestätigt sich auch die zu Beginn dieses Abschnittes zitierte Prognose *Grünbergers*, dass „über eine primär verbrauchervertragsrechtliche Aufhängung des Regulierungsgegenstandes zugleich urheberrechtlich umstrittene Punkte“ mitgeregelt werden,[1114] in diesem Fall der Erschöpfungsgrundsatz und der dadurch erfolgende Interessenausgleich im Urheberrecht. Die Aussage der DI-RL, sie lasse das Urheberrecht unberührt, ist daher insofern eine „Beruhigungspille“,[1115] als sich zumindest mittelbare Implikationen für das Urheberrecht ergeben. Hinzukommt, dass das Urheberrecht, ist es nicht mehr zu einem gerechten Interessenausgleich imstande, zunehmend an Bedeutung und Legitimation verliert.

1113 S.o. Teil 2. A. I. 2. a), c), d).

1114 *Grünberger*, ZUM 2018, 73, 74.

1115 Ebd.

C. Ergebnisse Teil 2

Die im zweiten Teil vorgenommene Untersuchung hat gezeigt, dass sowohl das Urheberrecht als auch das Verbrauchervertragsrecht auf dem Gebiet der Verträge über digitale Inhalte von Relevanz sind, dabei aber mitunter in einen Konflikt zueinander treten.

Digitale Inhalte unterfallen i.d.R. urheberrechtlichem Schutz, entweder in Form von Software, die den Vorschriften der Computerprogramm-RL unterliegt, in Form von sonstigen digitalen Inhalten wie E-Books, auf welche die InfoSoc-RL Anwendung findet, oder in Form von komplexen digitalen Inhalten wie Computerspielen, die unter den Anwendungsbereich beider Richtlinien fallen. Die Rechteinhaber:innen dieser geschützten digitalen Inhalte vertreiben ihre Werke häufig über Zwischenhändler:innen. Deren Vertragsbeziehung zu Verbraucher:innen werden durch die DI-RL umfangreiche verbrauchervertragsrechtliche Vorgaben gemacht. Gleichzeitig setzen urheberrechtliche Rechteinhaber:innen oft sog. End User License Agreements (EULAs) ein, die sie unmittelbar mit den Verbraucher:innen abschließen und in denen der zulässige Umfang der Nutzung des jeweiligen digitalen Inhaltes festgelegt wird. Diese Nutzungsbedingungen der EULAs sind häufig sehr restriktiv und reichen mitunter über den der Rechteinhaber:in grundsätzlich durch das Urheberrecht gewährten Schutz hinaus. Begleitet werden die EULAs häufig von technischen Schutzmaßnahmen, welche die Einhaltung der lizenzvertraglichen Bedingungen faktisch absichern sollen.

Das Urheberrecht räumt der Rechteinhaber:in aufgrund der Ausweitung der Verwertungsrechte im digitalen Umfeld durch die InfoSoc-RL umfassende Kontrollmöglichkeiten hinsichtlich des Zugangs zu und der Nutzung von urheberrechtlich geschützten digitalen Inhalten ein. Insbesondere kann sie den Zugang und die Nutzung von der Zustimmung zu restriktiven Lizenzbedingungen abhängig machen, die von urheberrechtlich geschützten und legitimierten technischen Schutzmaßnahmen begleitet werden. Gleichzeitig werden die Verbraucher:innen und ihre Bedürfnisse durch das Urheberrecht kaum in den Blick genommen. Lediglich einige wenige Schranken des Urheberrechts berücksichtigen die Interessen der Verbraucher:in als Werkkonsument:in, so z.B. die Schranke des § 69d Abs. 1 UrhG, welche die bestimmungsgemäße Benutzung eines Computerprogramms erlaubt und einen vertraglich nicht abdingbaren Kern an zulässigen Nutzungshandlungen beinhaltet. Gleiches gilt für die Schranke des § 69d Abs. 2 S. 1 UrhG, welche die Anfertigung von Sicherungskopien von Computerprogrammen erlaubt, und gem. § 69g Abs. 2 UrhG vertraglich nicht abdingbar ist.

Das Verbraucherrecht wiederum legt den Fokus auf die Verbraucher:in und möchte deren Position auf dem Wirtschaftsmarkt stärken. Die Interessen der Verbraucher:in werden dabei über verbrauchervertragsrechtliche Instrumente wie die vernünftige Verbrauchererwartung geschützt. Dieser Schutz der vernünftigen Verbrauchererwartung kann zu einem Konflikt zwischen Verbrauchervertrags- und Urheberrecht führen. Dies gilt, sofern das Verbraucherrecht Erwartungen von Endkonsument:innen hinsichtlich Nutzungsmöglichkeiten digitaler Inhalte als vernünftig und damit als schützenswert einordnet, diese aber durch restriktive Lizenzbedingungen in EULAs eingeschränkt oder verboten werden, die das Urheberrecht wiederum als zulässig einordnet. Die urheberrechtliche Zulässigkeit von mitunter sehr restriktiven Lizenzbedingung ist insbesondere darauf zurückzuführen, dass das Urheberrecht nach hier vertretener Ansicht die vertragliche Abbedingung urheberrechtlicher Schranken – mit wenigen, ausdrücklich normierten Ausnahmen – ermöglicht bzw. ihr jedenfalls nicht entgegensteht.

Der beschriebene Konflikt zeigt sich auch im Verhältnis der DI-RL zum Urheberrecht hinsichtlich der Beurteilung einzelner Nutzungsbeschränkungen in EULAs. Die vorgenommene Untersuchung macht jedoch deutlich, dass ein Wertungswiderspruch in der Beurteilung nur im Hinblick auf digitale Inhalte wie E-Books auftritt, nicht jedoch hinsichtlich Computerprogrammen.

In Bezug auf drei von vier durch EULAs beschränkte Möglichkeiten der Nutzung, die in diesem Teil untersucht wurden, besteht die nach der DI-RL geschützte vernünftige Verbrauchererwartung, diese tätigen zu dürfen. Aus urheberrechtlicher Sicht muss bei der Zulässigkeit der untersuchten Nutzungsbeschränkungen zwischen Computerprogrammen und sonstigen digitalen Inhalten wie E-Books differenziert werden. So ist hinsichtlich Nutzungsbeschränkungen in Bezug auf Software ein Gleichlauf von urheberrechtlicher und verbrauchervertragsrechtlicher Bewertung zu erkennen. Das liegt zuvörderst daran, dass Software den Sondervorschriften der Computerprogramm-RL, umgesetzt in §§ 69a ff. UrhG, unterfällt. Zum einen hat der *EuGH* u.a. aufgrund dieser Sondervorschriften die Anwendbarkeit des Erschöpfungsgrundsatz auf die unkörperliche Überlassung von Software bejaht, sodass diesbezügliche Weiterveräußerungsverbote sowohl nach verbrauchervertragsrechtlichen als auch nach urheberrechtlichen Wertungen unzulässig sind. Zum anderen weist die für die Nutzung von Computerprogrammen maßgebliche Schranke zur bestimmungsgemäßen Nutzung einen zwingenden Kern an (Vervielfältigungs-)Handlungen auf, der vertraglich nicht abdingbar ist. Zudem ist die vertragliche Unabdingbarkeit der Schranke zur Anfertigung von Sicherungskopien gem. § 69d Abs. 2 S. 1 UrhG in § 69g Abs. 2 UrhG ausdrücklich statuiert. Nutzungsbedingungen, die entsprechend erlaubte Nutzungshandlungen einschränken oder deren Vornahme gänzlich verbieten, sind dementsprechend nichtig.

Hinsichtlich sonstiger digitaler Inhalte wie E-Books hingegen besteht ein Wertungswiderspruch zwischen urheberrechtlicher und verbrauchervertragsrechtlicher Beurteilung. Zum einen liegt dies an der Rechtsprechung des *EuGHs* hinsichtlich der Anwendbarkeit des Erschöpfungsgrundsatzes auf die Veräußerung dieser digitalen Inhalte, die er im „Tom Kabinet"-Urteil ablehnt. Daher kann die Rechteinhaber:in auch die Weiterveräußerung sonstiger digitaler Inhalte wie E-Books kontrollieren und diese insbesondere vertraglich verbieten.

Zum anderen sind die für die Nutzung von sonstigen digitalen Inhalten relevanten Schranken insbesondere des § 53 Abs. 1 S. 1 UrhG, der Vervielfältigungen zum privaten Gebrauch erlaubt, nach hier vertretener Ansicht vertraglich abdingbar, sodass Beschränkungen dieser Nutzungen nach urheberrechtlicher Wertung zulässig sind.

Auch der Einsatz von technischen Schutzmaßnahmen, die seitens der Rechteinhaber:innen häufig begleitend zu EULAs eingesetzt werden, wird durch das Urheberrecht und das Verbrauchervertragsrecht unterschiedlich beurteilt. Durch das Urheberrecht wird er grundsätzlich umfangreich geschützt, wobei dieser Schutz im Hinblick auf technische Schutzmaßnahmen, die im Rahmen des Vertriebs von Computerprogrammen eingesetzt werden (§ 69f Abs. 2 S. 1 UrhG), deutlich hinter dem Schutz in Bezug auf technische Schutzmaßnahmen im Rahmen des Vertriebs sonstiger digitaler Inhalte wie E-Books gem. § 95a UrhG zurückbleibt.

Gleichzeitig können technische Schutzmaßnahmen mitunter einen Produktmangel i.S.d. Art. 8 Abs. 1 Buchst. b DI-RL darstellen. Auch hier zeigt sich ein Widerspruch von urheber- und verbrauchervertragsrechtlicher Beurteilung.

Weichen die Nutzungsbeschränkungen in EULAs von der vernünftigen Verbrauchererwartung i.S.d. Art. 8 Abs. 1 Buchst. b DI-RL ab, stellen sie im Ergebnis einen Rechtsmangel i.S.d. Art. 10 DI-RL dar. Der Verbraucher:in stehen im Falle eines Rechtsmangels Gewährleistungsrechte gegenüber der Unternehmer:in zu. Zuvörderst hat die Verbraucher:in einen Anspruch auf Herstellung des vertragsgemäßen Zustands, die in diesem Fall in der Bereitstellung des digitalen Inhaltes ohne die zu einem Rechtsmangel führenden Vertragsbedingungen liegt. Hierbei problematisch ist, dass es der Unternehmer:in häufig nicht möglich sein wird, die Rechteinhaber:in zum nachträglichen Verzicht auf die entsprechenden Bedingungen zu bewegen. Da die Herstellung des vertragsgemäßen Zustands unter diesen Umständen unmöglich ist, bleibt der Verbraucher:in nur noch, zu mindern oder den Vertrag zu beenden. Sie wird daher hinsichtlich vertragswidriger

Nutzungsbedingungen in EULAs regelmäßig in eine „take it or leave it"-Situation gebracht.

Die teilweise unterschiedliche Bewertung von Nutzungsbeschränkungen in EULAs durch das Urheberrecht und das Verbrauchervertragsrecht wird nach hier vertretener Auffassung Auswirkungen sowohl auf die Rechtsposition der Rechteinhaber:innen als auch auf die Bedeutung des Urheberrechts im digitalen Umfeld insgesamt haben.

Zunächst wird eine Angleichung des Inhaltes von EULAs an die Vorgaben der DI-RL erfolgen. Zwar besteht für Unternehmer:innen grundsätzlich auch die Möglichkeit, gem. Art. 8 Abs. 5 DI-RL mit der Verbraucher:in eine gesonderte Vereinbarung hinsichtlich von der objektiven Vertragsmäßigkeit abweichender Nutzungsbeschränkungen in EULAs zu treffen. Da an eine abweichende Vereinbarung jedoch strenge Voraussetzungen geknüpft werden, erscheint sie für Unternehmer:innen unpraktikabel, sodass nicht mit einer Zunahme solcher Vereinbarungen zu rechnen ist. Vielmehr ist davon auszugehen, dass die Unternehmer:in regelmäßig keine Bereitstellung digitaler Inhalte vornehmen wird, sofern damit der Abschluss eines EULAs mit vertragswidrigen Nutzungsbeschränkungen einhergeht. Zudem kann die Unternehmer:in bei vertragswidrigen Nutzungsbedingungen in EULAs potenziell einen Regressanspruch gegenüber der Rechteinhaber:in geltend machen. Es ist daher davon auszugehen, dass die Rechteinhaber:in stattdessen die Nutzungsbedingungen in EULAs an die Vorgaben innerhalb der Vertragsbeziehung von Unternehmer:in und Verbraucher:in anpassen wird.

Weiterhin wird sich der Interessenausgleich zwischen Rechteinhaber:innen, Werknutzer:innen und der Allgemeinheit, der an sich durch den urheberrechtlichen Erschöpfungsgrundsatz hergestellt werden soll, deutlich ins Verbrauchervertragsrecht verschieben. Hintergrund dieser Entwicklung ist, dass in Zukunft Geschäftsmodelle mit der nur vorübergehenden Bereitstellung digitaler Inhalte immer weiter zunehmen werden. Die Gründe hierfür sind die zwiegespaltene Rechtsprechung des *EuGHs* hinsichtlich der Anwendbarkeit des Erschöpfungsgrundsatzes im digitalen Umfeld sowie die Tatsache, dass Rechteinhaber:innen bei der nur vorübergehenden Bereitstellung digitaler Inhalte wohl deutlich restriktivere Nutzungsbedingungen in EULAs formulieren können. Gleichzeitig besteht für Unternehmer:innen in diesem Fall ein geringeres Haftungsrisiko.

Auf die nur vorübergehende Bereitstellung eines digitalen Inhaltes findet der Erschöpfungsgrundsatz, der eine dauerhafte Überlassung eines digitalen Inhaltes erfordert, grundsätzlich keine Anwendung mehr. Der Anwendungsbereich des urheberrechtlichen Erschöpfungsgrundsatzes wird sich daher im digitalen Umfeld mehr und mehr einschränken. Dementsprechend wird auch der damit verfolgte Interessenausgleich künftig kaum mehr durch das Urheberrecht erfolgen, sondern mittelbar über die Beurteilung der Vertragsmäßigkeit von Nutzungsbeschränkungen in EULAs und die darauffolgende inhaltliche Anpassung der EULAs stattfinden. Im Ergebnis verliert das Urheberrecht aufgrund dieser Verlagerung des Interessenausgleichs an Bedeutung sowie an Legitimation.

Teil 3: Auflösung des Konflikts zwischen Urheber- und Verbrauchervertragsrecht auf dem Gebiet der Verträge über digitale Inhalte

Das Urheberrecht und das Verbrauchervertragsrecht weisen im digitalen Umfeld – wie im vorangegangenen Teil aufgezeigt – Wertungswidersprüche auf, die auch durch die DI-RL nicht aufgelöst werden, sondern in ihrem Verhältnis zum Urheberrecht weiterhin bestehen bleiben.

Es stellt sich also die Frage, wie sich der mit diesen Wertungswidersprüchen einhergehende Konflikt aufheben lässt. Mögliche Lösungsansätze hierfür sollten im Urheberrecht gesucht werden. Denn ansonsten wird sich der Ausgleich der Interessen von Rechteinhaber:innen und Verbraucher:innen als Werknutzer:innen künftig mehr und mehr ins Verbrauchervertragsrecht verlagern. Das Urheberrecht verlöre dadurch, dass es der Aufgabe, diesen Interessenausgleich vorzunehmen, nicht mehr nachkäme, mehr und mehr an Bedeutung wie auch an Legitimation. Im Folgenden wird untersucht, ob eine Lösung innerhalb des bestehenden urheberrechtlichen Systems in Betracht kommt, um zu einem Gleichlauf von urheber- und verbrauchervertragsrechtlicher Wertung zu gelangen, die Interessen von Verbraucher:innen als Werknutzer:innen stärker zu berücksichtigen und so auch einen angemesseneren Interessenausgleich zwischen ihnen und den Rechteinhaber:innen zu erreichen.

A. Parallele Anwendung der Vorschriften über Computerprogramme und „klassische" urheberrechtlich geschützte Werke auf sonstige digitale Inhalte am Beispiel des E-Books

Im Rahmen der Untersuchungen in Teil 2 hat sich gezeigt, dass sich die Beurteilung des zulässigen Umfangs der Nutzung digitaler Inhalte bezogen auf Computerprogramme durch das Urheber- und Verbrauchervertragsrecht aufgrund der für diese bestehenden Sonderregelungen deckt. Im zweiten Teil hat sich außerdem gezeigt, dass durch diese Sondervorschriften, konkret durch die Schranke zur bestimmungsgemäßen Nutzung gem. § 69d Abs. 1 UrhG, die einen vertraglich nicht abdingbaren Kern aufweist, sowie durch die Schranke zur Anfertigung von Sicherungskopien gem. § 69d Abs. 2 S. 1 UrhG, die gem. § 69g Abs. 2 UrhG ausdrücklich vertraglich nicht abdingbar ist, die Interessen von Verbraucher:innen als Werknutzer:innen hinsichtlich der Nutzung von Computerprogrammen – anders als hinsichtlich der Nutzung sonstiger digitaler Inhalte wie E-Books – angemessen berücksichtigt werden.

Ein möglicher Lösungsansatz bestünde daher darin, zu einer Anwendbarkeit der Vorschriften über Computerprogramme auf sonstige digitale Inhalte wie E-Books zu gelangen. Die Umsetzbarkeit dieses Ansatzes soll im Folgenden anhand des Beispiels des E-Books untersucht werden.

Eine ausschließliche Anwendbarkeit der Vorschriften über Computerprogramme auf E-Books lässt sich wohl kaum begründen, da E-Books unbestreitbar aufgrund ihres Inhaltes (zumindest auch) als ein „klassisches" Sprachwerk i.S.d. § 2 Abs. 1 Nr. 1 UrhG geschützt werden und damit den Vorschriften über „klassische" urheberrechtlich geschützte Werke unterfallen.[1116] Denkbar ist allerdings die parallele Anwendbarkeit sowohl der Vorschriften über Computerprogramme als auch über „klassische" urheberrechtlich geschützte Werke auf E-Books, wie die Rechtsprechung dies auch für komplexe digitale Werke wie Computerspiele annimmt.[1117] Würden die Vorschriften über Computerprogramme jedenfalls auch auf E-Books Anwendung finden, dann könnte so möglicherweise ein Gleichlauf von Urheber- und Verbrauchervertragsrecht sowie ein angemessener Ausgleich der Interessen von Rechteinhaber:innen und Verbraucher:innen als Werknutzer:innen (wieder-)hergestellt werden.

Im Folgenden werden die technischen Anknüpfungspunkte für eine parallele Anwendung der Vorschriften über Computerprogramme und „klassische" Werke auf E-Books dargestellt sowie Argumente für eine parallele Anwendbarkeit der jeweiligen Vorschriften angeführt.

I. Technische Anknüpfungspunkte für die Anwendbarkeit der Vorschriften über Computerprogramme auf E-Books

Für eine parallele Anwendbarkeit der Vorschriften über Computerprogramme und derjenigen über „klassische" Werke auf sonstige digitale Inhalte muss zunächst geklärt werden, wo die Vorschriften über Computerprogramme bei diesen Inhalten technisch anknüpfen können. Die möglichen

---

1116 Vgl. *EuGH*, Urt. v. 19.12.2019 – C-263/18, GRUR 2020, 179, 182 – NUV u.a./Tom Kabinet (m. Anm. *Ohly*).

1117 *EuGH*, Urt. v. 21.1.2014 – C-355/12, EuZW 2014, 304, 305 – Nintendo Co Ltd u.a./PC Box Srl u.a.; *BGH*, Urt. v. 6.10.2016 – I ZR 25/15, GRUR 2017, 266, 269 – World of Warcraft I.

technischen Anknüpfungspunkte werden im Folgenden für E-Books dargestellt. Die Anwendbarkeit der Vorschriften der InfoSoc-RL, die für „klassische" Werke gilt, auf E-Books ist hingegen unbestritten und bedarf daher keiner weiteren Erläuterung.[1118]

In Bezug auf E-Books lassen sich mögliche technische Anknüpfungspunkte für die Anwendbarkeit der Vorschriften über Computerprogramme durchaus finden. Denn ein E-Book wird zwar regelmäßig darauf reduziert, dass es ein digitales Pendant zu einem analogen Buch sei.[1119] Allerdings stellen E-Books seit inzwischen mehreren Jahren nicht nur reine (Text-)Dateien dar, sondern beinhalten darüber hinaus weiterreichende, durch Computertechnologie ermöglichte Funktionen wie insbesondere die Volltextsuche oder auch Kommentierungs- oder Markierungsmöglichkeiten.[1120] Zwar ist richtig, dass diese Funktionen letztlich erst durch die Darstellungssoftware auf dem jeweiligen Lesegerät umgesetzt werden.[1121] Dennoch bestehen E-Books damit technisch gesehen aus mehr als nur einer reinen Textdatei,[1122] sodass auch ein Schutz als Computerprogramm nicht von vornherein abgelehnt werden kann.

Mögliche technische Anknüpfungspunkte lassen sich am Beispiel des wohl gängigsten technischen Formats für E-Books, dem ePub-Format,[1123] veranschaulichen. Das ePub-Format beinhaltet – vereinfacht dargestellt – drei Bestandteile.[1124] Eine XHTML-Datei umfasst den Text, also den eigentlichen Inhalt und seine Formatierung (Inhaltsdatei).[1125] Eine weitere Datei beinhaltet die Strukturierung und Wiedergabereihenfolge dieses Inhaltes (Steuerungsdateien) sowie Metadaten, die Angaben zu dem E-Book bspw. bezüglich der Autor:in, des Titels und des Verlags umfassen.[1126] Die einzelnen Dateien werden

---

1118 Zum Schutz von E-Books über die Vorschriften, welche die InfoSoc-RL umsetzen, s.o. Teil 1. A. IV. 2.

1119 S. hierzu bereits die Definition des Tarifvertrags zwischen dem Börsenverein des deutschen Buchhandels und der VG Wort (s.o. Teil 1. A. IV. 2.); so auch *Schulz/Ayar*, MMR 2012, 652, 652, Fn. 1; *Teerhag/Telle*, K&R 2013, 549, 549.

1120 *Ganzhorn*, InTer 2014, 31, 32; *Schulz/Ayar*, MMR 2012, 652, 652, Fn. 1; vgl. auch *Becker*, DStR 2014, 462.

1121 *Becker*, DStR 2014, 462, 464; *Ganzhorn*, CR 2014, 492, 492; *Sesing*, S. 42.

1122 *Schippel*, MMR 2016, 802, 804.

1123 *Sesing*, S. 42 f.

1124 *Ulmer* in Ulmer-Eilfort/Obergfell, Kap. 1, Teil F Rn. 555.

1125 Ebd.

1126 *Ulmer* in Ulmer-Eilfort/Obergfell, Kap. 1, Teil F Rn. 555; *Orgelmann*, S. 69, Fn. 14.

in einem Verzeichnis zusammengefasst, das wiederum in einem eigenen Dateiordner als drittem Bestandteil enthalten ist.[1127]

Einem E-Book im ePub-Format kann durchaus die für eine Einordnung als Computerprogramm i.S.d. § 69a Abs. 1 UrhG erforderliche Steuerungsfunktion zugesprochen werden.[1128] Denn das Format legt bspw. eindeutig fest, „dass etwa eine Bildunterschrift eine Bildunterschrift ist und dass diese als Bildunterschrift dargestellt werden muss".[1129] Zudem geben die Steuerungsdateien die Wiedergabereihenfolge für die Software vor, welche das E-Book „ausliest".[1130] Das E-Book zeigt daher im technischen Sinne nicht bloß an, *dass* die einzelnen Inhaltsbestandteile dargestellt werden müssen, sondern auch in welcher Form und Reihenfolge. Geht man von einer weiten Auslegung des Begriffs des Computerprogramms aus,[1131] so ist eine Subsumtion eines E-Books auch unter § 69a Abs. 1 UrhG daher jedenfalls denkbar. Dies gilt umso mehr, je mehr Funktionen ein E-Book aufweist.

Auch der *EuGH* erkennt die Möglichkeit an, dass ein E-Book durchaus ein Computerprogramm umfassen kann, welches dazu dienen soll, das digitale Buch lesen zu können, schreibt diesem jedoch nur akzessorischen Charakter zu.[1132]

II. Argumente für eine parallele Anwendbarkeit

1. Aufhebung des Widerspruchs in der EuGH-Rechtsprechung

Die parallele Anwendbarkeit beider Richtlinien bejaht der *EuGH* bereits hinsichtlich komplexer digitaler Inhalte wie Computerspiele. Mit der parallelen Anwendbarkeit auch hinsichtlich sonstiger digitaler Inhalte wie E-Books würde die bereits angedeutete Widersprüchlichkeit in der Rechtsprechung des *EuGH* in der Sache „Tom Kabinet" und „Nintendo" aufgehoben werden.[1133] Denn das

---

1127 *Ulmer* in Ulmer-Eilfort/Obergfell, Kap. 1, Teil F Rn. 555; *Orgelmann*, S. 69.

1128 Der Schutz des Formates als solches über § 69a UrhG ist hingegen abzulehnen, s. *EuGH*, Urt. v. 2.5.2012 – C-406/10, GRUR 2012, 814, 815.

1129 *Ulmer* in Ulmer-Eilfort/Obergfell, Kap. 1, Teil F Rn. 555.

1130 *Orgelmann*, S. 80, der dies allerdings als nicht ausreichend für die Annahme einer Steuerungsfunktion i.S.d. der für Computerprogramme geltenden Definition hält.

1131 So die allg. Ansicht, s. nur *Spindler* in Schricker/Loewenheim, UrhG, § 69a Rn. 2, Fn. 13.

1132 *EuGH*, Urt. v. 19.12.2019 – C-263/18, GRUR 2020, 179, 182 f. – NUV u.a./Tom Kabinet (m. Anm. *Ohly*).

1133 S.o. Teil 1. A. IV. 3.; zur Widersprüchlichkeit auch *Grützmacher*, CR 2020, 154, 156 f.; *Schneider*, WRP 2021, 293, 302.

Gericht erkennt zwar in seinem „Tom Kabinet"-Urteil sogar an, dass man E-Books auch als einen komplexen digitalen Inhalt betrachten kann, der sowohl aus einem urheberrechtlich geschützten (Sprach-)Werk als auch aus einem Computerprogramm besteht.[1134] Gleichzeitig betont es jedoch, dass das enthaltene Computerprogramm lediglich akzessorischen Charakter hat, verweist hierzu auf die Schlussanträge des *Generalanwaltes*[1135] und führt auf deren Grundlage aus, dass „ein E-Book wegen seines Inhaltes geschützt [wird], der daher als dessen wesentlicher Teil zu betrachten ist, sodass der Umstand, dass ein Computerprogramm Teil eines E-Books sein kann, das es ermöglichen soll, dieses zu lesen, nicht zur Anwendung dieser spezifischen Bestimmungen führen kann."[1136] Das Gericht beurteilt in diesem Fall die Anwendbarkeit urheberrechtlicher Vorschriften also nach dem Schwerpunkt des Werkes.[1137]

In der „Nintendo"-Entscheidung, in der es um die Frage ging, welche urheberrechtlichen Vorschriften auf Computerspiele Anwendung finden, verneint der *EuGH* jedoch die Beurteilung nach dem Schwerpunkt eines komplexen Werkes und geht von der parallelen Anwendbarkeit der Vorschriften von InfoSoc-RL und Computerprogramm-RL aus.[1138]

Die beiden Urteile stehen also in einem Widerspruch zueinander, obwohl der *EuGH* selbst anerkennt, dass auch E-Books als komplexe (digitale) Werke, die sowohl aus einem Sprachwerk als auch aus einem Computerprogramm bestehen, eingeordnet werden können, und sorgen so für Rechtsunsicherheit. Dieser Widerspruch würde durch eine parallele Anwendung der Vorschriften über Computerprogramme und sonstige, „klassische" urheberrechtlich geschützte Werke auch auf E-Books beseitigt.

1134 *EuGH*, Urt. v. 19.12.2019 – C-263/18, GRUR 2020, 179, 182 – NUV u.a./Tom Kabinet (m. Anm. *Ohly*).

1135 *Generalanwalt beim EuGH (Szpnuar)*, Schlussantrag vom 10.9.2019 – C-263/18, BeckRS 2019, 20488, Rn. 67, der sich aber keineswegs so eindeutig hinsichtlich der parallelen Anwendbarkeit der Vorschriften äußert wie der *EuGH*.

1136 *EuGH*, Urt. v. 19.12.2019 – C-263/18, GRUR 2020, 179, 182 f. – NUV u.a./Tom Kabinet (m. Anm. *Ohly*).

1137 *Grützmacher*, CR 2020, 154, 157.

1138 *EuGH*, Urt. v. 21.1.2014 – C-355/12, EuZW 2014, 304, 305 – Nintendo Co Ltd u.a./ PC Box Srl u.a.

2. *Zunehmende Herausforderungen in der Differenzierung zwischen „einfachen" und „komplexen" digitalen Werken*

Die unterschiedliche Beurteilung der Anwendbarkeit urheberrechtlicher Vorschriften auf „einfache" digitale Werke wie E-Books und „komplexe" digitale Werke wie Computerspiele stellt nicht nur einen Widerspruch in der *EuGH*-Rechtsprechung dar, sondern birgt auch zunehmende Herausforderungen für die Bewertung darüber, wann ein solches „einfaches" und wann ein „komplexes" digitales Werk vorliegt.[1139] Auch hier lässt sich das E-Book als ein Beispiel erneut heranziehen. Wie bereits erwähnt gibt es sog. Enhanced E-Books, also solche, die angereichert oder auch computerimplementiert sind und zusätzliche Komponenten wie bspw. interaktive Abfolgen enthalten,[1140] und die als komplexe digitale Werke eingeordnet werden.[1141] Die Frage, ab wann ein E-Book als komplexes digitales Werk, auf welches die Vorschriften über Computerprogramme und „klassische" Werke Anwendung finden, eingeordnet wird, dürfte zunehmend Schwierigkeiten bereiten. Soll bspw. für eine interaktive Abfolge bereits ausreichen, dass die Nutzer:in das digitale Buch nicht nur lesen, sondern auch personalisieren kann, indem sie bspw. bestimmte Kapitel unterdrückt, Kommentare oder Verlinkungen setzt oder auch Wörter suchen und übersetzen lässt?[1142] Dann müsste bereits heutzutage ein Großteil der existierenden E-Books, welche die aufgezählten Funktionen beinhalten, als komplexes digitales Werk eingeordnet werden. Es ist darüber hinaus zu erwarten, dass E-Books und andere digitale Inhalte zukünftig immer komplexer werden und immer weitere Funktionen aufweisen. Es scheint daher sehr fraglich, ob die urheberrechtliche Differenzierung zwischen „einfachen" und „komplexen" digitalen Werken, wenn nicht schon jetzt, dann zumindest in sehr naher Zukunft überholt sein wird. Auch aus diesem Grund bietet es sich an, auf digitale Werke, die derzeit nicht als „komplex" eingeordnet werden, die Vorschriften über Computerprogramme und über „klassische" Werke ebenso parallel anzuwenden und die Unterscheidung zwischen „einfachen" und „komplexen" digitalen Werken aufzugeben.

1139 Vgl. *Sattler*, NJW 2020, 3623, 3625; *Sattler*, CR 2020, 145, 151.

1140 *Ganzhorn*, CR 2014, 492, 496; *Graef*, Rn. 247.

1141 S.o. Teil 1. A. IV. 3.

1142 Vgl. zu diesen Möglichkeiten *Ulmer* in Ulmer-Eilfort/Obergfell, Kap. 1, Teil F Rn. 561.

III. Anwendbare Regelungen in Konfliktfällen

Bejaht man die parallele Anwendbarkeit der Vorschriften über Computerprogramme und über „klassische" Werke auch auf sonstige digitale Inhalte wie E-Books, so sind die jeweiligen Regelungen kumulativ zu prüfen.[1143] Dabei muss zwischen den einzelnen Bestandteilen des digitalen Inhaltes unterschieden werden, bei E-Books also zwischen dem Computerprogramm und dem Sprachwerk. Auf das Sprachwerk würden dann die Vorschriften der InfoSoc-RL Anwendung finden, auf das Computerprogramm diejenigen der Computerprogramm-RL.

Diese Unterscheidung ist allerdings technisch häufig – sowohl bei Computerspielen, für welche die Rechtsprechung die parallele Anwendbarkeit der Vorschriften über Computerprogramme und „klassische" urheberrechtlich geschützte Werke bereits bejaht, als auch bei E-Books – kaum (mehr) möglich.[1144] Das ist für die parallele Anwendbarkeit so lange kein Problem, wie die jeweiligen Vorschriften sich in ihrem Regelungsgehalt nicht widersprechen. So dürften sowohl die Schutzvoraussetzungen für Computerprogramme gem. § 69a Abs. 3 UrhG als auch diejenigen für „klassische" urheberrechtlich geschützte Werke gem. § 2 Abs. 2 UrhG sowie – grundsätzlich – die jeweiligen Verwertungsrechte, die für Computerprogramme in § 69c UrhG und für „klassische" urheberrechtlich geschützte Werke in den §§ 15 ff. UrhG geregelt sind, in ihrem Regelungsgehalt übereinstimmen.[1145]

Herausforderungen ergeben sich allerdings da, wo eine technische Trennung der Schutzgegenstände nicht möglich ist und gleichzeitig ein Konflikt zwischen den anwendbaren Regelungen auftritt.[1146] Dies gilt bspw. hinsichtlich der Privatkopieschranke gem. § 53 Abs. 1 S. 1 UrhG und derjenigen der Sicherungskopie gem. § 69d Abs. 2 S. 1 UrhG, hinsichtlich der Umgehung von technischen Schutzmaßnahmen sowie der Anwendbarkeit des Erschöpfungsgrundsatzes.[1147]

Schon in Bezug auf Computerspiele wurde daher kritisiert, dass die parallele Anwendbarkeit der Vorschriften die Rechtswirklichkeit nicht umfassend widerspiegele und zu unangemessenen, im Widerspruch zu gesetzlichen Wertungen stehenden Resultaten führe.[1148] Sie habe insbesondere zur Folge,

---

1143 Zu komplexen digitalen Inhalten wie Computerspielen *Leistner* in Schricker/Loewenheim, UrhG, § 2 Rn. 6; *Wandtke/Ohst* in Wandtke/Bullinger, UrhG, § 95a Rn. 8.

1144 Zu Computerspielen *Bullinger/Czychowski*, GRUR 2011, 19, 20.

1145 *Bullinger/Czychowski*, GRUR 2011, 19, 21; vgl. zu den übereinstimmenden Voraussetzungen der Verwertungsrechte o. Teil 2. A. I. 2. b) aa).

1146 *Bullinger/Czychowski*, GRUR 2011, 19, 21.

1147 Ebd.

1148 *Kreutzer*, CR 2007, 1, 5.

dass sich Nutzer:innen hinsichtlich urheberrechtlicher Schrankenregelungen immer am strengsten Recht orientieren müssten.[1149] So würden Nutzer:innen, die eine Sicherungskopie eines kopiergeschützten Computerspiels anfertigen wollen, stets § 95a Abs. 1 UrhG verletzen, der hinsichtlich der audiovisuellen Komponente Anwendung findet und die Umgehung von technischen Schutzmaßnahmen verbietet.[1150] Die Vorschriften zur Umgehung technischer Schutzmaßnahmen von Computerprogrammen, die deutlich weniger weitreichend sind,[1151] kämen für die Nutzer:innen damit überhaupt nicht zum Tragen.[1152] Ein weiteres Beispiel sei, dass die audiovisuellen Komponenten eines Computerspiels nach § 53 Abs. 1 S. 1 UrhG auch dann vervielfältigt werden dürften, wenn die Nutzer:in hierfür kein eigenes Werkstück als Vorlage zur Verfügung hat.[1153] Das Recht zur Sicherungskopie eines Computerprogrammes stehe hingegen nur derjenigen Person zu, die auch zur Benutzung des Programmes, welches kopiert werden soll, berechtigt ist.[1154] Es bestehe in diesem Szenario nur die theoretische Möglichkeit, eine isolierte Vervielfältigung der audiovisuellen Komponenten anzufertigen, da die Nutzer:in tatsächlich auch stets das mitenthaltene Computerprogramm verbotenerweise mitvervielfältigen würde.[1155] Praktisch würde damit nach dieser Ansicht die Möglichkeit entfallen, private Vervielfältigungen einzelner Komponenten eines komplexen digitalen Werkes anzufertigen.

Allerdings ist nicht zwangsläufig davon auszugehen, dass bei einem Konflikt der nebeneinander anwendbaren Regelungen stets die strengsten Vorschriften herangezogen werden müssen.[1156] In diesem Fall sollten vielmehr die Regelungen über denjenigen Bestandteil Anwendung finden, der jeweils „den rechtlich oder wirtschaftlich engsten Bezug [zum Gesamtwerk] aufweist“.[1157] Kann dieser Bezug nicht ermittelt werden, findet diejenige Vorschrift Anwendung, die den Vertragszweck oder den jeweiligen Sachverhalt am besten abdeckt.[1158]

1149 Ebd.

1150 Ebd.

1151 S.o. Teil 2. B. VI. 1. a).

1152 *Kreutzer*, CR 2007, 1, 5.

1153 *BGH*, Urt. v. 16.1.1997 – I ZR 38/96, GRUR 1997, 464, 466 – CB-infobank II; *BGH*, Urt. v. 16.1.1997 – I ZR 9/95, GRUR 1997, 459, 462 – CB-infobank I.

1154 S.o. Teil 2. B. V. 2. a) aa) (1).

1155 *Kreutzer*, CR 2007, 1, 5.

1156 *Bullinger/Czychowski*, GRUR 2011, 19, 21.

1157 Ebd.

1158 Ebd.

Ein solcher Ansatz bietet insbesondere die Möglichkeit, die beteiligten Interessen im jeweiligen Einzelfall angemessen zu berücksichtigen.[1159]

Der *EuGH* hat sich zu der Frage, welche Vorschriften in einem Konfliktfall Anwendung finden, nicht ausdrücklich geäußert.[1160] Allerdings kann die Rechtsprechung des Gerichts in Bezug auf Computerspiele durchaus dahingehend gedeutet werden, dass – in einem Konfliktfall – der Schutz des Computerspiels als Gesamtwerk maßgeblich sein soll, der sich dem *EuGH* zufolge für Computerspiele pauschal nach der InfoSoc-Richtlinie richtet.[1161] So heißt es in der „Nintendo"-Entscheidung des *EuGHs*, dass „die Teile eines Videospiels, im vorliegenden Fall die grafischen und klanglichen Bestandteile, an der Originalität des Werkes teilhaben […] [und daher][1162] zusammen mit dem Gesamtwerk durch das Urheberrecht im Rahmen der mit der Richtlinie 2001/29 eingeführten Regelungen geschützt [sind]".[1163] Fraglich ist allerdings, warum der *EuGH* bei Computerspielen als komplexen urheberrechtlich geschützten Werken ohne weitere Begründung pauschal davon ausgeht, diese seien als Gesamtwerk vom Schutzbereich der InfoSoc-RL erfasst. Es scheint auf den ersten Blick ganz so, als stelle der *EuGH* – auch wenn er dies nicht ausdrücklich tut – doch wieder auf den Schwerpunkt des Werkes ab, den er offensichtlich nicht bei dem in dem Videospiel enthaltenen Computerprogramm sieht. Ebendiese Schwerpunkttheorie lehnt das Gericht jedoch im vorherigen Satz ab, in dem es ausführt, dass Videospiele „nicht nur Computerprogramme, sondern auch grafische und klangliche Bestandteile umfassen, die, auch wenn sie in einer Computersprache kodiert sind, eigenen schöpferischen Wert besitzen, der nicht auf diese Kodierung beschränkt ist".[1164] Das pauschale Abstellen auf den Schwerpunkt des schutzfähigen Gesamtwerkes ist jedoch dann gar nicht erforderlich, wenn stattdessen im Einzelfall untersucht wird, welche der jeweils einschlägigen Vorschriften den

---

1159 *Bullinger/Czychowski*, GRUR 2011, 19, 21 f.

1160 Vgl. *Czychowski*, GRUR 2017, 362, 363.

1161 Diese Auslegung vornehmend *Wiebe* in Spindler/Schuster, UrhG, § 69f Rn. 5; vgl. auch *Loewenheim/Leistner* in Schricker/Loewenheim, UrhG, § 2 Rn. 97; *Witte/Auer-Reinsdorff* in Auer-Reinsdorff/Conrad, Teil B, § 5 Rn. 174, wonach die Vorschriften der InfoSoc-RL dem Urteil des *EuGHs* zufolge „auf das Gesamtwerk ausstrahlen".

1162 Einfügung durch Verfasserin.

1163 *EuGH*, Urt. v. 21.1.2014 – C-355/12, EuZW 2014, 304, 305 – Nintendo Co Ltd u.a./PC Box Srl u.a.

1164 *EuGH*, Urt. v. 21.1.2014 – C-355/12, EuZW 2014, 304, 305 – Nintendo Co Ltd u.a./PC Box Srl u.a.

engsten rechtlichen bzw. wirtschaftlichen Bezug zum Gesamtwerk haben. Dieses Vorgehen dürfte auch zu deutlich interessengerechteren Ergebnissen führen als die Beurteilung der anwendbaren Vorschriften pauschal nach dem Schwerpunkt des Gesamtwerkes. Dies gilt umso mehr vor dem Hintergrund, dass eine Beurteilung der Anwendbarkeit urheberrechtlicher Vorschriften nach dem Schwerpunkt des (Gesamt-)Werkes zu erheblichen Rechtsunsicherheiten führt,[1165] ist dieser doch insbesondere aufgrund der zunehmenden Komplexität digitaler Werke häufig nur noch schwer feststellbar ist.

Zudem ist unklar, ob der *EuGH* mit der zitierten Ausführung überhaupt eine Aussage darüber tätigen wollte, welche Regelungen (in einem Konfliktfall) Anwendung finden.[1166] Denkbar ist nämlich auch, dass sich das Gericht mit dieser Frage gar nicht beschäftigt hat, da es sich im konkreten Fall jedenfalls nicht unmittelbar damit auseinandersetzen musste.[1167] Die Urteilsgründe können dementsprechend auch dahingehend verstanden werden, dass der *EuGH* lediglich feststellen wollte, dass die Vorschriften der InfoSoc-RL (neben denen der Computerprogramm-RL) *auch* auf komplexe Werke wie Computerspiele Anwendung finden. So scheint auch der *BGH* das Urteil in seiner „Videospiel-Konsolen II“-Entscheidung zu deuten, in der er hinsichtlich der anwendbaren Vorschriften zu technischen Schutzmaßnahmen auf Videospiele ausführt: „Danach [nach dem „Nintendo“-Urteil des *EuGHs*][1168] sind wirksame Maßnahmen zum Schutz eines Videospiels, das aus einem Computerprogramm und aus anderen urheberrechtlich geschützten Werken besteht, *(auch)*[1169] nach Art. 6 RL 2001/29/EG [InfoSoc-RL][1170] und der diese Bestimmung ins nationale Recht umsetzenden Regelung des § 95a UrhG geschützt“.[1171]

Diesem Verständnis folgend wird dafür plädiert, in Konfliktfällen einzelfallabhängig die Vorschriften für anwendbar zu erklären, die den engsten Bezug zum Gesamtwerk aufweisen.

1165 So auch schon *BGH*, Beschl. v. 6.2.2013 – I ZR 124/11, GRUR 2013, 1035, 1037.

1166 Insofern zweifelnd *Czychowski*, GRUR 2017, 362, 363.

1167 *Czychowski*, GRUR 2017, 362, 363.

1168 Einfügung durch Verfasserin.

1169 Hervorhebung durch Verfasserin.

1170 Einfügung durch Verfasserin.

1171 *BGH*, Urt. v. 27.11.2014 – I ZR 124/11, GRUR 2015, 672, 767 – Videospiel-Konsolen II.

IV. Beurteilung einzelner Konfliktfälle am Beispiel des E-Books

Nachfolgend werden drei Fälle untersucht, in denen die Vorschriften über Computerprogramme und über „klassische“ Werke in einen Konflikt miteinander treten. Für die Bewertung, welche Vorschriften Anwendung finden, ist entscheidend, welche Regelungen den engsten Bezug zum Gesamtwerk haben.[1172]

1. (Sicherungs-)Kopien von E-Books

Ein Konflikt der Vorschriften über Computerprogramme und „klassische“ Werke ergibt sich hinsichtlich der Anfertigung von Sicherungs- und sonstigen Kopien von E-Books. Gem. § 69d Abs. 2 S. 1 UrhG darf eine Sicherungskopie eines Computerprogramms angefertigt werden, um zu verhindern, dass das Programm aufgrund von Unvorhersehbarkeiten nicht mehr nutzbar ist oder verloren geht.[1173] Die Vorschrift ist gem. § 69g Abs. 2 UrhG vertraglich nicht abdingbar.

Für das in dem E-Book enthaltene Sprachwerk fehlt es hingegen an einer entsprechenden ausdrücklichen Regelung, sodass allenfalls die Privatkopieschranke gem. § 53 Abs. 1 S. 1 UrhG in Betracht kommt, die wiederum vertraglich abdingbar ist.[1174] Es ergibt sich daher ein Konflikt zwischen den anwendbaren Vorschriften, sodass der jeweilige Bezug entscheiden muss, welche Regelungen anwendbar sind.[1175]

Dabei muss differenziert werden: Wird eine Kopie des E-Books bspw. im Rahmen eines Backups des Endgerätes, auf dem sich das digitale Buch befindet, angefertigt, dürfte es sich um eine Sicherungskopie, die sich nicht zuvörderst auf das in dem E-Book enthaltene Sprachwerk, sondern auf das dahinterstehende Computerprogramm bezieht, und damit um eine Sicherungskopie i.S.d. § 69d Abs. 2 S. 1 UrhG handeln. Denn das Backup wird gerade für den Fall angefertigt, dass Daten verloren gehen oder zerstört werden und ist letztlich nur ein anderer Begriff für eine Sicherungskopie i.S.d. § 69d Abs. 2 S. 1 UrhG.[1176] Dieses

---

1172 *Bullinger/Czychowski*, GRUR 2011, 19, 25.

1173 S.o. Teil 2. B. V. 2. a) aa) (1).

1174 S.o. Teil 2. B. V. 2. a) bb); in Bezug auf Computerspiele *Bullinger/Czychowski*, GRUR 2011, 19, 25.

1175 Vgl. *Bullinger/Czychowski*, GRUR 2011, 19, 25.

1176 Vgl. *Dreier* in Dreier/Schulze, UrhG, § 69d Rn. 13; *Kaboth/Spies* in BeckOK UrhR, UrhG, § 69d Rn. 13, die die Begriffe der Sicherungs- und Backup-Kopie synonym verwenden.

Backup umfasst auch die in diesem Rahmen angefertigte Vervielfältigung des E-Books.

Fertigt die Endnutzer:in eine Kopie des E-Books hingegen ausschließlich mit dem Ziel an, dieses zu einem späteren Zeitpunkt ggf. auf einem anderen Gerät noch einmal nutzen zu können, steht dabei nicht mehr die Absicherung für den Fall des unvorhersehbaren Verlusts oder der unvorhersehbaren Zerstörung im Vordergrund, sondern die Möglichkeit des (späteren) Werkgenusses.[1177] Dieser Werkgenuss betrifft das in dem E-Book enthaltene Sprachwerk, sodass § 53 Abs. 1 S. 1 UrhG Anwendung findet.[1178] Die Privatkopieschranke kann allerdings wirksam abbedungen werden, sodass dahingehende Nutzungsbeschränkungen in EULAs urheberrechtlich zulässig sind.

Die Differenzierung zwischen der Anfertigung einer Sicherungskopie eines E-Books und der Anfertigung einer Kopie zum (späteren) Werkgenuss dürfte auch interessengerecht sein. Die Endnutzer:in hat ein Interesse daran, dass das erworbene E-Book dauerhaft nutzbar ist, was durch die Anfertigung einer Sicherungskopie sichergestellt ist.[1179] Die Rechteinhaber:in auf der anderen Seite hat ein Interesse daran, nicht die Kontrolle darüber zu verlieren, wie viele Kopien des jeweiligen Werkstückes angefertigt werden und was mit diesen geschieht. Diesem Interesse wird dadurch Rechnung getragen, dass im Rahmen des § 69d Abs. 2 S. 1 UrhG überhaupt nur dann die Anfertigung von Sicherungskopien zulässig ist, wenn diese zur Befriedigung der berechtigten Sicherungsbedürfnisse der Endnutzer:innen dient. Daher ist regelmäßig nur die Anfertigung einer einzigen Sicherungskopie zulässig. Die Erforderlichkeit einer Sicherungskopie ist dann vollständig zu verneinen, wenn die Rechteinhaber:in eine Sicherungskopie entweder von vornherein oder im Falle der Zerstörung bzw. des Verlusts des ursprünglichen Werkstückes selbst zur Verfügung stellt.[1180] Damit wäre auch hinsichtlich sonstiger digitaler Inhalte wie E-Books eine Übereinstimmung mit den verbrauchervertragsrechtlichen Wertungen in Bezug auf das Recht von Verbraucher:innen bzw. Werknutzer:innen zur Anfertigung von (Sicherungs-)Kopien hergestellt.[1181]

1177 In Bezug auf Computerspiele *Bullinger/Czychowski*, GRUR 2011, 19, 25.

1178 Zur Unanwendbarkeit der Einschränkung der Privatkopieschranke gem. § 53 Abs. 4 Buchst. b UrhG auf E-Books s. o. Teil 2. B. V. 2. a) bb) (1).

1179 S.o. Teil 2. B. V. 2. b).

1180 S. hierzu bereits o. Teil 2. B. V. 2. a) aa) (1).

1181 S. zu den verbrauchervertragsrechtlichen Wertungen o. Teil 2. B. V. 2. b).

2. *Umgehung technischer Schutzmaßnahmen*

Ein Konflikt zwischen den Vorschriften über Computerprogramme und über „klassische" urheberrechtlich geschützte Werke kann sich auch hinsichtlich des Einsatzes technischer Schutzmaßnahmen und deren Umgehung ergeben.[1182] Der Schutz technischer Schutzmaßnahmen vor Umgehung richtet sich für Computerprogramme nach § 69f Abs. 2 S. 1 UrhG, für „klassische" urheberrechtlich geschützte Werke hingegen nach den §§ 95a ff. UrhG.[1183] Dabei ist der Umgehungsschutz nach § 95a UrhG deutlich weitreichender als derjenige nach § 69f Abs. 2 S. 1 UrhG, der insbesondere kein ausdrückliches Verbot zur Umgehung technischer Schutzmaßnahmen enthält.[1184] Der *EuGH* und in der Folge auch der *BGH* haben diesbezüglich entschieden, dass die Vorschriften bei Werken, die aus einem Computerprogramm und aus „klassischen" urheberrechtlich geschützten Werke bestehen, nebeneinander anwendbar sind.[1185] Diese parallele Anwendbarkeit ist aber nur dann möglich, wenn auch eine technische Trennung der unterschiedlichen Schutzgegenstände vorgenommen werden kann.[1186] Eine solche technische Trennung dürfte häufig allerdings nur theoretisch, in der Praxis bei Computerspielen, und erst recht bei E-Books, jedoch kaum möglich sein.[1187] Z.T. wird für diesen Fall in entsprechender Auslegung des „Nintendo"-Urteils des *EuGHs* pauschal die Auffassung vertreten, dass § 95a UrhG auf das gesamte Werk anzuwenden ist, da für dieses die Regelungen über „klassische" urheberrechtlich geschützte Werke nach der InfoSoc-RL gelten.[1188] Diese Annahme ist jedoch aus den oben genannten Gründen abzulehnen.[1189]

1182 *Bullinger/Czychowski*, GRUR 2011, 19, 25.

1183 S.o. Teil 2. B. VI. 1. a).

1184 Ebd.

1185 *EuGH*, Urt. v. 21.1.2014 – C-355/12, EuZW 2014, 304, 305 f. – Nintendo Co Ltd u.a./PC Box Srl u.a.; *BGH*, Urt. v. 27.11.2014 – I ZR 124/11, GRUR 2015, 672, 675 – Videospiel-Konsolen II; s.a. *Frank/Schulz* in Berger/Wündisch, Teil 3, § 22 Rn. 34; *Peukert* in Loewenheim, 1. Teil, § 40 Rn. 8; *Wandtke/Ohst* in Wandtke/Bullinger, UrhG, § 95a Rn. 8; *Wiebe* in Spindler/Schuster, UrhG, § 69f Rn. 5.

1186 Vgl. *Wiebe* in Spindler/Schuster, UrhG, § 69f Rn. 5.

1187 Zu Computerspielen *Czychowski/Siesmayer* in Taeger/Pohle, 1. Abschnitt, Teil 2, 20.4. Rn. 72; *Bullinger/Czychowski*, GRUR 2011, 19, 20; *Czychowski*, GRUR 2017, 362, 364.

1188 *Czychowski/Siesmayer* in Taeger/Pohle, 1. Abschnitt, Teil 2, 20.4. Rn. 72; *Picot* in Auer-Reinsdorff/Conrad, Teil D, § 29 Rn. 5; *Wiebe* in Spindler/Schuster, UrhG, § 69f Rn. 5; *Bullinger/Czychowski*, GRUR 2011, 19, 20.

1189 S.o. Teil 3. A. III.

Vielmehr ist erneut zu untersuchen, ob die Regelungen über Computerprogramme oder diejenigen über „klassische" Werke einen engeren Bezug zum Gesamtwerk aufweisen. Die technischen Schutzmaßnahmen, die in Bezug auf E-Books zum Einsatz kommen, dürften regelmäßig vorrangig dem Schutz des Inhaltes des digitalen Buches dienen und nicht demjenigen der mitenthaltenen Software.[1190] Gleichzeitig dürfte die Umgehung der Schutzmaßnahmen durch Werknutzer:innen i.d.R. dem Zweck dienen, den Inhalt zu kopieren, um diese Kopie weiterveräußern oder auf anderen Endgeräten parallel nutzen zu können.[1191] Genau diese Handlungen sollen wiederum durch die eingesetzten technischen Schutzmaßnahmen verhindert werden.[1192] Da der Inhalt des E-Books als Sprachwerk geschützt ist, und für dieses die Regelungen über „klassische" Werke gelten, sind dementsprechend die §§ 95a ff. UrhG anzuwenden.[1193]

Etwas anderes gilt nur dann, wenn es um die Umgehung eines Kopierschutzes geht, um eine Sicherungskopie des E-Books anzufertigen. In diesem Fall ist das in dem E-Book enthaltene Computerprogramm betroffen, sodass die Vorschrift des § 69f Abs. 2 S. 1 UrhG Anwendung findet. Der Schutzbereich dieser Vorschrift ist im Vergleich zu § 95a UrhG deutlich eingeschränkter, da sie lediglich ein Anspruch auf Vernichtung solcher Mittel erlaubt, die „allein" zur unerlaubten Beseitigung oder Umgehung technischer Schutzmaßnahmen dienen, und zudem kein explizites Umgehungsverbot enthält.[1194] Dennoch besteht für Endnutzer:innen nach der vorzugswürdigen h.M. kein Selbsthilferecht, das die Umgehung technischer Schutzmaßnahmen zur Anfertigung von nach § 69d Abs. 2 S. 1 UrhG zulässigen Sicherungskopien erlaubt. Das gilt jedenfalls, sofern die Rechteinhaber:in bei Bedarf eine Programmkopie rechtzeitig zur Verfügung stellt.[1195] Tut sie dies nicht, so dürfte die Umgehung von Kopierschutzmaßnahmen zur Anfertigung einer Sicherungskopie nicht als „unerlaubt" i.S.d. § 69f Abs. 2 S. 1 UrhG einzuordnen sein.

Auch diese Einordnung dürfte wiederum interessengerecht sein. Denn zum einen berücksichtigt sie das schützenswerte wirtschaftliche Interesse der Rechteinhaber:in an dem Einsatz technischer Schutzmaßnahmen gegen die Anfertigung von Kopien des Inhaltes eines E-Books, welche dann bspw. weiterveräußert

1190 So in Bezug auf Computerspiele *Bullinger/Czychowski*, GRUR 2011, 19, 25.
1191 Vgl. in Bezug auf Computerspiele ebd.
1192 Vgl. in Bezug auf Computerspiele ebd.
1193 So im Ergebnis in Bezug auf Computerspiele ebd.
1194 S.o. Teil 2. B. VI. 1. a).
1195 Ebd.

werden und in der Folge eine gleichzeitige Mehrfachnutzung des Werkes möglich machen oder die parallel auf anderen Endgeräten genutzt werden können. Zum anderen wird dem berechtigten Interesse der Endnutzer:innen an der ununterbrochenen Nutzbarkeit des E-Books dadurch Rechnung getragen, dass für den Fall, dass die Rechteinhaber:in bei Bedarf (im Ergebnis also bei nicht vorhersehbarem Verlust oder nicht vorhersehbarer Zerstörung) keine erneute Kopie des E-Books bereitstellt, technische Schutzmaßnahmen wohl zulässigerweise umgangen werden dürfen, um selbst eine Kopie anzufertigen.

3. *Weiterveräußerung von E-Books*

Auch hinsichtlich der Frage, ob E-Books von der Ersterwerber:in – mittels Downloads – weiterveräußert werden dürfen, ergibt sich ein Konflikt zwischen den Vorschriften über Computerprogramme und den Vorschriften über „klassische" urheberrechtlich geschützte Werke.

a) Beurteilung nach der bisherigen Rechtsprechung des EuGHs

Der *EuGH* hatte in Bezug auf Software, die aus dem Internet heruntergeladen wurde, eine Erschöpfung des Verbreitungsrechts der Rechteinhaber:in angenommen und in der Folge die Zulässigkeit der Weiterveräußerung bejaht.[1196] Die Weiterveräußerung sonstiger digitaler Inhalte mittels Downloads hingegen ordnete der *EuGH* als öffentliche Zugänglichmachung ein und verneinte dementsprechend die Möglichkeit einer „digitalen" Erschöpfung.[1197] Zwar wäre die „Tom Kabinet"-Entscheidung des *EuGHs*, würden E-Books als komplexe digitale Inhalte eingeordnet werden, nicht mehr haltbar, da das Gericht die digitalen Bücher in dem Urteil nicht als komplexe urheberrechtlich geschützte Werke einordnete, sondern sie einheitlich dem Schutz der InfoSoc-RL unterwarf.[1198] Allerdings könnte die Argumentation des *EuGHs* aus dem „Tom Kabinet"-Urteil jedenfalls hinsichtlich derjenigen Komponenten des E-Books, die als „klassisches" Sprachwerk o.Ä. nach den Vorschriften der InfoSoc-RL geschützt sind, aufrecht erhalten werden.

Dann stellt sich die Frage, ob die Regelungen über Computerprogramme oder diejenigen über „klassische" Werke auf die Weiterveräußerung eines E-Books

1196 S.o. Teil 2. B. V. 1. a) bb) (1).
1197 S.o. Teil 2. B. V. 1. a) bb) (2) (b).
1198 S.o. Teil 1. A. IV. 2.

mittels Downloads Anwendung finden, sodass erneut entscheidend ist, welche Vorschriften einen engeren Bezug zum Gesamtwerk aufweisen.

Veräußert eine Ersterwerber:in ein E-Book, so betrifft diese (Weiter-)Veräußerung in erster Linie den Inhalt des Buches und nicht das ebenfalls enthaltene Computerprogramm. Die Zweiterwerber:in erwirbt das E-Book schließlich i.d.R. aufgrund des Buchinhaltes. Zwar ließe sich auch argumentieren, dass sie sich ja gerade aufgrund des digitalen Charakters für das E-Book und nicht, soweit überhaupt vorhanden, für das analoge Exemplar entscheidet. Allein die digitale Form genügt aber nicht, um die vorrangige Anwendbarkeit der Vorschriften über Computerprogramme zu bejahen.[1199] Ausschlaggebend für den (Zweit-) Erwerb des E-Books ist der Inhalt des Buches. Dementsprechend finden die Vorschriften über „klassische" urheberrechtlich geschützte Werke Anwendung.

Der derzeitigen Rechtsprechung des *EuGHs* folgend stellt die Weiterveräußerung eines E-Books – selbst bei einer Einordnung des digitalen Buches als komplexes urheberrechtlich geschütztes Werk – eine öffentliche Zugänglichmachung und keine Verbreitungshandlung dar, sodass eine Erschöpfung insoweit nicht infrage kommt. Diese Aussage gilt jedenfalls dann, wenn bei der Weiterveräußerung nicht sichergestellt wird, dass eine unberechtigte Mehrfachnutzung nicht möglich ist.

b) Erfordernis einer Reformierung der Rechtsprechung des EuGHs

Allerdings weist die Rechtsprechung des *EuGHs* zur „digitalen" Erschöpfung deutliche Widersprüche auf.[1200] Die unterschiedliche Beurteilung der Erschöpfung beim Online-Vertrieb von Software und sonstigen digitalen Inhalten ist insbesondere aus dogmatischen sowie ökonomischen Gesichtspunkten nicht nachvollziehbar.[1201] Aus diesem Grund wäre im Zuge einer Neueinordnung von E-Books als komplexe urheberrechtlich geschützte Werke auch eine Reformierung dieser Rechtsprechung wünschenswert. Eine verbraucher- bzw. nutzerfreundliche Lösung würde dabei die einheitliche Bejahung der Erschöpfung bei der (Erst-)Veräußerung eines digitalen Inhaltes mittels Downloads aus dem Internet darstellen.

Insbesondere aus wirtschaftlicher Perspektive wäre eine einheitliche Beurteilung auch angebracht, da sich – anders als der *EuGH* dies bisher beurteilt – keine

1199 Vgl. o. Teil 3. A. I.
1200 S.o. Teil 2. B. V. 1. a) bb) (3) (a).
1201 Ebd.

ökonomischen Unterschiede zwischen E-Books und Software vor allem seit Einführung der Aktualisierungspflicht durch Art. 8 Abs. 2 DI-RL ergeben.[1202]

Das „UsedSoft"-Urteil des *EuGHs* hat außerdem – wenn auch mit einigen Ungenauigkeiten – bewiesen, dass die „digitale Erschöpfung" dogmatisch durchaus begründet werden kann. So steht einer Bejahung der Erschöpfung bei der Online-Übertragung digitaler Werkexemplare der – sowohl für Computerprogramme als auch für andere urheberrechtlich geschützte Werke geltende – Art. 6 WCT nicht zwingend entgegen,[1203] anders als der *EuGH* dies in der „Tom Kabinet"-Entscheidung angenommen hat.[1204] Zwar ergibt sich aus der sog. gemeinsamen Erklärung zu Art. 6 und 7 WCT eindeutig, dass die Regelungen (und damit auch der Erschöpfungsgrundsatz) grundsätzlich lediglich auf Vervielfältigungsstücke in Form von körperlichen Gegenständen Anwendung finden.[1205] Jedoch erlaubt Art. 10 Abs. 1 WCT ausdrücklich Beschränkungen oder Ausnahmen der in dem Vertrag festgelegten Verwertungsrechte, sodass auch eine weiterreichende Regelung der Erschöpfung möglich ist, sofern nicht eine normale Verwertung der Werke beschränkt und die Interessen von Urheber:innen dadurch in unzumutbarer Weise verletzt werden.[1206] Eine solche Beschränkung der normalen Verwertung bzw. eine unzumutbare Verletzung der Interessen der Urheber:in hat der *EuGH* im „UsedSoft"-Urteil offensichtlich nicht angenommen,[1207] sodass die gleiche Argumentation – insbesondere aufgrund der soeben erwähnten wirtschaftlichen Vergleichbarkeit von Software und E-Books – auch für die Beurteilung der Erschöpfung bei der Online-Übertragung von E-Books vorgenommen werden kann.

Auch die EG 28 und 29 der InfoSoc-RL, die der *EuGH* zur Auslegung des Wortlauts von Art. 4 Abs. 1, 2 InfoSoc-RL herangezogen hat, welcher das Verbreitungsrecht und dessen Erschöpfung regelt, führen nicht zwangsläufig zu einer Verneinung der Möglichkeit der Erschöpfung bei der Online-Übertragung von „klassischen" Werken. Zwar besagt EG 29 InfoSoc-RL, dass Erschöpfung „weder bei Dienstleistungen allgemein noch bei Online-Diensten im Besonderen" eintritt.[1208] Allerdings ist fraglich, ob der Begriff des Online-Dienstes jegliche Form

1202 S. dazu o. Teil 2. B. V. 1. d).
1203 *Grützmacher*, ZGE 2013, 46, 58 ff.
1204 S. hierzu o. Teil 2. B. V. 1. a) bb) (2) (b).
1205 Ebd.
1206 *Grützmacher*, ZGE 2013, 46, 59; *Lutz*, S. 70; a.A. *Koch*, ITRB 2013, 38, 40.
1207 *Grützmacher*, ZGE 2013, 46, 59.
1208 S.o. Teil 2. B. V. 1. a) bb) (2) (b).

der Online-Übertragung urheberrechtlich geschützter Werke umfasst.[1209] Denn dem Wortlaut des EG 29 InfoSoc-RL zufolge stellen Online-Dienste eine besondere Form der Dienstleistung dar. Zuvörderst scheint es in EG 29 InfoSoc-RL daher um die Abgrenzung einer Dienstleistung von dem in EG 28 InfoSoc-RL genannten Verkauf eines Werkoriginals oder eines Vervielfältigungsstücks zu gehen, da bei Ersterer im Gegensatz zu Letzterem keine Erschöpfung eintritt. Der Begriff der Online-Dienste dürfte dementsprechend insbesondere Online-Vertriebsmodelle mit einer nur vorübergehenden Verschaffung der Nutzungsmöglichkeit wie Cloud-Computing oder – in Bezug auf Computerprogramme (auf welche die InfoSoc-RL allerdings keine Anwendung findet) – Software as a Service (SaaS) umfassen.[1210] Die endgültige Überlassung mittels Downloads aus dem Internet hingegen passt nach diesem Verständnis nicht unter den Begriff des Online-Dienstes.[1211]

Wird ein E-Book mittels Downloads dauerhaft überlassen, ist eine Einordnung als Verbreitung i.S.d. Art. 4 Abs. 1 InfoSoc-RL also auch dogmatisch durchaus vertretbar. Dann tritt auch Erschöpfung i.S.d. Art. 4 Abs. 2 InfoSoc-RL ein, sodass eine Weiterveräußerung zulässig ist.

Einschränkend ist eine Überlassung eines E-Books mittels Downloads allerdings stets nur dann als Verbreitungshandlung einzuordnen, wenn sichergestellt ist, dass jeweils nur eine Kopie eines Werkes zur Zeit heruntergeladen werden kann und die Zweiterwerber:in die von ihr heruntergeladene Kopie nach der Weiter- bzw. Rückgabe auch tatsächlich nicht mehr nutzen kann, wenn also lediglich eine Eins-zu-Eins-Onlineübertragung stattfindet.[1212] Ist dies nicht sichergestellt, so liegt im Zweifel eine Eins-zu-Viele-Übertragung vor, wie dies im „Tom Kabinet"-Urteil der Fall war, die dem Recht der öffentlichen Zugänglichmachung unterfällt.[1213] Die Zweitveräußer:in ist daher dazu verpflichtet, mittels technischer Maßnahmen sicherzustellen, dass keine Mehrfachnutzung der von ihr weiterveräußerten Werkkopie stattfindet.

Die Rechteinhaber:in kann ihr wirtschaftliches Interesse zudem selbst durch den Einsatz technischer Schutzmaßnahmen, welche eine gleichzeitige Mehrfachnutzung ihres Werkes verhindern, sowie durch eine Angleichung ihres Verkaufspreises wahren.[1214]

1209 Vgl. *Schneider*, WRP 2021, 293, 299.

1210 Vgl. *Sattler*, NJW 2020, 3625; *Schneider*, WRP 2021, 293, 299; *Zech*, ZUM 2014, 3, 10.

1211 Vgl. *Schneider*, WRP 2021, 293, 299.

1212 Vgl. *Grützmacher*, CR 2020, 154, 155 f.; *Schneider*, WRP 2021, 293, 299.

1213 *Grützmacher*, CR 2020, 154, 155 f.

1214 *Kuschel/Rostam*, CR 2020, 395, 397; s. schon o. Teil B. V. 1. b).

c) *Zwischenfazit*

Folgt man der bisherigen *EuGH*-Rechtsprechung zur Frage der Erschöpfung bei der Online-Übertragung eines digitalen Inhaltes mittels Downloads, so kommt es zu einem Konflikt zwischen den Vorschriften über Computerprogramme und denjenigen über „klassische" urheberrechtlich geschützte Werke. Denn hinsichtlich der Online-Übertragung von Computerprogrammen nimmt der *EuGH* Erschöpfung an und bejaht damit die Zulässigkeit der Weiterveräußerung. Die Weiterveräußerung „klassischer" urheberrechtlich geschützter Werke mittels Downloads hingegen ordnet er als öffentliche Zugänglichmachung ein, sodass Erschöpfung nicht infrage kommt. Da die Weiterveräußerung eines E-Books im Wesentlichen aufgrund dessen Inhalt erfolgt, sind in diesem Konfliktfall die Regelungen über das in dem E-Book enthaltene „klassische" Sprachwerk anzuwenden. Die Weiterveräußerung ist dementsprechend als öffentliche Zugänglichmachung einzuordnen, die grundsätzlich ohne Zustimmung der Rechteinhaber:in unzulässig ist.

Die gespaltene Rechtsprechung des *EuGHs* ist jedoch aus ökonomischer und dogmatischer Sicht widersprüchlich und bedarf daher dringend einer Korrektur. Dabei wäre, um einen Gleichlauf von urheber- und verbrauchervertragsrechtlichen Wertungen herzustellen und den Interessen der Verbraucher:innen als Werknutzer:innen Rechnung zu tragen, eine einheitliche Bejahung der „digitalen Erschöpfung" wünschenswert. Eine Gleichbehandlung dieser Frage bei Computerprogrammen und E-Books wäre aus ökonomischer Sicht auch angebracht, da diese – entgegen der Annahme des *EuGHs* – wirtschaftlich vergleichbar sind. Auch dogmatisch lässt sich eine Erschöpfung bei der Übertragung von E-Books mittels Downloads aus dem Internet durchaus begründen. Weder Art. 6 WCT und die gemeinsame Erklärung dazu noch die EG 28, 29 InfoSoc-RL, die der Auslegung des *EuGHs* zufolge der Bejahung einer „digitalen Erschöpfung" bei „klassischen" urheberrechtlich geschützten Werken entgegenstehen, verhindern die Einordnung einer Überlassung eines solchen „klassischen" Werkes mittels Downloads als Verbreitung anstatt als öffentliche Zugänglichmachung nach hier vertretener Ansicht.

Allerdings ist eine Einordnung als Verbreitung nur dann zu bejahen, wenn die Zweitveräußer:in mittels technischer Schutzmaßnahmen sicherstellt, dass eine parallele Mehrfachnutzung eines Werkes nicht möglich ist. Ansonsten ist die Überlassung mittels Downloads als öffentliche Zugänglichmachung einzuordnen.

B. Zusammenfassung und Ausblick

Ein möglicher Lösungsansatz, um einen Gleichlauf von Urheber- und Verbrauchervertragsrecht bei der Beurteilung von Nutzungsbeschränkungen in EULAs herzustellen, besteht darin, auf digitale Inhalte wie E-Books sowohl die Vorschriften über Computerprogramme als auch über „klassische" urheberrechtlich geschützte Werke anzuwenden.

Denn die in Teil 2 vorgenommene Untersuchung von Nutzungsbeschränkungen in EULAs hat gezeigt, dass die urheberrechtlichen und die verbrauchervertragsrechtlichen Wertungen hinsichtlich der Beurteilung dieser Nutzungsbeschränkungen in Bezug auf (mittels Downloads bereitgestellte) Computerprogramme übereinstimmen. Hinzu kommt, dass die Vorschriften über Computerprogramme auch die Interessen von Verbraucher:innen als Werknutzer:innen angemessen berücksichtigen, insbesondere da die für die Nutzung von Computerprogrammen maßgeblichen Schranken entweder im Gesetz für vertraglich nicht abdingbar erklärt werden oder jedenfalls einen allgemein anerkannten vertraglich nicht abdingbaren Kern beinhalten.

Die vorangegangene Untersuchung hat gezeigt, dass sich auf technischer Ebene durchaus Anknüpfungspunkte finden lassen für die Anwendung auch der Vorschriften über Computerprogramme neben den Vorschriften über „klassische" urheberrechtlich geschützte Werke, welche für ein E-Book als „klassisches" Sprachwerk unbestritten gelten. Das gilt insbesondere vor dem Hintergrund, dass E-Books (inzwischen) aus weit mehr als einer reinen Textdatei bestehen.

Eine parallele Anwendung der Vorschriften über Computerprogramme und „klassische" urheberrechtlich geschützte Werke auf E-Books würde zudem zur Aufhebung eines Widerspruchs in der Rechtsprechung des *EuGHs* führen. Denn der *EuGH* erkennt zwar an, dass ein E-Book neben dem Sprachwerk auch ein Computerprogramm enthalten kann, geht aber von dessen lediglich akzessorischem Charakter aus und beurteilt daher das E-Book als Werk nach seinem Schwerpunkt. Diese Beurteilung nach dem Schwerpunkt nimmt er hinsichtlich Computerspielen nicht vor, sondern geht schlichtweg von einer parallelen Anwendbarkeit der Vorschriften über Computerprogramme und „klassische" urheberrechtlich geschützte Werke aus.

Zudem wird die Unterscheidung zwischen „einfachen" E-Books und „komplexen" bzw. Enhanced E-Books, für die – vergleichbar mit Computerspielen – die Anwendung der Vorschriften über Computerprogramme und „klassische" urheberrechtlich geschützte Werke nebeneinander bereits bejaht wird, zunehmend schwierig. Denn zum einen ist unklar, wann ein „einfaches" E-Book vorliegt und welche Funktionen zur Einordnung als ein „komplexes" E-Book führen. Zum anderen dürften E-Books künftig stetig mehr Funktionen aufweisen, sodass eine Unterscheidung in „einfach" und „komplex" ohnehin obsolet werden dürfte.

Für die parallele Anwendung der Vorschriften über Computerprogramme und „klassische" Werke auf E-Books muss zwischen den einzelnen Komponenten, also dem Computerprogramm und dem Sprachwerk, unterschieden werden. Herausforderungen ergeben sich allerdings dann, wenn eine technische Trennung zwischen den Komponenten nicht möglich ist und die parallel anwendbaren Vorschriften in einem Konflikt zueinander stehen. Dann muss nach hier vertretener Ansicht für die Entscheidung darüber, welche Regelungen in einem solchen Konfliktfall zur Anwendung kommen, einzelfallabhängig festgelegt werden, ob die Vorschriften über Computerprogramme oder diejenigen über „klassische" Werke einen rechtlich oder wirtschaftlich näheren Bezug zum Gesamtwerk aufweisen. Bei der Beurteilung einzelner Konfliktfälle am Beispiel des E-Books hat sich gezeigt, dass die Lösung über den rechtlich oder wirtschaftlich näheren Bezug zum Gesamtwerk auch zu interessengerechten Ergebnissen und außerdem zu einem Gleichlauf von Urheber- und Verbrauchervertragsrecht führt.

Damit ist die parallele Anwendung der Vorschriften über Computerprogramme und „klassische" urheberrechtlich geschützte Werke auf E-Books ein geeigneter Ansatz, um einen Gleichlauf von Urheber- und Verbrauchervertragsrecht sowie einen angemessenen Ausgleich der Interessen von Rechteinhaber:innen und Verbraucher:innen (wieder-)herzustellen.

Fraglich ist allerdings, ob diese Lösung sich auch auf andere digitale Inhalte wie bspw. Musik- oder Filmdateien übertragen lässt. Denn bei E-Books lassen sich – sofern man von einer weiten Auslegung des Begriffs des Computerprogramms ausgeht – mögliche technische Anknüpfungspunkte für die Anwendbarkeit auch der Vorschriften über Computerprogramme herausarbeiten, insbesondere da sie nicht bloß aus einer reinen Textdatei bestehen. Das ist bei digitaler Musik oder digitalen Filmen anders. Sie sind in einer bloßen elektronischen Datei hinterlegt.[1215] Insbesondere die für die Subsumtion unter den Begriff des Computerprogramms erforderliche Steuerungsfunktion lässt sich bei reinen Dateien nur schwer begründen.[1216]

Langfristig wäre daher eine Anpassung des Urheberrechts dahingehend wünschenswert, keine Unterscheidung mehr zwischen Computerprogrammen und

1215 *Sesing*, S. 45 f.
1216 Vgl. *Grützmacher* in Wandtke/Bullinger, UrhG, § 69a Rn. 18.

anderen digitalen Inhalten vorzunehmen[1217] und stattdessen eine neue Werkart einzuführen, die sämtliche digitale Werke umfasst. Eine dahingehende Anpassung legen sowohl die aufgezeigte wirtschaftliche Vergleichbarkeit von Computerprogrammen und anderen digitalen Inhalten als auch die einheitliche Behandlung durch die DI-RL nahe.[1218] Für diese einheitliche (digitale) Werkart sollten dann gesonderte Vorschriften etabliert werden, ähnlich den derzeit für Computerprogrammen bestehenden Regelungen. Denn die Vorschriften über Computerprogramme berücksichtigen die Interessen von Verbraucher:innen bei der Nutzung urheberrechtlich geschützter Software weitaus mehr als die Regelungen über „klassische" urheberrechtlich geschützte Werke.

Bei der Einführung solcher Vorschriften sollten neben einheitlichen Verwertungsrechten vor allem bestimmte Mindestrechte für Verbraucher:innen[1219] festgelegt werden. Insbesondere sollte ein Recht etabliert werden, eine Sicherungskopie sämtlicher digitaler Werke anfertigen zu dürfen. Auch ein Recht zur Nutzung eines digitalen Werkes auf verschiedenen Geräten, sofern dies – bspw. aufgrund einer Beschädigung der ursprünglich verwendeten Hardware – erforderlich ist, sollte eingeführt werden. Die Mindestrechte sollten ausdrücklich für vertraglich nicht abdingbar erklärt werden. Das Verbreitungsrecht der Rechteinhaber:in und dessen Erschöpfung sollten ebenfalls einheitlich geregelt werden. Dabei sollte klargestellt werden, dass (nur) eine Eins-zu-Eins-Onlineübertragung vom Verbreitungsrecht umfasst ist, das einer Erschöpfung unterliegt.[1220] Zuletzt sollten einheitliche Regelungen zur Umgehung technischer Schutzmaßnahmen eingeführt werden. Dabei wäre eine Orientierung an den Vorschriften der §§ 95a ff. UrhG durchaus denkbar, wobei die soeben erwähnten Mindestrechte gegenüber technischen Schutzmaßnahmen für durchsetzbar erklärt werden sollten.

Die Einführung einer Kategorie des „digitalen Werkes" und darauf bezogenen, gesonderten Regelungen sollte auf europäischer Ebene erfolgen, um ein EU-weit einheitliches Regelungsregime zu gewährleisten, das zu Rechtssicherheit beim grenzüberschreitenden Handel und der grenzüberschreitenden Nutzung digitaler Inhalte und damit auch zur Förderung des digitalen Binnenmarktes beiträgt.

1217 Vgl. *Druschel/Engert*, ZUM 2018, 97, 102.

1218 Ebd.

1219 Vgl. *Berger* in Berger/Wündisch, § 1 Rn. 4.

1220 S.o. Teil 3. A. IV. 3. b); vgl. *Grützmacher*, CR 2020, 154, 155.

Fazit

Die Untersuchung des Verhältnisses von Verbrauchervertrags- und Urheberrecht auf dem Gebiet der Verträge über digitale Inhalte hat gezeigt, dass zwischen den beiden Rechtsgebieten ein Konflikt besteht. Dieser Konflikt beruht maßgeblich auf den unterschiedlichen Zielrichtungen von Urheberrecht, das die Schöpfer:in in den Fokus stellt und deren persönliche und wirtschaftliche Beziehung zu ihrem Werk schützen möchte, und Verbrauchervertragsrecht, das die Rechtsposition der Verbraucher:in in ihrer wirtschaftlichen Beziehung zu einer Unternehmer:in festigen möchte. Da Verbraucher:innen im Rahmen des Zugangs zu und der Nutzung von digitalen Inhalten stets mit urheberrechtlichen Ausschließlichkeitsrechten in Berührung kommen, kollidieren diese unterschiedlichen Zielrichtungen im digitalen Umfeld anders als in der analogen Situation. Während das Verbrauchervertragsrecht die Interessen von Nutzer:innen an einem ungehinderten Zugang zu und einer ungehinderten Nutzung von digitalen Inhalten schützen möchte, räumt das Urheberrecht der Rechteinhaber:in weitreichende Kontrollmöglichkeiten hierüber ein. Dabei wiegt besonders schwer, dass das Urheberrecht traditionell die Interessen von Verbraucher:innen an der Werknutzung kaum explizit berücksichtigt. In der Folge ergibt sich ein Wertungswiderspruch und damit ein Konflikt zwischen beiden Rechtsgebieten.

Dieser Wertungswiderspruch äußert sich auch konkret in der Beurteilung von Nutzungsbeschränkungen in EULAs, die begleitend zu Verträgen über die dauerhafte Bereitstellung digitaler Inhalte abgeschlossen werden, durch die DI-RL und das Urheberrecht. Die DI-RL schützt in Bezug auf Verträge über die dauerhafte Bereitstellung digitaler Inhalte mittels des Kriteriums der vernünftigen Verbrauchererwartung das Interesse von Verbraucher:innen an der dauerhaften Zugänglichkeit und Nutzbarkeit. Das Urheberrecht hingegen lässt weitreichende Nutzungsbeschränkungen durch die Rechteinhaber:in zu, die im Widerspruch zu dem durch die DI-RL geschützten Verbraucherinteresse stehen. Dies gilt jedoch nicht im Hinblick auf Computerprogramme, die den gesonderten Vorschriften der §§ 69a ff. UrhG unterfallen. Die für die Nutzung von Computerprogrammen etablierten Schranken ermöglichen es Verbraucher:innen als Werknutzer:innen, explizit für die ungehinderte Zugänglichkeit und Nutzbarkeit der Computerprogramme maßgebliche Nutzungshandlungen vorzunehmen. Gleichzeitig werden diese durch das Gesetz für vertraglich nicht abdingbar erklärt. In Bezug auf die dauerhafte Bereitstellung von Computerprogrammen ergibt sich daher auch ein Gleichlauf von urheberrechtlicher und verbrauchervertragsrechtlicher Bewertung.

Die widersprüchliche Beurteilung von Nutzungsbeschränkungen in EULAs durch das Urheberrecht und die DI-RL bleibt nicht ohne Auswirkungen auf das Urheberrecht. Es ist davon auszugehen, dass Rechteinhaber:innen den Inhalt ihrer EULAs an die Vorgaben innerhalb der Beziehung zwischen Unternehmer:in und Verbraucher:in anpassen werden. Zudem ist davon auszugehen, dass sich der Interessenausgleich zwischen Rechteinhaber:innen, Werknutzer:innen und der Allgemeinheit zunehmend vom Urheber- ins Verbrauchervertragsrecht verschieben wird. Grund für die Verschiebung ist die zu erwartende stetige Zunahme von Geschäftsmodellen mit einer nur vorübergehenden Bereitstellung digitaler Inhalte, die u.a. auf die zwiegespaltene Rechtsprechung des *EuGHs* bezüglich des Erschöpfungsgrundsatzes bei der Online-Übertragung digitaler Inhalte zurückzuführen ist. Auf die nur vorübergehende Überlassung digitaler Inhalte findet der Erschöpfungsgrundsatz jedoch keine Anwendung – das gilt grundsätzlich auch für Computerprogramme. Der mit dem Erschöpfungsgrundsatz verfolgte Interessenausgleich durch das Urheberrecht tritt daher nicht mehr ein, sondern verlagert sich ins Verbrauchervertragsrecht, wo er insbesondere über das Kriterium der vernünftigen Verbrauchererwartung – auch im Rahmen von Verträgen über die nur vorübergehende Bereitstellung digitaler Inhalte – vorgenommen werden kann.

Entgegen der Aussage der DI-RL, sie lasse das Urheberrecht unberührt, ergeben sich damit jedenfalls mittelbare Implikationen für das Urheberrecht.

Um auch für Verträge über digitale Inhalte wie E-Books zu einem Gleichlauf von verbrauchervertrags- und urheberrechtlicher Wertung zu gelangen und damit auch die Auswirkungen, welche die widersprüchliche Beurteilung von Nutzungsbeschränkungen in EULAs erzeugen, zumindest ein wenig abzufedern und um außerdem eine angemessene Berücksichtigung der Interessen von Verbraucher:innen beim Erwerb und der Nutzung digitaler Inhalte durch das Urheberrecht zu erreichen, sollten auf die digitalen Bücher – vergleichbar mit der Beurteilung von Computerspielen – sowohl die Vorschriften über Computerprogramme als auch über „klassische" urheberrechtlich geschützte Werke Anwendung finden.

Die diesbezügliche Untersuchung hat gezeigt, dass diese parallele Anwendung die Interessen von Rechteinhaber:innen und Verbraucher:innen in einen angemessenen Ausgleich bringt. Zudem lassen sich technische Anknüpfungspunkte für die Anwendbarkeit der Vorschriften über Computerprogramme sowie dogmatische und ökonomische Argumente für die parallele Anwendung der jeweiligen Vorschriften finden.

Hinsichtlich anderer digitaler Inhalte wie bspw. Musik- oder Filmdateien, die – wie schon der Name sagt – aus reinen Dateien bestehen, ist allerdings fraglich, ob sich technische Anknüpfungspunkte für die Anwendbarkeit auch der Vorschriften über Computerprogramme finden lassen. Daher steht auch infrage, ob sich die parallele Anwendung der urheberrechtlichen Regelungen über Computerprogramme neben denen über „klassische" geschützte Werke begründen lässt.

Langfristig ist es daher wünschenswert, eine einheitliche Werkart für sämtliche digitale Werke in das Urheberrecht einzuführen und für diese Werkart gesonderte Vorschriften zu etablieren, die sich überwiegend an den für Computerprogramme bereits bestehenden Regelungen orientieren. Insbesondere sollten entsprechende Vorschriften nicht abdingbare Mindestrechte für Verbraucher:innen enthalten, die für den ungehinderten Zugang zu und die ungehinderte Nutzung von digitalen Inhalten substanziell sind. Damit würde die längst überfällige angemessene Berücksichtigung von Verbraucherinteressen im Urheberrecht hinsichtlich der Nutzung urheberrechtlich geschützter digitaler Inhalte umgesetzt. Zudem kämen auf diesem Wege die urheber- und verbrauchervertragsrechtliche Bewertung von Beschränkungen der Nutzung digitaler Inhalte aufgrund von urheberrechtlichen Ausschließlichkeitsrechten zu übereinstimmenden Ergebnissen, sodass der Wertungswiderspruch zwischen beiden Rechtsgebieten aufgehoben wäre und auch die mit ihm verbundenen Auswirkungen auf das Urheberrecht abgefedert werden würden.

www.ingramcontent.com/pod-product-compliance
Ingram Content Group UK Ltd.
Pitfield, Milton Keynes, MK11 3LW, UK
UKHW021850290926
8980IPUK00005B/750

9 783631 92253